学級通信で見る！
田中博史の学級づくり 1年生

田中博史 著

東洋館出版社

はじめに
― なぜ学級通信を書くのか ―

　子どもたちの日々の生活には文脈があります。

　けんかをするときも、前後に必ずストーリーがあります。

　しかし、子どもの口から保護者に伝わる情報は断片的です。

　共に過ごしていた時間の9割は仲良くしていて、トラブルは最後の5分で起きただけなのに……。

　「Aくんが蹴った」「叩いた」「いつも意地悪する」という言葉によって、Aくんに対するイメージはとても悪いものになって伝わります。不思議なことに、よくけんかをするのに、子どもたちは休み時間になると、その友達と一緒に過ごしていることが多いのは、その時間の9割は楽しいからです。

　残念ながら、この楽しかったことのお話はなかなか伝わりません。しかし、先ほどのようなマイナスの話はすぐに伝わります。

　結果、それを聞いたおうちの人から「もうAくんと遊んではいけません」なんて言われてしまいます。一方、子どもは本当はAくんと過ごしたいのでつきまといます。そしてまた同じことが起き、事件は繰り返されます。

　実は、本当は、かわいいかわいいじゃれ合いの時間にすぎなかったのに……。

　だから、私はそんな彼らの真の姿を観察して通信で報じます。実はこんなにかわいいんだよ、トラブルはその中で起きていることなんだよ、と。

　できれば、その日のうちに伝えたいと思います。

　後から保護者会などで話すことはもちろん必要ですが、それまでの間に疑心暗鬼という鬼が動き回ると、保護者同士の関係が崩れてしまうことがあります。子どもの関係は担任が修復してあげられますが、大人である親の関係は一度崩れると元に戻すのは容易ではありません。

　だから、私はそういう事件があった日は必ず通信でケアをします。その日のうちに情報の補填をしてあげるようにしています。

　その事実だけを報じると際立つので、別の話も交ぜて、さらには事件の話題を別のことに置き換えて……。

　必要だと思ったときは、通信を連続して出します。平和な日々が続いているときは間隔が空くこともあります（笑）

　通信の文章も、読者である親に語りかけるように書きます。

　保護者は、担任の先生とそれほど交流をもつわけではありません。だから、この通信は担任の「人となり」を伝えるという役割もあります。

日々の子どもたちとの何気ないやりとり、その中でベテランの先生でも、子どもにうまく伝えられなくて困っているときもあることなど、子どもたちと担任の関係が彷彿とするようなやりとりを掲載していくと、まるで教室にいるような雰囲気が味わえます。

　参観日よりも前に子どもと担任の世界、その雰囲気を伝えておくことはとても大切なことだと考えます。

　時には学校の約束事に対して、厳しい口調で書くこともあります。毅然として対応することも必要なので、そのときは書き方も変わります。

　新しいクラスをもつと、私はしばらくは毎日のように通信を出します。

　私の学級経営の方針、私と子どもとの関係、その雰囲気、私が子どもたちのどんなところを見ているか、保護者の方にお願いしたいこと、任せてほしいことなど、しっかりと早い段階で伝えたいと思うからです。

　若いときは年間に200号を発行していた時代もあります。親たちから読むのに忙しいなんて言われるくらいに。思えば、私の想いを前に出し過ぎていたかもしれません。

　本書は、私の現役最後のクラスの1年生における通信を中心に構成してあります。

　私の歴代の通信の中では、発行回数も程よく、肩の力の抜けた老齢教師の独り言のような趣も漂う64号の通信になっています。

　少しでも皆さんのお役に立てれば幸いです。

　ただ、学級通信には個人の情報、校内の職員のみでの共有情報など、配慮が必要な部分もありますので、そこはカットしてあります。

　また、これに他の世代の1年生の通信からもいくつか情報を付け足して、より皆さんの役に立つ情報になるよう工夫してみました。従って、実際の通信とは一部異なるところもあります。公立学校時代の田中の1年生の記録も少し入れてみました。

　初めての小学校、不安と期待でどきどきしてやってくる1年生との日々が、皆さんにとって素敵な時間となるよう、この通信が役立つことを願います。

令和3年2月

田中博史

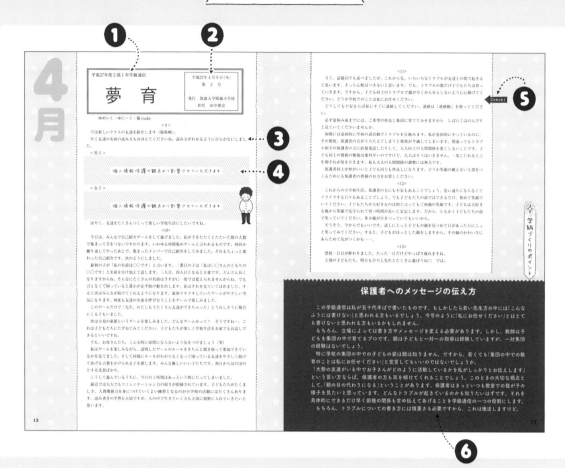

4月

① ②

平成27年度2部1年学級通信

夢 育

ゆめいく・ゆにーく・愉 make

平成27年4月9日（木）
第 2 号

発行 筑波大学附属小学校
担任 田中博史

③

<9>
では新しいクラスの友達を紹介します（敬称略）。
早く友達の名前の読み方もおぼえてくださいね。読み方がわかるようにひらがなにしました。

<男子>

④

個人情報保護の観点より割愛させていただきます

<女子>

個人情報保護の観点より割愛させていただきます

はやく、友達をたくさんつくって楽しい学校生活にしたいですね。

<10>
今日は、みんなで自己紹介ゲームをして遊びました。私が手をたたいたたいたた数の人数で集まって手をつないでそわります。いわゆる仲間集めゲームと言われるものです。何回か繰り返してやったあとで、集まったメンバーで自己紹介をしてみました。それをもっと変わった自己紹介です。

最初の子が「私の名前は○○です」と言います。二番目の子は「私は○○のとなりの○○です」と名前を付け加えて話します。三人目、四人目となると大変です。どんどん長くなりますからね。そんなにたくさんの名前はすぐに一度では覚えられませんからね。でも言えなくて誰かが名前を出します。私はそれを見てほめました。私はそれを見てほめました。すると次はみんなが助けてくれるようになります。最初ドキドキしていたゲームがやさしい学気になります。何度も友達の名前を呼び合うことをゲームで楽しみました。

このゲームだけで「先生、わたしもうたくさん友達ができちゃった」とうれしそうに報告にくる子もいました。

次は小鳥の巣箱というゲームを楽しみました。どんなゲームかって？ そうですね。これはどもたちにだずねてみてください。子どもたちも楽しく学校生活をお家でも話してきるといいですね。

でも、お母さんたち、こんな時に尋問にならないよう気をつけましょう（笑）

私はゲームを楽しみながら、説明したゲームのルールをきちんと聞き取って参加できているかを見てすました。そして同様にルールがわからなくなって困っている友達をやさしく助けてあげる言葉をかけられる子を探します。みんな優しい・いい子たちです。初日からほのぼのとなる光景です。

こうして遊んでいるうちに、今日の1時間はあっという間にたってしまいました。

最近では大人でもコミュニケーション力の弱さが指摘されています。子どもたちがたくましき、人間関係を身につけていくよき練習となるのが小学校の活動にはたくさんあります。読み書きの学習も大切ですが、人の中で生きていく力も大切に視野に入れていきたいと思います。

12

<11>
さて、話題10でも述べましたが、これから先、いろいろなトラブルが友達との間で起きると思います。きっとの先はつきないと思います。でも、トラブルの数だけ子どもたちは育っていきます。ですから、子ども同士のトラブルで親が早くから介入しないように心掛けてください。どうか学校のことはお任せください。

どうしても必要ならば私にすぐに連絡してください。連絡は「連絡帳」を使ってください。

必ず夏休み前までには、ご希望の仲良し集団に育ててみせますから しばらくはのんびりと見ていてくださいませんか。

初期には意図的に学校の活動でトラブルを仕組みます。私が意図的にやっているのに、その都度、保護者の方がうろたえて口を出したりして、大人同士の人間関係を悪くしないことです。子ども同士の関係の修復は案外早いのですけど、大人はそうはいきません。一度こじれると六年間おとめを引きずます。私もたくさんの人間関係の調整には無力です。

保護者同士が仲がいいと子ども同士も仲良しになります。どうか笑顔の絶えない2組をつくるために保護者の皆様のお力をお貸しください。

<12>
これからの小学校生活、保護者の方にも不安もあることでしょう。思い通りにならなくてイライラする日々もあることでしょう。でも子どもたちの前ではできるだけ、努めて笑顔でいてください。子どもたちが大好きなお母さんが何と言っても両親の笑顔です。子どもは大好きな親から笑顔で見守られて育つ時間がおそい安定します。だから、ともかく子どもたちの前で笑っていてください。多少顔がひきつっていてもいいから。

そうすると、今からでもいいです。試しににっと子どもの顔を見つめて目があったらにっこと笑ってくださいよ。すると、子どもがほっとした顔をしますから。その顔のかわいさにあらためて気がつくはず――。

登校一日目が終わりをむかえ、たった一日だけでやっぱ疲れますね。
2部の子どもたち、明日もひろし先生ととくさん遊ぶね！！ では。

<13>

⑤ Check!

保護者へのメッセージの伝え方

この学級通信は私が五十代半ばで書いたものです。もしかしたら若い先生方の中には「こんなふうには書けない」と思われる方もいるでしょう。今号のように「私にお任せください」とはとても書けないと思われる方もいるかもしれません。

もちろん、立場によっては書き方やメッセージを変える必要があります。しかし、教師は子どもを集団の中で育てるプロです。親は子どもと一対一の指導は経験していますが、一対l集団の経験はないでしょう。

特に学校の集団の中での子どもの姿は親は知りません。ですから、若くても「集団の中での教育のことは私にお任せください」と宣言してもいいのではないでしょうか。

「大勢の友達がいる中でお子さんがどのように活動しているかを私がしっかりとお伝えします」という言い方ならば、保護者の方も耳を傾けてくれることでしょう。このときの大切な視点として、「親の目の代わりになる」ということがあります。保護者はきっといつも教室での我が子の様子を見たいと思っています。どんなトラブルが起きているのかを知りたいはずです。それを具体的にできるだけ早く前後の関係も含め伝えてあげることを学級通信の一つの役割にします。

もちろん、トラブルについての書き方には慎重さも必要ですから、これは後述しますけど。

⑥

13

---

① 学年と部です。筑波大学附属小学校（以下、筑波小）では、「組」を「部」と称し、学年を後につけています。なお、クラスは3年間の持ち上がりです。

② 学級通信を発行した年月日と号数です。個人情報等の関係で本書に掲載していない号もあります。文字色が赤のページはさらに昔に発行した学級通信です。

③ 当時の学級通信の内容です。できるだけそのままの形で残しています。書きやすいように、話題が変わるたびに番号を振っています。

④ 個人情報に関することは伏せています。

⑤ ⑥に関する記述に「Check!」を入れています。

⑥ 学級づくりのポイントとなる見出しと、そのことについての解説を記載しています。ここに入りきらない話題についてはcolumnにて掲載しています。

学級通信で見る！
田中博史の学級づくり 1年生

 ## 1年生と付き合うときの心構え

口だけは達者ですが実はさほどでもない…。
ムキにならないで彼らとの対話を楽しみましょう！

　ある日のこと。私が近所の公園で犬の散歩をしていたら、1年生ぐらいの女の子が私に「わあ、かわいい犬。なんていう名前なの？」と話しかけてきました。近所の顔なじみの子です。私が「ライムくんというんだよ」と告げると、「へー、それでこの子はオス？ メス？」とまたまた質問。私がオスだよと返すと、「ふーん、で、オスってどっち？」。おいおい、知らないで尋ねたのかよと思いつつ、私が「ほら、名前を教えたでしょ。ライムくんだから…」というと、その子が「あのね、うちの学校では男の子も女の子も『さん』って呼ぶから、それだけじゃわかんないよ」と切り返されてしまいました（笑）

　まったく、言葉の意味をわからないで使っているかと思えば、このようにさっと切り返して達者な会話ができる……。不思議な生き物です（笑）

　でも、実はこの時期の子どもには共通していることで、たくさん新しい言葉を習うけれど、実は発音のよく似た名称はきちんと区別して理解していなかったり、逆に大人がいつも口癖にしているようなことは、真似て大人びた会話に使えるまでになっていたり……。とてもバランスが悪いのです。

　だから、そのような子どもたちに大人の感覚で「そんな口の利き方はないでしょ」なんて責めても、彼らはそこまで意識していなかったりするので、ちっとも効き目がないこともあるわけです。でも、これは実は私たちが英語を学ぶときにも同じようなことが起きていて、ネイティブが聞いたら不自然な言葉の使い方だったり、ずいぶん失礼な言葉かけになっていたりすることもあるのです。まだ日本語を学んでいる過程の未熟な彼らに対して、ムキになって怒っている自分を、英語を学んでいるときの自分に置き換えてみて、少し冷静に接してみると対応策も変わってきます。もちろん、教えるべきことはきちんと教えるということは大切ですけどね。

　それでは、私と1年生との悪戦苦闘の日々をゆっくりご覧ください。

平成27年度2部1年学級通信

夢 育

平成27年4月8日（水）
第 1 号

発行　筑波大学附属小学校
担任　田中博史

ゆめいく・ゆにーく・愉make

<1>

ご入学おめでとうございます！

　本日よりお子様の大切な義務教育がスタートいたします。筑波大学附属小学校が責任を持ってお子様をお預かりいたしました。

　私は小学校6年間の義務教育の前半を担任いたします田中博史と申します。

　どうぞ、よろしくお願いいたします。

<2>

　少し詳しい担任自己紹介。氏名　田中博史（たなか・ひろし）　今年で教師生活34年目となります。本校に赴任して25年目です。それ以前は山口県で公立小学校教諭をしていました。専門は算数教育。本校に初めて着任した年に持ったのが実は2部4年でして、その子たちを6年まで持って卒業させた後、1部を9年間（1年～6年、4年～6年）、3部を6年間、そして先日4部を6年間持って卒業させました。つまり本校で5回卒業生を出しました。今回久しぶりに再び初心に戻って2部を受け持ちます。

　本校では、クラスごとに部のカラーが決まっていて2部は緑色です。つい先日卒業させた4部は赤がクラスカラーでしたので私は服も持ち物も赤づくしでした。

　この春からは身も心も「みどりいろ」に染めてがんばっていきたいと思っています。

<3>

　筑波大学では附属の使命として、次の3つを拠点校のポイントとしてあげています。

　一つが先導的研究、二つ目が教師教育、三つ目がグローバル化教育です。

<4>

　一つ目の使命として、個々の教員が専門教科の研究をしているため、専科制が原則となります。このクラスは国語は////先生（講師の先生ですがベテランです）、図書の時間を////先生（司書教諭）、音楽を////先生（本校最古参）、図工は////先生（本校2年目）、体育は////先生（本校2年目）と////先生（講師）、そして私が算数（4時間）と総合（3時間）、道徳（1時間）、国語（2時間）を担当します。一年間の間に7人の先生と出会います。小学校としては珍しい制度ですが、子どもたちはすぐに慣れますからご安心ください（というより、他は知らないので実は卒業生の中には全国の小学校がこの制度だと思っていた子もいましたけど（笑））。

<5>

　本校の使命の二つ目、教師教育の拠点校としてですが、本校では年に2回の大きな全国研究大会を学校主催で行っています。全国から数千人の先生方が毎年参加されて研修されています。これ以外にそれぞれの教科研究部や民間の研究団体も本校を会場にして様々な全国大会をしているため、年間を通してかなりの回数、本校には全国の教員が訪れ子どもたちの授業を参観されます。時には海外からの研修生もいらっしゃいます。従って本校児童の研究会参加をお願いすることも多くなります。何卒ご協力のほどよろしくお願いいたします。ちなみに教員の免許更新制度も本校を会場に行っています。

<6>

　三つ目のグローバル化教育ですが、本校では英語活動が3年生から週に1時間あります。高学年になると付け加えて総合で留学生との交流会をしたり、さらに希望者だけですが5年になる時の春休みにサンフランシスコのスタンフォード大学やUCバークレー校の協力でミニ留学体験なども企画し実施しています。様々な企画がこれからも行われると思います。子

どもたちの多方面に広がる可能性を育てる企画にもご興味のある方はぜひ積極的に参加していただけるとよいと思います。

<7>

さて、今週はまずは学校に慣れることを目標にしてください。登校時間が長くかかるお子さんはそれだけで緊張し疲れます。今週と来週は学校に通う練習が主です。でもせっかく親子で通う時間が持てるのですから、楽しく語らいながら登校してみませんか。途中、公共の場所でのマナー、迷子になった時の対処法なども話題にしてみましょう。その際、大人が一方的に教えるのではなく、問題場面を設定してどのように解決するのか試してみるといいと思います。何が大切なのか考える練習をしましょう。何でも大人が方法を決めて与えるのではなく、拙くても、失敗してもいいので自分で考えて決める体験をさせるとよいと思います。一か月後からは一人で通うことになります。その意識を持ってお子さんを見守ってみてください。先頭を親が歩くのではなく、まずは併進、次は一歩後ろを…。あまり離れすぎてコントロールできないのもだめです。絶妙な距離感を体験してみてください（笑）。これから長い六年間が始まります。でも過ぎてしまえばあっという間の六年間だったと卒業した保護者も子どもたちも言ってました。皆さんのお子さんもそんな楽しく充実した六年間が過ごせるといいですね。

そのために微力な担任ですが、田中博史も精一杯子どもたちの教育に取り組んでまいります。困ったこと、不安なことがありましたら遠慮なく相談してください。

<8>

明日は10時登校。ランドセルを背負って登校する練習です。ランドセルには体操服、色帽子、連絡帳、連絡袋、筆記用具、児童手帳を入れておきます。初日は持ってくるけれど何も使わないかもしれません。まずはのんびりと学校の中を散歩したり記念写真をとったりする程度から始めます。でも翌週からは体操服に着替えて活動をします。家庭でも着替えの練習しておいてくださいね。

学級づくりのポイント

学級通信を書くコツ

第1号の学級通信。私の学級通信はとてもシンプルです。文章と時折写真を挿入するだけの構成です。若い頃は、きちんとレイアウトを考え、記事を配置し、ビジュアルな通信をつくることに努力していました。

しかしあるとき、筑波小の先輩だった正木孝昌先生や坪田耕三先生がつくっている通信を見てびっくり。お二人は話題を書いては改行、さらにまた新たな話題を入れては改行して、一枚に様々な話題がたまると印刷して発信していました。そうか、こんな気軽なつくり方でもいいのか。なるほど、これは楽でいい！ということで、先輩たちの真似をしたのです。

よく考えると、これはツイッターやブログと同じ発想ですね。

今から30年前の話です。

というわけで、今回の1年生の通信も私はこの方法で1年生の話題をどんどん拾って書いています。すると、あっという間に一枚たまります。この年はA4で二枚分の量を一枚にして発刊しています。

若い頃は年間200号になるときもありました。これまでの通信は平均すると100号くらいでしょうか。最後の担任になったこの年は、そろそろ疲れてきていて残念ながら64号まででしたが、かわいい1年生との思い出が走馬灯のようによみがえる日々の記録を、保護者の皆さんにきちんとお届けする役割は果たせたと思っています。

学級通信は、あんまり懲りすぎると長続きしなかったりするので、これくらいの感じがちょうどいいのではないでしょうか。

平成27年度2部1年学級通信

夢　育

平成27年4月9日（木）
第　2　号

発行　筑波大学附属小学校
担任　田中博史

ゆめいく・ゆにーく・愉make

<9>

では新しいクラスの友達を紹介します（敬称略）。

早く友達の名前の読み方もおぼえてくださいね。読み方がわかるようにひらがなにしました。

＜男子＞

個人情報保護の観点より割愛させていただきます

＜女子＞

個人情報保護の観点より割愛させていただきます

はやく、友達をたくさんつくって楽しい学校生活にしたいですね。

<10>

今日は、みんなで自己紹介ゲームをして遊びました。私が手をたたくとたたいた数の人数で集まって手をつないですわります。いわゆる仲間集めゲームと言われるものです。何回か繰り返してやったあとで、集まったメンバーで自己紹介をしてみました。それもちょっと変わった自己紹介です。次のようにしました。

最初の子が「私の名前は○○です」と言います。二番目の子は「私は○○さんのとなりの○○です」と名前を付け加えて話します。三人目、四人目となると大変です。どんどん長くなりますからね。そんなにたくさんの名前はさすがに一度では覚えられませんからね。でも言えなくて困っていると誰かが必ず助け船を出します。私はそれを見ていてほめました。すると次はみんなが助けてくれるようになります。最初ドキドキしていたゲームがやさしい空気になります。何度も友達の名前を呼び合うことをゲームで楽しみました。

このゲームだけで「先生、わたしもうたくさん友達ができちゃった」とうれしそうに報告にくる子もいました。

次は小鳥の巣箱というゲームを楽しみました。どんなゲームかって？　そうですね～。これは子どもたちにたずねてみてください。子どもたちが楽しく学校生活をお家でもお話しできるといいですね。

でも、お母さんたち、こんな時に尋問にならないよう気をつけましょう（笑）

私はゲームを楽しみながら、説明したゲームのルールをきちんと聞き取って参加できているかを見てました。そして同様にルールがわからなくなって困っている友達をやさしく助けてあげる言葉をかけられる子を探します。みんな優しいいい子たちです。初日からほのぼのとする光景ばかり。

こうして遊んでいるうちに、今日の1時間はあっという間にたってしまいました。

最近では大人でもコミュニケーション力の弱さが指摘されています。子どもたちがたくましさ、人間関係力を身につけていくよい練習となるのが小学校の活動にはたくさんあります。読み書きの学習も大切ですが、人の中で生きていく力も大切に視野に入れていきたいと思います。

<11>

　さて、話題10でも述べましたが、これから先、いろいろなトラブルが友達との間で起きると思います。きっと心配はつきないと思います。でも、トラブルの数だけ子どもたちは育っていきます。ですから、子ども同士のトラブルで親が早くから介入しないように心掛けてください。どうか学校でのことは私にお任せください。

Check!

　どうしても不安ならば私にすぐに連絡してください。連絡は「連絡帳」を使ってください。

　必ず夏休み前までには、ご希望の仲良し集団に育ててみせますから　しばらくはのんびりと見ていてくださいませんか。

　初期には意図的に学校の諸活動でトラブルを仕組みます。私が意図的にやっているのに、その都度、保護者の方がうろたえてしまうと効果が半減してしまいます。間違ってもトラブル相手の保護者の方に直接電話したりして、大人同士の人間関係を悪くしないことです。子ども同士の関係の修復は案外早いのですけど、大人はそうはいきません。一度こじれると六年間それが尾をひきます。私も大人の人間関係の調整には無力です。

　保護者同士が仲がいいと子ども同士も仲良しになります。どうか笑顔の絶えない２部をつくるためにも保護者の皆様のお力をお貸しください。

<12>

　これからの小学校生活。保護者の方にも不安もあることでしょう。思い通りにならなくてイライラする日々もあることでしょう。でも子どもたちの前ではできるだけ、努めて笑顔でいてください。子どもたちが大好きなのは何と言ってもご両親の笑顔です。子どもは大好きな親から笑顔で見守られて育つ時間が長いと安定します。だから、ともかく子どもたちの前で笑っていてください。多少顔がひきつっていてもいいから。

　そうそう、今からでもいいです。試しにじっと子どもの顔を見つめて目があったらにこっと笑ってみてください。すると、子どもがほっとした顔をしますから。その顔のかわいさにあらためて気がつくかも……。

<13>

　登校一日目が終わりました。たった一日だけどやっぱり疲れますね。
　２部の子どもたち、明日もひろし先生とたくさん遊ぼうね!!　では。

学級づくりのポイント

保護者へのメッセージの伝え方

　この学級通信は私が五十代半ばで書いたものです。もしかしたら若い先生方の中には「こんなふうには書けない」と思われる方もいるでしょう。今号のように「私にお任せください」とはとても書けないと思われる方もいるかもしれません。

　もちろん、立場によっては書き方やメッセージを変える必要があります。しかし、教師は子どもを集団の中で育てるプロです。親は子どもと一対一の指導は経験していますが、一対集団の経験はないでしょう。

　特に学校の集団の中での子どもの姿は親は知りません。ですから、若くても「集団の中での教育のことは私にお任せください」と宣言してもいいのではないでしょうか。

「大勢の友達がいる中でお子さんがどのように活動しているかを私がしっかりとお伝えします」という言い方ならば、保護者の方も耳を傾けてくれることでしょう。このときの大切な視点として、「親の目の代わりになる」ということがあります。保護者はきっといつも教室での我が子の様子を見たいと思っています。どんなトラブルが起きているのかも知りたいはずです。それを具体的にできるだけ早く前後の関係も含め伝えてあげることを学級通信の一つの役割にします。

　もちろん、トラブルについての書き方には慎重さも必要ですから、これは後述しますけど。

<14>

　私は火曜日の午後は群馬県の私立前橋国際大学で非常勤講師を兼任しています。その関係で火曜日は11時以降小学校にいません。火曜日の4時間目以降は専科の先生と学年部の教務主任が代行します。また土曜日は筑波大学でも講義をしています。筑波の学生は本校にも教育実習などでやってきます。私だけではなく各教科研究部から一人ずつ程度の割合で小学校教育だけではなく、大学の授業も兼務している教員がおります。

　子どもたちには迷惑をかけてしまいますが、本校が担う教師教育の前段階という位置づけで依頼されているものでもあるため何卒ご理解の程お願い申し上げます。

<15>

　さて、昨日通信に書いたことですが、笑顔作戦？　試してみました？

　もしも「お母さんどうしたの？　急になんでにこにこしてるの。やめてよ、気持ち悪いよ」なんて言われたら、普段どれだけしかめっ面をしているのだろうと、反省することも必要かもしれませんよ（笑）

　ずっと小言ばかり、その日の気分によって言うことが違う、思いつきでいろいろなことを強いる……、イライラしてすぐに手伝ってしまって成就感を感じさせていない……。

　また、お父さんの意見とお母さんの意見が食い違う、お年寄りと教育方針が合わない…なども子どもが不安定になる要素だと言われています。

　この時期の接し方が実は複雑な思春期の親子関係の土台としても大切なものになっているというデータもあるそうです。見守る大人のバランス感覚が試されている期間でもあるので、あまりあわてないで大きな目で子どもの成長を一緒に見ていきましょう。

<16>

　さて、来週から少しずつ本格的な学校生活のリズムへと移行していきます。

　まずは日課表の1時間目から3時間目までをそろえて登校します。

　9時〜9時30分までに登校します。

　登校したら、ランドセルの中身を引き出しに移します。ぼうしはランドセルの中に入れておくとつぶれなくてすみます。その後ランドセルを片づけたら、今度は体操服に着替えます。制服はハンガーにかけてロッカーに入れておきます。

　9時30分には着替えが終わっていることを目指したいので、10分ぐらい早めに到着しているといいですね。でも、この着替えの場面では日常の生活力がとても出ます。あまり自立できていないようなら、これだけはぜひ土日にご自宅で着替えの練習を。

　脱いだ制服をきちんと一つのハンガーにかけられるかなあ……。

<17>

　子ども「ねえ、先生。のりは持って帰るの？」

　ひろし先生「はいはい、のりは置いて帰っていいよ」

　子ども「ねえ、ねえ　ひろし先生〜。連絡帳はどうするの？」

　ひろし先生「連絡帳は毎日持って帰るよ」

　子ども「ねえねえねえ、先生〜、マイネームはどうするの??」

　ひろし先生「マイネームは引き出しに入れたままでいいよ」

　子ども「筆箱はどうするの〜」

　ひろし先生「筆記用具は、毎日持って帰ろうね」

　子ども「せんせい〜〜　ひっきようぐってなんですかあ〜」

　ひろし先生「あのね〜、みんなあ、聞いてる〜〜。日課表を見てそろえた教科書やノート

などは、毎日持って帰るんだよ。連絡帳と連絡袋、筆箱も毎日持って帰ってね。でもね

え、それ以外のものは置いて帰ってもいいんだよ」

子ども「せんせい～。「それいがい」ってなんですかあ～」

ひろし先生「………」

<18>

とまあ、こんな楽しく疲れる会話が続いてますが、片づけの約束は次のようにしてます。

児童手帳⇒いつもランドセルに入れておく。これは必要な時だけ使うのでいつも出す必要はない。欠席などの際に連絡する場合のみ使用。

クーピー・はさみ・のり・マイネームペン⇒引き出しに入れたままにしておく。持って帰らなくていい。

体操服⇒汗をかいたら、毎日持って帰って洗って着替えるのがよい。しかしその頻度はお子さんの様子を見て家庭で約束を決めるのでよい。

上靴⇒これも汚れ具合によって、一ヶ月に一度だったり、一週間に一度程度持って帰って洗うことを考える。外靴も同様。これも家庭で決めてよい。

筆記用具・連絡帳・連絡袋⇒毎日持ってきて、持って帰る。

大切なプリント、学校での配布物は「連絡袋」に入れて持ち帰ります。この袋の中身は必ず確認してください。

ちなみに既に交通安全のワッペンの落とし物が届いています。

ランドセルのカバーは1年生の間だけつけておいてください。

<19>

来週の月曜日と火曜日が検尿になります。忘れてしまう可能性がありますので、前日にトイレなどわかりやすいところに貼りつけておくなど工夫を。朝起きたら、うっかりもうおしっこに行ってしまったのでとれなかったという失敗をしないために。

<20>

登校二日目が終わりましたね。たった二日だけどやっぱり疲れますね。

土日はどうぞ、ごゆっくりお過ごしください。2部の子どもたち、月曜日もひろし先生とたくさん遊ぼうね!! では、また来週。

入学式ですべきこと

入学式で大切なことは、とにかく子どもに学校は楽しいと思わせることです。子どもたちの多くは人見知りして、緊張しています。そんなときに、初めて出会った大人が規則やルールの話ばかりしていたら暗い気持ちになります。大人だって、入社式で上司から「こういうことで問題を起こしたら、あなたは長く仕事はできません」などと最初から言われたら、その職場に対して憂鬱な気持ちになるはずです。

ですから、私は最初のうちは、「このおじさんとだったら、明日も学校に行ってもいいかな」と思わせることに努力します。ちょっとしたレクリエーションで遊ぶことも大切です。子どもたちがこの大人と一緒にいることは楽しいなと感じてくれればいいと思います。厳しいルールを教えるのは子どもたちが教師の懐に入ってきてからにします。

子どもも大人も、アドバイスや注意は自分が認めている人以外からのものは受け入れないものです。どんなに立派なことを言われても、その情報を発信する人のことが嫌いだったら聞き入れません。

だから、まずは「先生、先生!」と子どもが寄ってきてくれる教師になりましょう。「先生!」と飛びついてきたときに、「君はいい子だね。でも、休み時間での○○くんへの一言。あれはダメだよ」と注意するのです。最初に厳しく躾けてからとよく言われますけど、私は逆だと思っています。

平成27年度２部１年学級通信	平成27年4月14日（火）
夢 育	第 5 号 発行 筑波大学附属小学校 担任 田中博史

ゆにーく とは ２つとない といういみも

<18>

２部１年 役員さん決定しました。

//////// 個人情報保護の観点より割愛させていただきます

何卒、よろしくお願いいたします。

　諸事情により、１年生の役員さん同士で話し合った時の役職と一部入れ替わっております
が、実行委員会の日に話し合った結果です。ご了承ください。

　早速、遠足に向けて、連絡網を作らなければなりません。遠足の朝、何かあった時に連絡
するために必要ですので、次の３点についてお尋ねいたしますのでご用意ください。

　携帯電話　固定電話　連絡用メールアドレス　で公開してよいもの。

　携帯とメールアドレスに関しては、いずれ学校からの緊急時一斉メールシステムにも登録
することが求められますので、公開してください。

<19>

　提出物についてのお願い

　本校では提出物に関しては次の約束を徹底しています。

　○日<u>までに</u>・・・その日までならいつでもよい。

　○日<u>に</u>・・・・・その日のみ。事前には提出しない。

　今後の提出物からはよく読んで提出してくださいね。

<20>

　体育の齋藤先生との授業を見ていて……。

　教室では静かにしていた男の子が、折り返しリレーなどになると途端に燃え始め大喜びで
大はしゃぎ。楽しそうでした。授業の中で背の順で班を決めたいということでしたので、先
生が見て決めようとしてましたけど、試しにお互いに見て決めあってごらんと告げたらなん
と子どもたちだけでちゃんとできました。本日の体育の班はそれで決めてみました。それに
しても自分たちでやってごらんと指示されると、お世話をちゃんとしてくれた女の子。しっ
かりしてますねー。感心です。もちろん、きちんとした背の順はいずれ健康診断のあとで
ちゃんとしたデータで決め直しますが、ともかくいろいろなことを自分たちできちんとでき
る子どもたちです。すばらしい。

　さて、今日は国語の先生との出会いです。優しいご年輩の女性の先生です。この学校では
女性の先生に出会うことが少ないので貴重かもしれませんよ。

<21>

　保谷農園の活動について　５月29日　金曜日

　集合　9時　池袋駅　西武池袋線　地上階の改札前　改札に向かって左側にデパートのエ
レベーターがあります。ここに集合します。今後の本校の活動の集合場所によく使われると
ころです。いずれは子どもたちだけで集まります。西武線の方も一度池袋に戻ることになっ
てしまいますが、お願いします。

　集まりましたら、親子４人ずつでそろい次第、グループで順に西武線に乗り、保谷駅出口
の二階広場で待つことにします。今年何回か保谷農園に行きますが、子どもたちにこの経路
を覚えさせるという目的もあります。特に一年の役員さん以外のお子さんは今後自分たちだ
けで行くことになります（役員さんは引率します）ので、その意識で参加されるとよいと思
います。

<22>

5月8日（金）　1年生を迎える子ども会についてのお知らせ

後日、プリントが出ますが、この集会だけ実は保護者が参観できます。

他の児童集会は児童の人数が多いため、会場に保護者が入れないので、おそらく卒業するまで多くのイベントを見ることができません（部分的、またはクラス単位では参観できますが）。この1年生を迎える会は4年生以下だけでやっているので2学年分座席があくのです。そのため保護者参観が可能だというわけです。主催は3年生。

子どもたちは通常登校（7時30分ぐらいから）

保護者入場　8時20分　それまでに来られた場合は1年生の教室で待機。

子ども会　開始　8時30分

〈オープニング〉　1年生のかわいい入場　クラスごとに男女2人ずつが舞台の上でかわいくポーズして入場。

出し物は9時ぐらいから3年生、2年生、1年生の順番で登場します。

従って1年生の出番は9時30分〜40分ぐらい開始の予定。時間は前後します。早めに始まることも考えて9時30分を目安。

1年生を迎える子ども会の終了は10時の予定。

この後、ジャンボ遊びが始まります。ここからは4年生が1対1で付き添ってくれます。

1年生2人と4年生2人がグループになり、お昼までのジャンボ遊びのお世話をしてくれます。ジャンボとは文字通り大きなという意味もありますが、スワヒリ語で「こんにちは」という意味も。つまり子ども同士の出会い、交流を目的とした会です。

3年生が講堂で低学年だけの子ども会をしている間、実は5年、6年が学校中を楽しい遊びの世界に変身させてくれています。迷路があったり物作りがあったり、スポーツがあったりと企画は様々。大人の若桐祭さながらの空間です。1年生だけでは迷ってしまうので4年生がサポートにつきます。いつお弁当を食べてもまったく自由な時間となります。

イメージわきました??　1年生のこの日の下校は12時30分ぐらいの予定。

制服で来て体操服、体操帽子になり、ナップザックに弁当、敷物、水筒を入れて一日活動します。

学級づくりのポイント

最初の三日間ですべきこと

よく学級開きは「最初の三日間が大事」だと言います。あるいは「一週間で勝負が決まる」なんて言う方もいます。

その通りだと思いますが、では、この最初の三日間、一週間で何をすればいいのでしょうか。私は保護者との関係づくりを意識することが先だと思っています。特に低学年はそうです。保護者との関係づくりができていれば、子どもを厳しく叱った後も、またはトラブルが起きても、少しゆっくりと時間をかけて見守ることができます。この時期の子どもは親の影響がとても大きいのです。親が一言「あの先生は子どもの気持ちがわかっていないね」と言えば、子どもはそのように教師を見ます。逆に、「今度の先生は、あなたのことを大切にしてくれそうね」と言えば、ニコニコして先生の話を聞いてくれるようになります。

もちろん、クラスをおさめるには大切な約束事を早い段階で伝えることは必要ですが、そちらばかりに目が向きがちな先輩たちをよく見てきました。保護者からは「厳しいだけで子どものことをかわいがってくれない」という声を聞いたことがあります。これではクラスが落ち着いても意味がありません。

ですから、まずは親との関係づくりに力を注ぎましょう。そして、そのために大きな効果を発揮するのが、この学級通信なのだと考えてみましょう。

連絡事項や事務的なことばかり書いていてはだめだとわかると思います。

平成27年度2部1年学級通信

夢 育

平成27年4月15日（水）
第 6 号

発行　筑波大学附属小学校
担任　田中博史

ゆにーく　とは　2つとない　といういみも

<23>

はじめての国語の授業

国語の先生の名前は//////先生。

区立の小学校を退職されて本校で非常勤講師をされています。既に本校では3年ぐらい連続して教えていらっしゃいます。

国語教育だけでなく生活指導もきちんとされるので安心です。

にこにこして穏やかな先生ですが、厳しい時はびしっとされます。

姿勢についても厳しいので、子どもたちは緊張して取り組んでました。でも途中で疲れてましたけど……。

本校にはいないきちんとした（笑）タイプの先生なので、入学初期は、私としてはありがたいなと感じている次第です。出張に行かれることもないので国語は計画通り進みますよ。

今日はともかく音読をしてました。//////先生の国語では、まずは書くことより読むことから。ひろし先生の国語ではひらがな、カタカナの書き方を中心に行います。

<24>

Check! 子どもウォッチング　その1

昨日はたくさんのプリント。そこで教卓に並べて、順にとっていくシステムで配布しました。それぞれの列ごとにとりにくるのですが、出遅れた男子が一人。どうするのかなあ と見ていたら女の子の列に交じって並びました。

でもそこにまた次の列の女の子がやってきて、なぜだか彼の前に入ります。女の子としては男子はもう終わったと思っているから悪気はないのですけど……。そうしているうちに、彼はどんどん後ろになっていき、最後はとうとう一番後ろに。でもその男の子、表情がずっと和やかでにこにこしているのです。まったく平気で「まあいいか」という感じ。こうした場面ではめそめそする男子が多い中、なかなかどうして動じない彼。我先にと動く子が多い中、やさしくおだやかな彼の待ち姿がいいなあ。(*^_^*)

<25>

子どもウォッチング　その2

背の順を決める時、せっせと友達のお世話をしていた女の子。てきぱきとそれはお姉さんのよう。でも最後に、ちょっと悲しげな顔で「わたしはどこに入ればいいの……」

なるほど、自分のことは見えないものねえ。他の子がやさしくおしえてくれました。

<26>

プリントを列で配布する時、後ろの子が受け取ったかどうかを確かめないでぽいっとしてしまうことが…。おかげでプリントは机の下にバラバラに。後ろの子も気がついていないから、その列の子どもにはプリントが届かない。やれやれ（笑）

そこで、後ろの友達にプリントを回す時は「はい、どうぞ」と目を見て手渡すようにと。

さらにちゃんと もらったら「ありがとう」と言いましょうと。二回目、教室中に「はい、どうぞ」「ありがとう」の声。いい子たちです。

<27>

さようならをする時、ひろし先生と一人ずつジャンケン。

勝ったら高く持ち上げてもらい、負けたらちょっとだけのジャンプ。

一人ずつだっこしているようなものですが、まあジャンケンだから半分の人数ですむからいいかと思ってやっていたら……。

途中で見ていた女の子。「あー、先生、ずっとグー出してるじゃん」

私「え？　（そんなつもりは…）」

女の子「やさしいーー。負けてくれてるんだね」

私「いや、あの、その」

その後ずっとグーを出し続けるひろし先生でした。腰が持たないのでもうやめます。(-_-;)

<28>

算数ランド　使います。持ってきてください。雑巾、ティッシュの箱ありがとうございました。これで当面、乗り切れます。今は１年生が下校した後、上級生が２部１年の教室の掃除をしてくれているのです。これから給食が始まると、こぼれたものなどふきとるのに使います。もちろん、教室用のティッシュは誰が使ってもいいので、鼻血が出たあなんてときにもすぐにね。

<29>

教室にたまった空の段ボール箱。結構大きいので試しにそのまま教室において遊び道具にしてみると……。電車ごっこ。おうちごっこ。かくれんぼ。まあたくさんの遊びを考えます。楽しそう。しめしめ、これできっとトラブルが起きるかな（笑）

今のところ、和気藹々の休み時間。ほのぼの空間の写真をパチリ。

学級づくりのポイント

子どもウォッチングのススメ

　若い先生方に私がよくオススメしているのが、「子どもウォッチング」です。これは文字通り子どもを観察すること。具体的には、例えば休み時間にクラス名簿を持って、全員の子どもたちを探しに行くことなどを若い先生に勧めたこともあります。

　休み時間の二十分で子ども全員を探せたらたいしたものですが、そう簡単にはいきません。八割は見つかりますが、一部のやんちゃ坊主などは、どこで遊んでいるのか見当もつかないこともあります。見つからなかった子どもは日を改めて今度はその子たちだけに絞って観察してみます。すると、プールの裏側など入っていけないところで遊んでいる事実を見つけることができることもあります。

　子どもウォッチングをしていると、彼らの意外な面に気付くこともしばしばです。「この子は一人で本を読むことが好きなんだな」とか「この子は男の子の中に交じってサッカーをすることが好きなのか。意外だなあ」など。教室で見ている姿とは異なる姿を発見できると楽しいものです。

　普段から子どもをよく観察していると本当にいろいろなことが見えてきます。いいところはもちろん、トラブルの種も見つかります（このことはp38のコラムで詳述します）。種くらいであれば、学級通信に書いても大丈夫です。保護者からすると、そうか、先生はもうそのことは知ってくれているんだなと安心します。ちなみに、私は休み時間にトラブルが起きていてもすぐには声をかけません。しばらくは観察することにしています。この観察の時間が、実はとても大切なのです。前後関係が見えてきますから。先生方の中にはすぐに声をかけてしまって子どもの世界を見えなくしてしまっている人もいますが、もったいないと私は思っています。

筑波大学附属小学校3部1年学級通信

筑波大学
University of Tsukuba

はつらつ

〈NO.1〉　　平成21年4月8日発行

ご入学おめでとうございます。

　本日、我が筑波大学附属小学校がお子様を責任もってお預かりいたしました。

　今日は、大切なお子様の義務教育9年間のスタートという記念すべき日でありま
す。お預かりした私たちも身が引き締まる思いです。皆様が本日まで大切に大切に
育まれたお子様を私たちも、大切に大切に大切に育んでいこうと思います。どう
ぞ、困ったことがありましたら遠慮なく相談してください。

　本校は義務教育9年間のうちの初等教育6年間を受け持つことになりますが、私
はその前半三年間を担当することになりました担任の田中博史と申します。

　何卒よろしくお願いいたします。この学年の学年主任もしております。

では、私の自己紹介をいたします。

　氏名　田中博史（たなか ひろし）　　本校に赴任して19年目になります。

　年齢　気持ちはいつまでも青年教師。でも確実な体力の衰えを感じつつある今日
この頃です……。どうぞお手柔らかに。

　家族 ///人 妻///人 子ども///人　長男はもう21歳になります。娘たちは
高校生です。だから久しぶりにかわいい1年生を見て、まるで孫？のようで、うれ
しい気分になっています（笑）。でもおじいちゃんとは呼ばないように……。

　趣味・特技 若いころは空手やスキーをやっていました。でも、今は特に運動し
ていないため、見た通りの有様です。卒業生や在校生が通り過ぎるたびになぜだか
私のお腹をさわっていきます。気持ちいいのだそうです。うーむ……。

　専門教科 算数・数学です。楽しく活動的な時間をたくさんつくりたいと思いま
す。

　今年の入学式は天気もよく、桜も散らずに待っていてくれましたね。運が良かっ
たと思います。最高の入学式日和でした。

　さて、いよいよ小学校生活が始まりました。

　今は、まだ親子揃って不安もいっぱいでしょう。いや期待と夢にあふれていらっ
しゃるのでしょうか。いずれにせよ、これから一ヶ月はともかく新しい生活に慣れ
ることを目標にしましょう。あせらずのんびりとやりましょう。

子育ては、ともかくあせらないことです。身の回りの大人があせったりピリピリイライラするとそれはすぐに子どもに伝わります。そばにいる大人がいつもにこにこ笑っていてあげると、子どもの心もおだやかになります。

どうぞ、笑顔いっぱいのお父さん、お母さんでいてあげてください。

担任の私も、毎日お子さんのそばでいっぱい笑っていたいと思っています。

さて、まずは登下校の練習です。

学年便りのほうで、スケジュールを書きました。ごらんください。

まずは、電車やバスに乗って、子どもたちがいずれは一人で登校できるようにするための一ヶ月間です。

だから、登下校の際に、いつも保護者の方が前を歩いて連れてくるだけでは意味がありません。子どもたちに道を覚えさせるためには、彼らに前を歩かせてみることです。一つずつが自立のプロセスになると思って見守ってあげてください。そのためには、少し早めに行動するとゆとりができますよ。ぎりぎりだとどうしてもせかしてしまって、親がひっぱって連れていくようになってしまいます。小さなことでいいので、自分で考えて行動するという体験を地道に積み重ねていくといいですね。「お母さん、こっちだよ」なんて言って子どもたちが前を走るようになったらしめたものです。

実は生活で自立できない子は、この登校の段階から自立できません。そしてそのリズムは学習でも同様の傾向を持ちます。

間違えてもいいので自分で考えて行動することを心がけてみるといいですね。この一ヶ月は、そのために保護者の方がそばにいるのですから。

さて、ちなみにもしも間違えて乗り過ごしたらどうするのでしょう。「もしも……」をいろいろと考えて、お子さんと知恵を出し合って相談してみるのも楽しいものです。時間が許せばお子様のアイデアを試してみるのもいいでしょう。

ところで登校のルートはもう決まりましたでしょうか。いくつか試してみて、お子さんの負担の少ないルートを探してあげてください。登校ルートの変更はどうぞ気軽に申し出てください。

連絡帳を活用してください。

文字の学習がきちんと終わるまでは、子どもたちが文字をしっかりと書けないということを前提にして進めていきます（名前ぐらいは書かせてみたいですけどね。入学して初めて書く名前は記念にもなるので）。

ですから当面は連絡帳は保護者の皆様が担任に知らせておきたいことなどが生じた場合にご使用ください。

> 私は１年生の担任をこれまでに５回経験しました。山口県の公立小学校時代に１回、筑波小時代に４回です。

筑波小流 学校探検！

　1年生の生活科といえば、定番の学校探検。1年生の子どもたちが、校内をさまよう姿はかわいいものです。オリエンテーリングのようにしてグループで校内をさまよいます。先生たちがチェックポイントにたって親切に案内する実践もよく見ます。

　ただ、本校の場合はそんなのんびりしたことは言ってられません。何しろ子どもたちは東京23区から通ってくるからです。ラッシュの中、渋谷、新宿、池袋という巨大ターミナル駅での乗り換えをして通います。学校探検でも、こうしたことを視野に入れて、彼らに意義のある体験を早めにさせておかねばなりません。

　そこで、私は次のようにして迷ったときの一つの手段を子どもたちに教えることにしました。それは原点に戻るということ。

　経緯をゆっくり説明します。

　最初の一週間、まずは、校内を先生と共に歩きます。

　1年生の教室から、保健室、一階の体育館（低学年の遊び場）、第一運動場（低学年の遊び場）、3階の講堂（朝会など集会のあるところ）、図書室、というように、彼らがこれから自分だけで行くことができるようになることが必要なところを紹介して歩きます。

　教室に戻って、「どう、覚えているかな」と告げるともう大丈夫との声。

　休み時間になったときに、私は「それじゃあね。遊びに行く前に男子は図書室の扉をやさしくタッチしてから出掛けてね」と告げます。「女子は保健室の扉をやさしくタッチしてから遊びに行くんだよ」と。さっきは先生とぞろぞろ歩きました。今度は自分だけで行きます。

　ぞろぞろと歩くときに気を付けていなかった子はこれだけでも迷います。

　こんなことを、繰り返して、何とか教室からはそれぞれの場所まで行くことができるようになったある日の生活科の時間。

　私は、校内のまったく別の場所に連れていって子どもたちを4人の班にして告げます。

　「それでは、今から学校探検に行きます。ここから出発して、図書室、講堂、保健室、第一体育館と回ります。最後に、校内のどこかに鹿のはく製があるから、探してごらん。

　途中でもチャイムがなったら教室に帰るんだよ」

さあ、出発。でも、いつもは教室からですが、スタート地点が変わるとまったく位置関係がわからなくなります。どのグループも混乱状態。みんなあっちだ、こっちだと大騒ぎ。

　やれやれ。さて、子どもたちはどうするでしょうか。

　私は、あえて20分後にチャイムがなるぐらいの時間でこの活動を始めました。

　子どもたちを自由にさせるときには、こうして活動の終わりを示す合図をうまく使わないと、収拾がつかなくなります。迷わせる最初は20分ぐらいでいいでしょう。

　教室に戻ってきた子どもたちが口々に言います。「よくわからなかった」「体育館はわかったけど」など迷ったことがいろいろと報告されます。

　私が「いつもはちゃんと行けるのにねえ」と言うと、「だって、それは教室からだから」。

　この言葉に男の子が「そうか、一度教室に戻ればいいんだ」「そうか」と明るい顔。

　これが私が言った原点に戻るの発想。

　彼らが乗り換えをする駅でも同じです。

　いつもと同じ改札、いつもと同じ階段に戻れば見通しがもてます。

　本校の校外活動では下校時にどこで解散するかを必ず保護者に尋ねる質問のところがありますが、不安なお子さんは一度茗荷谷駅に連れていきますという項目があります。

　つまりこの駅に戻れば、いつもの下校のときに通る道。ここまで戻ればあとは自分たちで行動できるという彼らにとっての原点というわけです。

　生活体験を増やすには、私たちにも用意周到にそれを増やしていく意図的な計画が必要だと思うのです。

夢 育

平成27年4月16日(木)
第 7 号

発行 筑波大学附属小学校
担任 田中博史

ゆ・めいく　愉・めいく　愉 make

<30>

お誕生日おめでとう

4月生まれのお友達です。
///日 A くん　///日 B くん
///日 C くん

　まだ4月で係も動いていないので、お誕生日は私から写真のプレゼントとします。お誕生日のお子さんが真ん中に入った集合写真です。そして帰りにみんなで　♪　ハッピーバースディ　♪と歌を歌います。土日や夏休みに誕生日がくる子はその前にします。
　早速、明日からスタートです。

<31>

訂正　来週の登校について

　学年便りでは、最寄りの駅となっていましたが、茗荷谷の駅の間違いです。

　来週は、茗荷谷駅（路線によっては学校の近くのバス停、その他の駅）でお子さんと離れてください。その次の週がご自宅の最寄りの駅です。

　もちろん自主的に、来週から、ご家庭の判断で少しずつ距離を実験的に離していくのは構いません。ただしお迎えも茗荷谷の駅までです。学校にはこないこと。

　来週からは図書室も保護者の待機場所にはなりませんので、お子さんを見送ったらそれぞれで過ごしていただくことになります。

　これから後は、校内には特別な用件がないと入ることはできません。

　校内に入る際は事前のアポイントがないと警備員は入れてくれませんので、これまでとは変わってきます。来週以降はご来校される場合は担任に必ず用件を連絡してからにしてください。

<32>

　保健関係の提出物が見事に一度ですべてそろいました。

　保護者の方々、さすがだなあと感心しております。そして同時に感謝です。でも、ちょっとだけ、ほんのちょっとだけ　惜しい!!（笑）

　印鑑漏れ、記載漏れが数人ありました。お返ししますので後日お願いします。

　次回は念入りに見直してくださいね。

<33>

　入学式の際に撮った写真が中央ホールに掲示してあります。

　今日と明日のお見送り、お迎えの際にご覧いただき、明日の下校の時に集金します。封筒は本日お子さんに渡しましたので、ご自宅で受け取られ、写真番号を転記されるとよいと思います。封筒を保護者の方に手渡ししようと思いましたが配布漏れがあると困るのでお子さんに渡してあります。

<34>

　算数の授業。まず教科書で数の学習を少しして、中庭に出て小鳥の巣箱遊びをしました。

Check!　2人が巣箱になって1人が小鳥でしたけど、このルールを少し変えて遊びます。

　私「ねえ、みんなちょっと巣箱、大きくしようか」

　子ども「いいよ、じゃあ、3人で巣箱作る」「3人と1人だね」

　私「えーと、じゃあ、何人のグループつくる?」

子ども「3人と1人だから4人だよ」

私「はい、じゃあ作ってね」　わいわい

にぎやかに遊んだあとで、　私「ねえ、みんなもっと巣箱大きくしようか」

子ども「じゃあ、今度は4人!!」

子ども「ねえ、ひろし先生、こんなに大きい巣箱なら、小鳥がもう少し入れるよ」

子ども「じゃあ小鳥を2ひきにすれば??」

私「いいねえ、えーと　じゃあ4人が巣箱で…。2人が小鳥だからあ……」

子ども「6人グループだよ」「4と2だもん」

ということで、ルールを変えて、にぎやかに巣箱ゲームを楽しみました。

子ども「ねえ、先生、ところで今日は　算数はやらないの〜」

　　　私（これも算数　なんだけどね……(*^_^*)）

<35>

　数の学習は既に子どもたちも生活の中でたくさん目にしているものなので、そんなに抵抗はないでしょう。でも普段から、お手伝いなどをさせて、再度、数を意識させていくと実感の伴う学習になります。

　たとえば、食卓の食器を用意させる時に、少し人数より多く出したり少なくしたり…。

　配ってから気がつくか、配る前に気がつくか…。試してみると面白いです。単なる作業を言われたまますする子ではなく、自分で考えようとする子に育てるには、いつも過不足のない体験ばかりをさせてしまわないこと。

　ちなみに、教室の段ボール箱が人気ですけど、その取り合いも始まってしめしめとほくそ笑む私。ある女の子が「先生、段ボールは一人ひとつですよね」と口をとがらせてやってきました。見ていると男子が段ボールを積み重ねて遊んでます。男子にしてみると積み重ねる遊びは複数ないと楽しくないし…。さてさて、どうするのかな。

　数が足りないとこうして子どもたちも相手のことを考えなくてはならなくなります。

　それにしてもたかが段ボール、されど段ボール。

　こんなに喜ぶならこれで何か作るかなあ。教室の中に段ボールの館でも???

ゲームしながら楽しい授業を！「小鳥の巣箱」

　このゲームは私のクラスの子どもたちが気に入っている遊びです。

　遊び方を説明します。まず三人組をつくります。三人でジャンケンをして勝った子が小鳥になります。残りの二人は巣箱です。巣箱の役の子どもは向き合って両手をつなぎます。これで巣箱ができました。つないだ手の間に小鳥役の子が入ります。準備完了。三人組になれなかった子は最初から小鳥役です。つまり巣箱よりも小鳥の方が多くなっています。もしもクラスの人数が3の倍数だったらぴったりになってしまうのでそんなときは教師も参加して、小鳥が多くなるようにします。遊び開始の合図で、小鳥は別の巣箱に飛んでいきます。ゲーム終了の合図で、巣箱に入れなかった人が負けという遊びです。

　要するに椅子取りゲームと同じです。でも、このままでは小鳥役は楽しいですけど、巣箱役はただ待っているだけなので楽しくありません。そこで、小鳥役は巣箱に入ったら「ピッ」と鳴いて巣箱役の二人の友達のどちらかを指さします。指名された子は魔法がかけられて小鳥に変身します。先ほどまで小鳥だった子は飛び立っていった子の代わりに巣箱役になります。これを繰り返していって、ゲーム終了のときに巣箱に入れなかった子が負けというルールで遊びます。これで巣箱の役も小鳥の役もどちらも楽しめます。巣箱役は手をつながなくてはなりません。

　高学年でも私はこのゲームで遊ばせることがありますが、手をつながざるを得ないので男女でやるととても盛り上がります。最近では、低学年でも男女で手をつなぐのを嫌がる傾向があるクラスも出てきたと聞きます。子ども集団は意図的に交流させないと友達関係や男女の交流が固定されたままになります。特に男女が仲良く遊べるクラスはいじめなども起きにくいと言われていますので、低学年のときから意識したいところです。その第一歩はこうした遊びを通して自然に触れ合う時間をつくるところから始まります。

25

Check!

平成27年度2部1年学級通信 夢 育	平成27年4月17日（金） 第 8 号 発行　筑波大学附属小学校 担任　田中博史

愉 make 愉しいことは自分たちで創る

<36>

昨日、紹介した４月生まれの友達のうちの二人は今週末が誕生日。

いつもの教室で体操服で、みんなの真ん中で小さな一輪ざしを持って写ります。

クラスで写る写真で、案外自分が中心に座った写真って持っていないでしょ。だから記念にと思ってとりました。誰が誕生日なのかわかりやすいように一輪のお花を持って。

このお花は私からのささやかなプレゼント。

何枚か写真をとっているのですけど、きちんとした写真はつまらないから、少し崩れた雰囲気で…。ほら、もう性格がよくわかる。(*^_^*)

１年生ですからその瞬間、よそ見をしてしまうのも愛嬌ということで、お許しください。誕生日の本人だけはちゃんと前を向いてますからご安心を。(^.^)/~~~

ちなみに写真の並び方も前回の入学式の時の集合写真とは入れかえてみました。前回、後ろでよく見えていなかった子も今回は大丈夫かな。そのうち「適当」に並ぶというもっと個性あふれる崩れた？　写真も楽しいので期待していてください。でも、そんな解放された写真を見てくれぐれも子どもを叱らないように。

それにしてもあっという間に、２部の子どもたち、学校に慣れましたねえ。たくましく自分らしさを出し始めてます。いいなあ。

<37>

既にたくさんの子どもたちが私にまとわりついてくれてかわいいかぎり。まあ、しばらくはこのまま泳がせます（笑）。子どもたちが安心して学校に通えるようになること。それが今は第一の課題ですからね。笑顔いっぱいでひろしせんせいーーと呼んでくれる彼らを見ていると心も安らぎます。

でも彼らはまだ知らない。実はひろし先生は学校で一番高学年に恐れられている先生だということを（笑）

<38>

来週からはいよいよ普通どおりの登校。ラッシュをさけるには少し早目の方が楽でしょ

う。上級生も7時30分には多くの子どもが登校してます。目安は7時30分〜45分の間でしょうか。8時近くなると電車もだんだん混んできます。

来週からは茗荷谷駅方面からのお子さんは占春園側の門からの登校です。上級生の流れに乗っていけば大丈夫です。

4月20日（月）〜23日（木）にヤゴとりが予定されているのですが、早速20日にトライします。早くプールに入らないとヤゴがいなくなるので。でも天気が良くて温かくないといたしません。準備をしてきたのに中止することもあります。

その場合は後日しますので、支度は置いて帰ってもいいです。

持ち物

ナップザックに次のものを入れて登校します（他の袋も可）。

> 水着（自宅のものでよい）バスタオル 着替え 濡れてもいい靴など（プールに入る時に履きます。サンダルでもよいが足が保護されているものがよい）ヤゴをとるあみ とれたヤゴを入れて持って帰るペットボトル 濡れたものを入れるビニル袋 その他

プールの水はひざぐらいまで抜いてありますが、きっと泥だらけになります。覚悟しておいてください（笑）。ただし体調不良、またはアレルギー、さらには泥水に入れることに抵抗があるご家庭、虫が苦手……。いろいろでしょう。

今回はトライしたいお子さんだけでいいです。参加しない場合はプールサイドから見学。

ヤゴもとれるとは限りません。

そもそもヤゴってどんな生き物??と、自然の世界に興味を持ってくれればそれが一番。2年生のたくましさをそばで見ることになると思いますが、次第に感化されてそのうち「つくばっ子」になれるでしょう。

誕生日をみんなで祝う

　私は誕生日の子には、その子が真ん中に写っている集合写真をプレゼントしていました。学校の行事などで集合写真を撮ることはありますが、自分が真ん中にいる集合写真はあまりないだろうと思って企画したのです。

　さらに私からのプレゼントとして、誕生日の子に花を一輪あげることにしました。真ん中に座るだけだと誕生日だとはわかりづらいかなと思ったので。主役にはお花をと考えたわけです。お花は学校に出入りの花屋さんに頼みました。子どもの誕生日に印をつけたカレンダーをご主人に渡して「この日に花を一輪届けてください」とお願いしておいたのです。老夫婦が営む近所の花屋さんでしたが、そんなことを先生がしてくれるのかと感心してくださって協力してくださいました。今ではすっかり筑波の後輩たちの中に広がっていますけど……。

　この企画は子どもも保護者も大喜びしてくれました。教師が用意したのには理由があります。それは4月生まれの子どもの誕生日を祝うのに、クラスの係がまだ動いていないこともあって間に合わないことがあるからです。こうした活動を見ていて、子どもたちの中には自分たちも誕生日の人にお花をあげたいと言う子が出てきました。どうするのかなと思っていたら、みんなが折り紙を使ってお花をつくってプレゼントするようになりました。こうして誕生日係を成長させていくと二年目からは子どもたちにプレゼントを任せることができるようになりました。

　ちなみに2年生では「友達全員がその子に手紙を書く」というのも付け加わりました。最初は張り切っていましたが、継続していくのに実はとても苦労していました。一つひとつの企画による失敗も子どもたちの学びになります。

夢 育

平成27年4月20日（月）
第 9 号

発行　筑波大学附属小学校
担任　田中博史

愉 make 愉しいことは自分たちで創る

<39>

明日は雨だということなので、予定通り本日ヤゴとりをしました。

朝、お日様が照りだした時はチャンスと思ってましたけど、途中からは曇りに……。

希望者は半分ぐらいかなと思っていたら、みんな朝からはりきっていて、登校した順に水着に着替えてました。

寒いかもしれないので上は体操服や私服などで温かくしていざプールへ。

緑色のプールを見ると、「えー、いやだあ」という声も。私は「無理しなくていいよ。入りたい人だけね」と念を押すと、みんななぜだか入るというので子どもって不思議。

後ろに並んでいた子が、逆に早く入りたいとうずうずしているからたくましい。幼稚園でもやったよという声もしてました。

プールに入るや否や大きなギンヤンマのヤゴをゲットして大喜びする子。ヤゴがいないよ、ヤゴってこれ?? と友達と教え合っている姿、さらには途中からヤゴとりではなく、おたまじゃくしとりに夢中になる子といろいろでした。どの姿も素敵です。

私も入ってみましたけど、最初少しひんやりするものの、慣れてくるとみんな平気のようで、「寒かったらあがりなさいねー」と告げると「やだ〜まだやるーー」といって遊んでいる子がたくさん。

ちいさなちいさなヤゴを見つけて喜んでいる子、アメンボとり、おたまじゃくしとりなど目的は変わっていくけれど、見つけるとうれしそうに私に報告します。

つかまえたけれど、「気持ち悪いから先生、ペットボトルに入れて〜」と頼んでくる子。私は「いいよ。気持ち悪いなら、逃がしてあげれば」と言うと、せっせとつかまえてペットボトルに入れてました。やっぱり子どもって不思議ですねえ。

途中から5年生も入ってきて、ヤゴの見分けを教えてくれたりほのぼのとした時間でした。だんだん水遊びになりそうになってきたので、一時間目まで食い込んでしまったのですが、プールからあげてお着替えを。

ここからは教室はまるで地獄絵図のようでしたが（笑）

<40>

　さて、今回やってみて思ったことですが、こういう活動の時の支度をするときは、必ず子どもたちとしてくださいね。親が全部やってしまうと、子どもはどこに何が入っているのかわからないため、見つけられなくて苦労していました。だから必要なものを用意したらナップザックなどに入れる作業は必ず本人にさせましょう。

　教室の未使用のきれいな雑巾が早速足拭きなどに役立ちました。タオルを持ってこなかった子には私が貸しました。ペットボトルがなくて困っている子はビニル袋で代用してました。でも持って帰ることを考えると、ビニル袋では途中大変だから代わりの入れ物を用意しました。

　でもいずれも、子どもたちの最後の着替えの段階では見つかりました。

<41>

個人情報保護の観点より割愛させていただきます

<42>

　連絡網が完成しましたので明日配布します。

　ご協力いただいて公開した個人情報の扱いにはくれぐれもご注意ください。

　個人的な連絡では決して使わないようにしてください。

　連絡網を回す場合は、原則は電話連絡を使うことにします。メールに関しては補助手段として使うことになります。メールは気がつかない人がいることもあって、確認が必要になることが多かったのでよろしくお願いします。

　ただし学校から災害などで携帯が上手く通じない場合などは、緊急の一斉メールなども配信することがあります。着信拒否などの設定をされている場合は、ご自分の連絡ラインの方のメールを登録されるとよいと思います。

学級づくりのポイント

子どものいたずら心をくすぐる

　入学式の出来事です。本校の入学式では、毎年、司会の先生が子どもたちに担任の先生を紹介するくだりがあります。まず司会が「1部1年、○○◇◇先生です。みんなで大きく○○先生、お願いしますと言いましょう！」と言うと、そのクラスの子どもたちが立ち上がって、「○○先生、お願いします！」とその先生の名字を言われた通りに言います。

　続いて私のクラスです。司会が「2部1年は、田中博史先生です。みんなで田中先生、お願いしますと言いましょう！」と言いましたが、私のクラスの子どもたちは声をそろえてニコニコしながら「ひろし先生、お願いします！」と叫んだわけです。ざわつく会場。爆笑する保護者たち。私も子どもたちもしてやったりの顔です。

　私は、入学式が始まる前に子どもたちにこれを仕掛けておきました。「他のクラスは司会の先生が言った通りに言うんだけど、このクラスは少し変えるよ。先生は早くみんなと仲良くなりたいから、先生のことは田中先生ではなくて、ひろし先生と呼んでほしいんだ。いいかい、司会の先生が田中先生と呼びましょうと言っても、君たちはひろし先生と大きな声で呼ぶんだよ。そうすると、式場のみんなが驚くからね。できるかな？」

　こう告げると、1年生の顔がキラキラしてきます。こんないたずら心の伴うことが子どもたちは大好きです。当時の私は、こうして絶好のスタートを切ることができたのでした。他のクラスの担任がやられたなあと焦っていましたけど……。

29歳の田中博史が山口県で初めて1年生をもったときの通信です

1年学級通信（がっきゅうつうしん）
阿東町立 篠目（しのめ）小学校

あすなろ

平成元年
4月14日(金)
No. 5

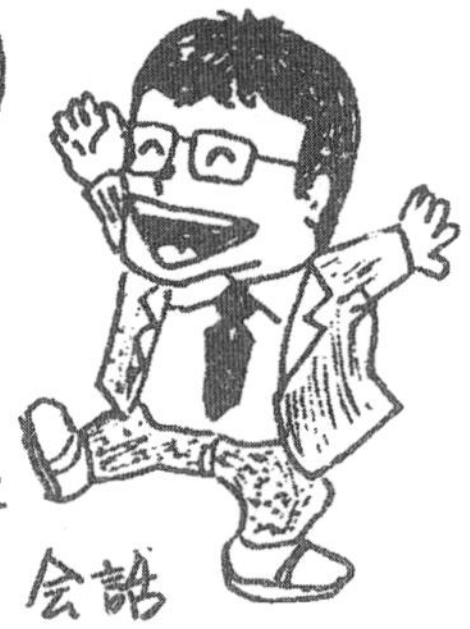

のりにのった 国語の学習
第一回目！

教科書をあけると かわいい「かに」と「かめ」の絵が とびこんでくる。うみの 朝の風景だ。かにや かめの会話を楽しく 想像した後に この短い文を おぼえてみようと もちかけた。

きこえる
きこえる
うみの
おと
あかるい
あかるい
あさの
うみ

最初 黒板の字を 目で おいながら 大きな声で よむ。次に 一部を消して よめる？ とたずねると だいじょうぶ だいじょうぶと 自信ありげ…。

3回目には 半分以上を消すと エー と大さわぎ。それでも だいじょうぶ、平気だよの声。 とうとう 最後には、口だけの黒板をみて、大きい声で よんでおりました。

□□□□
□□□□
□□□
□□
□□□□
□□□□
□□□
□□

すごーい、透明な字が よめたねというと、とっても うれしそうでした。

今日は おうちに帰って お母さんに きかせてあげようと いうと、一番ニッコリしてくれたのが　　　さん。 みんな、自信タップリでおわった 第1回目の国語の授業でした。

ここでの目標は 平仮名の清音を正しく読むことが できるようになること、と、場面を想像して 豊かな表現が できるようになることなのです。

（係活動、とっても熱心です。）

　職員朝会の時、1年生の方の教室が　なにやら騒がしい。ムム、何ごとかなと思って ろうかにでてみると、花係の女の子と お手伝いの女の子で花びんを はこんで 水がえをしておりました。朝、係のことは 何も詣まなかったのに よく覚えていてくれて、いっしょうけんめい やっておりました。

　ウムウム、思わず 田中先生は ニッコリ。少々 騒がしくても いい と思ってそのまま、職員室へ もどったのでした。　この一年生、4号でも かいたけど 本当に すばらしい。　しっかりしてるな〜 と つくづく感じます。

（お母さん方へ）

　連絡帳には 毎日 目を通して下さい。子ども達は まだ 連絡帳を書くことが できませんが、私の方で 時々、気がついたことを一筆 かいておきますので…。　また 見られた場合には サイン または 印をお願いします。つけ加えて、子供達の 良くなった面などを かいて いただくと、家庭での 様子が よく わかって 私も助かります。たくさん ほめてやると子どもは確実に かわります。　この一年間、学校と家庭で ほめて、ほめてほめまくりましょう！

（子ども模様）図工の時に 自分の顔を大きく かきました。クレパスで かっこいい顔が できました。国語の時には はじめてノートを使って「あ」の字も かいてみました。勉強が 楽しいらしくて 休み時間になっても ノートにむかって 字をかいている女の子が 2人いましたよ。(▨▨▨さんと ▨▨▨さんでした。）休み時間に遊ぶことを 楽しみにして、寒くても 外にとびだしていく男子も 元気よくていいですが、勉強とかが うれしくて がんばっている姿も とても いいですね。　今は何をしても 楽しい時期…。この意欲を 大切にしてやりたいと思います。

🌷視力、聴力の検査をしました。視力が 低下 しかけている子が 何人かいます。後日 一人ずつの 検査結果を お渡しします。

この時代は、すべて手書きでした。算数だけではなく、国語も頑張っていました

	平成27年4月21日（火）
夢　育	第　10　号
	発行　筑波大学附属小学校
	担任　田中博史

愉しいには「心」がついている

<43>

　先週の金曜日に「ヤゴとり」の話をしたら、「いやだあ～。はいりたくなーーい」と言っている女子が何人もいました。だから、きっと希望者だけとすると半数ぐらいになるかなと思ってました。

　いつもこのように、選択できるように持ちかけると実は4つのタイプに分かれます。

　その1　親子ともに希望する場合　　これはまったく問題ありません。

　その2　親子とも希望しない場合　　これも仕方ないです。

　でも、結果がどうであれ、親子の意見が一致している場合はトラブルは起きませんから。問題は……

　その3　子どもは希望するけれど、親が乗り気になれない場合

　　　子ども「入りたい」

　　　親「だめよ。あなたは体が弱いんだから風邪でもひいたらどうするの」

　　　子ども「でも……」

　その4　子どもは嫌だけど、親が勧める場合

　　　子ども「気持ち悪いからやだ」

　　　親「何言ってるの、せっかくだからやりなさい」

　　　子ども「だってーーー」

　どうですか。先週の反応からすると本当はその4も結構あったのではないでしょうか（笑）。このように親子が意見が分かれることは今後もきっとあると思います。

　その時にどのように話し合って解決するか、こういう小さなイベントがよい練習になると思います。今は幼いので無理矢理でも動きますけど、高学年になるとそうはいかなくなります。無理やりやって嫌な思いをした時はずっと覚えているものです。でも勧めないといつも引っ込み思案で先に進まないからというジレンマもよくわかります。こんな時、我が家ではどのように乗り越えていくのがいいのか。試行錯誤して親と子どものよりよい納得の仕方を模索していくとよいと思いますよ。ポイントは子どもがちゃんと「納得」するということ。高学年になって親子関係に苦しんでいるご家庭は多いのです。今がそのよき練習の場。ゆとりのあるうちに試行錯誤を楽しんでください。

<44>

　さて、つかまえたおたまじゃくしし、ヤゴ、どのようにして飼いますか。

　既におたまじゃくしはヤゴのえさだと言ってる子もいましたけどね。小さなヤゴはそのまま大きなヤゴのえさになってしまう運命なのかも……。

　いずれにせよ、ヤゴを育てるってとっても大変なのです。運よく、ギンヤンマのヤゴをゲットしていた子どもたち。これはうまく育つといいですねえ。

　今回、うまくいかなかった子たちのために、もう一度だけチャンスをあげます。

　体験はしたのでほとんどの子どもたちは十分だと思いますから、二度目は本当に一度目でうまくいかなかった、どうしてももう一度やりたいという希望の強い子たちのみとします。来週の朝の活動に入れるようにしますので準備してくれば他のクラスに交ざって活動できることにします。詳しくは後日。でも2年生になってからもチャンスはありますよ。もう一度準備をしてくることが面倒ではない、さらに前回とれなくて悔しかった、道具がそろっていなくてできなかった……など動機のある子、どうぞ（笑）

　ただし持ち物や服装、着替え、持ち帰り道具など一度目の失敗を繰り返さないように。

　しつこいけど、一度目で満足した子たちはもういいからね。(^.^)/~~~

<45>

生き物は苦手だけど植物なら…という方。もうすぐアサガオ観察を始めます。
今度は、そちらでがんばってください。

<46>

算数の時間に算数ランドを出して早速遊びました。ブロックを使ったり、時計を使ったり数え棒を引っ張り出してともかく中にどんなものが入っているのかを子どもたちが使ってみてよく知ることが大切なので。今日はブロックを使ったジャンケンゲームを３通り。そのあと、時計を使って１時間目から３時間目までの学校生活の流れを再現（といっても一緒に動かすだけですからわかっているかどうかは別）、最後は数え棒を使って自由に形づくりを楽しんで、さあ、ここまで箱をひっくり返した後で、いよいよおかたづけ。さてどうなるかなあ……。任せてみると、なんと早い子はてきぱきと２分で完了。これにはびっくり。時間がかかった子でも５分で完了。ともかくたくさん使って慣れること。元通りに片づけること。今はこれもすべて算数の学習の一つなのです。

<47>

明日は健康診断。従って専科の授業はありません。診断の待ち時間には算数や国語をします。「ひらがなノート」、「算数ノート」、「算数の力」を持ってきてください。今後はこれらは教室の引き出しに置いて帰ってもよいことにします。ただ子どもによっては作業が遅れた時に家で続きをするために持って帰りたいという子もいます。その場合はそれでいいのですが、必ず翌日に持ってくるようにしてください。診断の記録を６年生が書くので児童手帳を必ず持たせてください。

学級づくりのポイント

p30 参照 リアルタイムの授業記録を届けるという役割

　p.30の通信は私が山口県の公立小学校で初めて1年生を担任したときの通信です。山間部の小さな学校で全校児童が60名。複式学級もある学校でした。この翌年は入学予定の1年生が3人だったので全校児童は52名になります。2021年の今は廃校になってしまっていて地区の体育館が立っています。

　当時の私のクラスの子どもは11人でした。だから家族のような集団でした。この年、一年間に110号まで通信を発行していました。これはその中の5号目です。通信の左側は1年生との国語の授業開きの様子が書かれています。この頃はすべて手書きです。29歳のときの田中博史の奮闘の記録が110枚の中に閉じ込められていました。読み返してみると赤面することばかりです。

　本書の通信と異なるのは昔の通信は授業記録がたくさんあることです。

　筑波に赴任してからも通信の中心は授業の様子と日々の様子、子どもたちの人間関係の成長について伝えることでしたが、近年は実践記録はすぐに雑誌などを通して世に出すために学級通信などに書きためるゆとりがなくなっていました。

　本校の保護者は月刊誌『教育研究』や他の雑誌等を通して私の授業の様子を読んだり、年間に何度もある公開授業で直接目にすることが増えたため、通信の目的は次第に授業を伝えることよりも人間関係力の成長の方に重点が移っていったような気がします。

　しかし、こうして昔の通信を読み直してみるとやはり若い時代のようにリアルタイムで授業のことが届く書き方も大切だと改めて感じました。一個人の教師の研究記録という視点で見ると、外への発表の機会の少ない若い先生たちにとっては、通信に授業記録をせっせと書き綴っていくことはよい教師修行の方法にもなると思います。保護者も喜ぶし一石二鳥ですね。

平成27年度２部１年学級通信	平成27年4月23日（木） 第　11　号
# 夢　育	発行　筑波大学附属小学校 担任　田中博史

<48>

昨日は健康診断。こうして一日、待ち時間があったり空白の時間があったりする日は必ず小さな小さな事件が起きる。でも逆に遠足に行く前だし、子どもたちに私の伝えたいことを話すのにちょうどいい。様子を見て「叱るべき」タイミングを考えよう。

Check! そう思って子どもたちを見てると……。ありました、ありました。

<49>

教室からの移動の際に事件は起きる!!　悪気はないんだけどねーー

彼らはともかくスキンシップが大好き。男の子も女の子もそう。だから列に並ぶと必ず前後、左右の友達にちょっかいを出す子がいて、そのまたうれしそうな顔。誰かにまとわりついてじゃれるのがうれしくてたまらないという感じ。友達同士、互いがそれを好んでいればいいのだけど、そうではない時もあるんです。並んで歩いている時に、いきなり後ろからしがみつかれれば、誰だって「やめてよ」と言葉を返したくなりますよね。言葉だけならいいけど、ちょんと押してしまうことも。でも、事件はそこから始まります。

押された方は「ぼくはたたいてないでしょ」と言葉を返しながらまた相手を押し返すわけです。本当に相手をたたいたつもりはないのです。好意を持って接しただけなのに…。

でも突然しがみつかれた子は「たたかれた」と思っていて、その子の好意を知らないのです。私が見ていたその瞬間は、後ろの子はうれしそうにじゃれついただけ。でもこれがきっかけになり、何度か小さな言い合いになってとうとうそれが喧嘩になりそうに…。

仕方ないな、それではこれを叱る材料にしようか…と思っていたら、そばにいたしっかりものの女の子が「だめでしょ。なかよくしないとひろし先生が見てるよ」の一言。むむ、気がついたか。なるほど、この女の子ただものじゃないな（笑）

<50>

健康診断の時

６年生のお兄さん、お姉さんが一対一でそばについてくれてお世話になった。相手が優しいとすぐに調子に乗る子もいて、甘えが暴走する…。さてさて、どこまで続くかなと思っていたら６年生がびしっとさせてくれた。ありがたい。でもねえ、６年生に甘えて噛みついてるのもいたからなあ…。やれやれ。もちろんふざけて遊んでいるだけなんだけど、これを１年生同士でやるとさっきの話と同じで、またまたトラブルのもとになりそうだなあ。だって「噛みつかれたあ」なんて言うんだろうから。

<51>

診断を受ける時に１年生だけで並んでいると、またまた前後にちょっかいを出す子が数人。どうやらこの傾向は先ほどの時と同じ（：一＿一）。でも今度はそこに正義の味方登場。ちゃんと注意はしてくれるんだけど…。でもこの正義の味方、いささかしつこい（笑）。繰り返し繰り返し同じことを注意してくれて、まあ言ってることも正しいし、その通りだと思うけど、もういいんじゃないかなあ…と思っていると、やはりそのしつこさに相手が反撃に出た。ほらねーー。そういえば、自分が休み時間に友達に注意をされている時は、知らん顔して走ってたよなあ。他人に厳しく自分に甘いのは、１年生の常……。

<52>

どうでしょう。友達のことをあまりよく知らない時は、穏やかで落ち着いていた１年生集団も次第に馴染んできて、打ち解け仲良くなってくると、必ずこういうトラブルが起きるのです。ひとつ、ふたつ…と小さな小さなトラブルが起き始め、ひろし先生の怖さを教えることも必要な時がちらほらと……（笑）

でも、私がこれまで育ててきた低学年と比べるとこの２部の子どもたち、本当に穏やかで

いい子たちです。小さなトラブルのきっかけもここに紹介したとおり、ささいなことがきっかけになっているだけ。だから安心してくださいね。今、かれらは友達の中で生きていくためのいい勉強をしてます。

<53>

お誕生日おめでとう

明日の遠足の日がC君の誕生日。遠足の時にももちろんおめでとうと言ってあげてほしいけど、夢育が出せないので、本日みんなで歌を歌ってお祝いしました。

<54>

着替えの時にかけていたゆずの「スマイル」を子どもたちが覚えてしまいました。今日はみんなで元気な声で歌ってくれました。

ならば、これを2部の歌にしてみんなで歌うかな。歌詞の意味は、このクラスの子どもたちに身につけてほしいことなのでちょうどいいです。

<55>

「夢育」も毎日発刊が昨日で途切れました。健康診断でバタバタしてまして。さらに明日の遠足でも途切れるので、日刊はここまで。これからは記事が満タンになったら発刊していくので、少しずつ不定期になっていきます。お許しを……。

今日もまたたくさんのドラマがありました。

これはまた来週の夢育でお届けします。明日の遠足も楽しみましょうね。

叱り方のコツ

今回は、子どもの叱り方についてお話ししてみます。

基本的に私は、暴力、嘘、弱い者いじめ以外のことではあまり叱りません。逆に言うと、この三つについてはとても厳しく叱ります。また、私の場合、子どもたちには早い段階で一度「私を怒らせると怖い」ということを教えておきます。

具体的にはトラブルを通して行います。子どもですから、放っておいたら必ず事件は起こります。友達に悲しい思いをさせたとか、嘘をついたとか…。こういったことを見つけておくわけです。例えば、掃除当番なのに、掃除道具を片付けずに遊びに行った子がいたとします。

その事実を確認しておいて、帰りの会のときなどに話すのです。

私は普段は子どもたちと親子や友達のような口調で話しています。「いいかい」「何やってんの?」というようにです。

しかし、叱るときは口調が変わります。「ちょっとみんなに伝えたいことがあります」と途端に「ですます」調になるのです。これが効果覿面。子どもたちの背筋がスッと伸びるのがわかります。子どもも慣れてくると、私の雰囲気が変わり真剣な顔をして丁寧な言葉で語りかけ始めると、「あ、先生を怒らせた」とすぐに察知するようになりました。

でも、これは無意識にやっていたことなんです。あるとき、同僚の正木先生が私のクラスの廊下を通ったときのことです。私が子どもたちを叱っているのを聞いたのだそうです。そして私に「田中さんは子どもを叱るとき、ですます調になるんだね。普段フレンドリーな人が『ですます』調で語りかけると迫力あるなあと思ったよ」と。その後は意識して使い分けています。

筑波大学附属小学校4部1年学級通信

筑波大学
University of Tsukuba

はつらつ

〈NO15〉　　　平成21年5月15日発行

友達づきあい　温度差いろいろ

　子どもたちも次第に馴染んできました。

　馴染んでくると、トラブルがたくさん生まれます。

　いやすでに生まれてますけど……。(^－^)

　たとえば……。

　ある日の休み時間。男の子が本当に楽しそうに友達とじゃれていました。本人はまるで兄弟と遊んでいるようで、とっても楽しそう……。

　でも見ているとちょっとしつこいかなあと感じるところも……。案の定、次第に「ちょっとやめてよ」なんて声も聞こえ始めます。そろそろ潮時かなあと感じてやめてくれれば大目に見てあげることもできる程度のことなのですが…。

　教室の中には静かに一人遊びをしていたいというタイプもいますから仕方ないのです。これは子どもたちの家庭環境、生活経験による温度差でもあります。

　家でも常に兄弟でじゃれて遊んでいる子はそれが自然です。一人っ子でそうしたにぎやかさに慣れていない子もいるでしょう。これまで浸ってきた遊びの種類や雰囲気も異なりますから、互いが相手について理解するまでは、不満がたくさん生まれることと思います。でもまあ、これが社会になじむということでもあります。

　ふだんから、兄弟でもたくさん喧嘩していれば多少のことは耐えられますが、いつも自分の思い通りに過ごしている経験が多い場合は、これまたちいさなことでも不平につながります。

　手洗い場所で友達の洗っている水が少し飛び散ったというだけで言い合いをしている子もいましたからね。

　同様に、これまで持っていた友達関係との違いによってもトラブルは起こります。

　たとえば、幼稚園ではいつもリーダーをしていたとしましょう。なんでも自分が中心になって満足していたタイプは、この小学校にあがると勝手が違います。何しろ、筑波の子は、自分が中心になってやりたいと思っている子がたくさんいますから（笑）

今までは、お世話役をして落ち着いていた子も、その行為が認めてもらえなくて、逆に他の子からはおせっかいと言われてしまうこともあるのです。

　「○○ちゃんはなんでも自分がやってしまってつまらない」と周囲が感じてしまうと遊ぶ時にも敬遠されてしまいます。

　自分の意見を通すとき、友達の意見を聞いてあげるとき、その両方が必要なのです。

　先日も、昼休みに自分の意見が通らなくて柱のかげですねている子を見かけました。どうするかなあと思って私がかげから見ていたら、少しするとあきらめたようで、友達のところにかけていって仲間に入っておりました。

　ともかく、今は、子どもたちが、新しい友達と新しい環境で、どのように「人と関わるか」を懸命に学んでいるときです。

　そんな旅立ちの時間だと思って、子どもたちの愚痴もきいてあげるといいですね。

　でもお母さんやお父さんの前では、話しているうちに悲劇のヒロインになってしまってだんだん話も大げさになっていきますから、あまり真に受けて神経質にならないことですよ。

　子どもが言っていることだけをすべて鵜呑みにすると、まわりの友達がみんな悪い子に見えてしまいますからね。

　4部の子は、とてもおだやかです。明るくて元気もいいですが、素直でみんなかわいいです。

　「はつらつ」という通信のタイトルのような子どもたちがすくすくと育つには、見守ってくださる大人たちのスクラムも必要。

　1年生の今の時期としては素敵な40名です。どうぞご安心ください。

　こうして読み返してみると、私は1年生の初期はずっと同じことに取り組んでいたようです。共通するのは、子ども同士の人間関係力が育つ時間を大人がゆとりをもって見守ることの大切さを伝えることです。次ページのコラムで、もう少し詳しく述べます。

子どもの小さなトラブルを待ち構えてみて、指導に使おう

　教室から子どもたちを連れて集会などに移動するとき。p.36の通信でも話題にしましたが、廊下に並ばせるとすぐに友達と押し合ったり、つっつき合ったり。これが共にじゃれている仲間同士でとどまっていればいいけれど、関係ない友達を巻き込んで、そのうちAくんが叩いた、何もしてないのに押した……。なんて言い合いになります。

　先生は、「はい、もうそこけんかやめて、静かにしなさい」と制して集会に移動。

　こんな日常、たくさん目にするでしょう。

　たくさん目にするということは子どもの世界ではかなりの頻度で起きているということ。そして大切なのは、それが実は教師がいないところでも同じ確率で起きているということを知ることです。

　これを放っておくから、どんどん別のトラブルが生まれ続けていくことに大人は気が付いていません。

　整理します。

　こうした場面を見たときに、次のように考えます。

　偶然、こうした場面を見ることができたのか。ラッキー

　いや、これは実は子どもの中では頻度が高いトラブルなのかも……。

　ということは私が見ていないところでもきっと起きている。

　そのとき、子どもはどのようにして解決しているのだろうか。

　もしかしたら休み時間のあのけんかの発端は……。

　こんな想像力を働かせてみます。

　だって、皆さんよく聞くでしょう。

「先生、Aくんが何もしていないのに叩いた」

「先に蹴ったのはBちゃんでしょ」

　では、冒頭に戻ります。

　廊下に並ばせたときに、起きた事実を使ってどのように対応すればいいか。ちょっと考えてみましょうか。

こんなシーンが最初から起きるものだと思って、子どもたちを観察してみてください。

　つまり、事件が起きてから観察するのではなく、事件が起きる前からそのつもりで観察するのです。

　だって皆さんのクラスの子どもたち、だいたいどこで誰がきっかけをつくるか、想像つくでしょう。それなら待ち構えてみましょう。

　すると案の定、始まります。

　待ち構えておくと事件の前後が把握できます。

　観察していることに気付かれないように、にこにこして見ておきます。

　ほとんどの場合は、最初は並んだ前後の子どもたち同士で楽しんでますから。それがそのうち、他の関係ない子どもにぶつかるのです。だいたい30秒ぐらいすると、一回目の巻き込まれ事故が発生します。我慢するタイプ、仕方ないなあというおおらかなタイプの場合は事が大きくなりません。それも見ておきます。兄弟の多い子はこういうことは平気ですしおおらかです。

　神経質な子、またはこういうことに慣れていない一人っ子タイプがここに巻き込まれた途端、話が大きくなります。

　だいたい小さなことをすぐに大きくしますから。そして反撃も口による攻撃も早い（笑）

　そして誰かが話題にし始めると、ついでに参加してくる便乗組もたくさんいます。これもいつもだいたい同じタイプの子どもたちです。実はぶつかっていないのに、騒ぎ立てる輩。

　面白いでしょう。観察してみたいでしょう。子どもウォッチングしてみると、こんな場面だけで子どもの世界がよく見えるようになります。

　私は、こうしたことをよーーーく見ておいて、後から子どもたちの前で再現してみせます。静かに語ってみせます。

　そのためには、集会に出掛けるぎりぎりに並んでいたのでは、その時間が作れません。だから今日は、これについて語ろうと思ったら、少し早めに並ばせて事件を待ちます。

　廊下がいつもの事件でにぎやかになったら、静かに「はい。では、みんなちょっと教室に戻りましょうか」と告げます。

そして今のストーリーを再現します。

「あるところに、かわいいかわいい男の子がおりました。廊下に並ぶとうれしくてすぐに友達とじゃれて遊びたくなるAくんです。仲良しのBくんとじゃれるのが大好きなんです。この二人はいつもとても楽しそうに押したりつつき合ったりしています。でも二人で騒いでいたときに、肘が後ろの女の子にごつんと当たりました。でもこの女の子は穏やかな子で、もう仕方ないなあという顔で見てはいるけれど、特に何も言いません。AくんとBくんはこんな子に感謝しなくてはいけませんねえ。

もしも自分に肘が当たったとき、この二人は同じように我慢することができるんでしょうかねえ。調子に乗った二人はさらに……」

こんな感じです。

最初、笑って聞いていた子どもたちも次第に、真剣な顔になります。だってひろし先生はその一部始終を見ていて何も注意しなかったわけですから。自分たちの行動をすべて見られていたということを悟ります。

特に「本当は自分はぶつかっていないのに、僕も押されたと騒いでいたDくん、彼はいつもこんなふうにして友達の騒ぎを大きくして困らせたいのでしょうかねえ。先生が子どもだったらそんな友達嫌だなあ……」とかね。

時々、先生はとぼけて言います。

「あ、これはあるところのお話だからね。君たちとは関係ないんだよ。君たちはだっていい子ばかりだもん。安心して聞いててね」

言えば言うほど、静かーーーになります（笑）

何を話題にしておきたいかは、観察した事実によって違うでしょう。それはそれぞれのクラスに合わせて考えてください。

このあとでもう一度廊下に並ばせます。

もうみんな神妙です。だってAくん、Bくんに該当する子は実は何人もいるわけですから。便乗組ではやし立てた子どもたちなんか、もうドキドキです。おおらかな女の子はお姉さんの顔でちょっと得意げです。

廊下に並んだ子どもたちの顔を静かに見つめて、最後にこう告げます。
「やっぱり、このクラスの子どもたちは違うなあ。先生が昔見た『あるところ』の子どもたちとは大違いだなあ。よかった、先生はこんな素敵な子どもたちと出会えて。安心、安心。
　さあ、それでは集会に行こうか」

　どうですか。そのあと、子どもたちがきりりと引き締まった顔で集会に移動していく様子が目に浮かびませんか。
　一つひとつ、こうして仕掛けて待って、指導して育てていくという意識が必要です。わずか5分あればできます。

　こうしたちょっとした事件も、私は学級通信に連載で書きます。
　ちなみに、保護者に伝えるには、少しタイムラグが必要です。なぜなら、誰が叱られたかわかってしまいますからね。複数の子どもが対象になるぐらいまでためてからにしましょう。

何もかもが新鮮だった29歳の田中博史と1年生の日々。
初期の子どもウォッチングです

1年学級通信 あすなろ
阿東町立 篠目小学校
平成元年 4月18日(水) No.8

参観日への 多数の 参加 ありがとうございました。

子どもの学校の 様子を うつした VTR(ビデオ)を ご覧になって いかがでしたか。予想外に お行儀が よかった という声も きかれましたが. カメラを 向けた 時が たまたま よかっただけかも…（ふだんは 元気が とっても いいのですが…）
でも 少しずつ 学校のリズムに 慣れてきたようで. 授業中と 休み時間のけじめは ついてきました。

自分のことは 自分で！
ワーイ ワーイ

「先生、これやって…」「先生、これとこれで いいですか」「先生、ここを こうして…」と 実に たくさんの 注文が 毎日 私に よせられます.「自分で できるな」と 判断できる 時は.「自分で やってごらん」と つき放してみます. ほとんどの 場合、多少 時間は かかりますが やりとげています.（ただし 待っている 間の 忍耐力は 相当のものです）

お知らせ
こちら側の
じっと がまんして まってあげましょう。

この一年間をVTRに おさめていきます. 授業中のようすや いろいろな 行事を テーマ 一本に 少しずつ とっておきます. 2年生に 進級する時に. ご希望の方に 貸しだしますので コピーを とられても よいでしょう. よい 記念に なります.（ただし 素人の 撮影ですので うつり具合は 保障しませんが…）
— 私は 毎年. 少しずつ 子供の 記録を こうして 残そうとしています. —

《 連絡帳に びっしり！ すごいなぁ！ 》
　お母さん方の 熱意を 感じます。昨日は 連絡帳 8冊に 半ペー
ジ以上の お便りが かかれていました。親が 熱心になり、し
かも、落ちついて 子供が 見れるように なると、効果は 絶大です。
そして ほめ上手な お母さんが 多いことも 心強い かぎりです。
　一年生とはいえ、いろいろなことで 毎日 頭を 悩ませています。
休み時間に 校庭で 女子が 一人 泣いておりました。「どうしたの」
と聞いても ばらく 泣きじゃくって おりましたので、ひざの上にのせて
日なたぼっこしながら お話をして おりました。すると
「のぼりぼうに のぼれなかったの 」と ポツリと 一言…。
「いいんだよ。まだ できないことが いっぱい あっても いいんだよ
一つずつ 小学校で できるように なるから ね。そのために
学校に くるんだよ 」と いうと ニッコリと 笑ってくれました。
　ふりかえると、男の子が 2人 泣いていました。タイヤのぼりの ところで
ロープの うばいあいを したようです。先に 手をだした 男の子の方が ごめんとあ
やまって 一件落着。それにしても、いろいろなことが 毎日 おこています。
　家庭でも 帰り道でも、いろいろ あることでしょうね。連絡帳が 情
報交換に 少しでも 役立てば と思います。全体的なことは、この あすな
　　　　　　　ろで お知らせできますが 個人的な ことは、連絡帳で！
★検尿の お知らせ。
　20日の 朝の 尿を 忘れずに とってください。(前日にとった 尿では
検査結果が かわってしまうかも しれません) 新鮮なものを！
　容器は きちんと ふたを して もってきてください。時々、もれて
いることが あるそうです。(かばんの中が 悲惨になります。)

<56>

　ゴールデンウィークはいかがお過ごしでしたでしょうか。本日の朝、子どもたちは登校することに戸惑いはありませんでしたか。毎年、この時期が一つ目の試練でもありますので少し心配してました。今日は元気な2部32名の笑顔を見ることができて安心してます。

<57>

　夏も近づいてきましたね。いよいよ水泳のシーズンです。本校では若桐会主催で夏休みに水泳学校があります。この水泳学校は6年の富浦遠泳につなぐために行っているものです。もともとは若桐会、つまり保護者のみなさんからの要望で始まったものです。ですから今も形式は若桐会への申し込み制度となっています。ただ大切な遠泳につながる指導なので学校の体育の授業との連携で行うため原則全員参加をお願いします。泳ぎ方や審査方法もスイミングスクールの泳ぎ方とは違い、スイミングでは上級なのに遠泳の時にはずっと赤帽子のままだったという子もいました。水泳学校では、毎年進級テストがあり6年までに3級以上を目指すことなどが目標となっています。この進級テストの結果の色帽子で体育の授業も受けることになります。普通の学校のプール開放とは大きく異なります。指導するのは遠泳経験のある本校の卒業生と本校体育部教員です。

<58>

　制服について　5月は夏服でも冬服でも構いません。気候に合わせて入れ替えていいです。従ってしばらくは児童の制服も交ざった状態になります。

<59>

　他のクラスの友達を待つことについて

　本格的に学校が始まると、クラスによって放課後の活動が異なってきます。既にかなりの時間中央ホールで待たされてしまっている子も見かけます。安全上複数で帰る方がよいということもわかりますが、ある程度の時間を決めてそれまでに間にあわなければ一人で帰る等対策も考えた方がよいかもしれません。

<60>

　子ども「先生、夢育、今日はないの？」

　私「あっ　ごめんねー。今日は間にあわないなあ」

　子ども「そんなあ、お母さんが楽しみにしてるのに…」

　私「え、そうなの。じゃあ頑張って書こうかな」

　子ども「うちはお父さんも楽しみにしてるよ」

　私「それじゃあ、もっと頑張らなくっちゃ」

　子ども「じゃあ、ひろし先生、いますぐ書いて」

　私「………」（それは無理だけど…明日は頑張るね…（-_-;)）

<61>

　携帯電話について。近隣の学校では携帯電話は原則禁止にしているところがほとんどです。それは子どもたちのマナーが保てないから。でも本校においては、これまで子どもたちが下校中に使って叱られることはほとんど起きていません。しかし、今年の1年生については下校途中に使っている子がたくさんいるという指摘が相次ぎ困っています。緊急時対策としての許可なので日常的に使用する目的なら持ってこさせないでください。中にはうれしくてしょうがないらしく、ずっと出して使っている子もいます。教育の森公園で「もうすぐ帰るから」のコールを親と話している子が何人もいるということはその相手をしている保護者もいるということ。GPSのサーチ機能で親側が一方的に安全を確かめるのはいいですけど、通話はしないでください。一度お子さんとしっかり約束を話し合ってください。

<62>

５月生まれのお友達おめでとう　その１

日　Ａさん
日　Ｂさん

この写真は４月に撮ったものなので実は持っている花がちょっと違います。

実際の花は花屋さんが季節に応じて選んでくれます。

　このお花屋さん、学校の行事にお花を届けてくれるお店でして、老夫婦がたった一輪でもせっせと届けてくださるのです。

　右の写真、子どものポーズが毎回変わっていて面白いでしょ。子どもらしさが表れていていいなあと思います。さていよいよ給食スタート。でも特別なものは何もいりません。

<63>

　明日は１年生を迎える会。きっと連休ですべて忘れてるかな?? その後はジャンボ。明日は体操服、色帽子、敷物、お弁当、水筒をナップザックに入れて登校。お楽しみに。

p42 参照

山口県公立小学校教員時代の通信

　昔の通信を読み直してみると、公立時代も様々なことをしていました。

　その一つが、学級文庫にレンタルビデオのコーナーをつくっていたこと（p.42参照）。といってもビデオの中身は、子どもたちの日々の様子。例えば、給食時間中の子どもたち。掃除の時間の子どもたち。もちろん、休み時間や授業の時間の様子も。これは筑波に来てからもしばらく行っていて、子どもたちは自由にそれを借りて帰っておうちの人と夕食の時間に、「今、仲のいい友達はこの人だよ」なんて学校の話をするのに役立ててもらっていました（今は個人情報保護の問題もあり、なかなか難しいのかもしれませんが……）。

　ともかく教師一人が見ているのではもったいない素敵な子どもの世界をできるだけ保護者の方に届けたいという思いは32年前も同じだったようです。だからこの頃から子どもウォッチングのコーナーは通信の中にありました。かわいい1年生とのやりとりがたくさん残っています。29歳の田中博史が泣いている1年生を膝にのせてなだめている姿を想像してください（笑）

　この当時の子どもたちはもう40歳手前になっていますね。どうしているだろうなあ。しみじみ……。

　この頃は通信のタイトルも途中からは1年生に順番に書いてもらっていました。

　いろいろな形で通信に子どもたちが登場するようにしていましたが、何しろ11人しかいないので当時は登場回数をあまり気にすることなく発行できていたように思います。人数の多いクラスでは登場頻度をちゃんとカウントしながらやらないと大変ですからね。その意味では小さな学校もいいものです。皆さんも一度、僻地や離島の学校に赴任してみると人生観が変わるかも。

　私はこの学校に最初三年間だけの赴任の約束でしたが、住み心地がよかったので結局五年間勤めていました。この翌年には全校児童1400人の学校に転勤になりました。さらにその翌年の1991年4月、私は筑波大学附属小学校に着任するため上京することになります。

学級づくりのポイント

夢 育

発行 筑波大学附属小学校

担任 田中博史

<63>

お誕生日おめでとう5月生まれ その2

5月///日 C さん
5月///日 D さん　　　　　おめでとう!!!

<64>

　保護者総会、参観日お疲れ様でした。ご多忙な中全員の出席をいただきまして感謝しています。さて、いよいよ授業が本格的に始まりましたね。子どもたちのランドセルもいっぱいになって結構大変です。そこで次のものは学校に置いたままでもいいことにします。

　ひろし先生の国語用の「ひらかな・すうじノート」

　算数 さんすうノート ドリル算数の力

　　　　　（欠席などで進度が遅れた場合に家でおいつくことが必要な場合は持ち帰り）

　付け加えて日常的に自由ノート、パスティックはいつも引き出しに入っています。

　はさみ、のり、ネームペンなども原則引き出し保管でいいです。

　最近、忘れ物も目立ってきました。家に持って帰りたいという気持ちもわかるので、もしも学校保管のものを自宅に持ち帰っている場合は、必ずランドセルに入れさせてください。

<65>

　お子様の持ち物への記名を今一度しっかりとお願いします。また時々、持って帰ったものが本当にご自分のお子さんのものかチェックしてください。隣の友達のものを間違えてランドセルや補助バッグに入れてしまうことが頻繁に起きていますので。

　でも、まあこれは2年生になっても起きていますからどうぞお互いに信頼して気長に成長を待つしかありませんが…。

<65>

　総合の時間にみんなであさがおのたねを植えました。2部の子どもたち、こうした活動をしても本当にテキパキとしていて、全員がちゃんとすべての作業を時間以内に上手にできます。なかなか質が高い集団です。今、朝は毎日、水やりをしています。先週の木曜日にみずやりのため500mLのペットボトルを用意することを伝えました。口頭で伝えたので、多分ほとんど伝わらないかなあと思っていたら、何とほぼ全員の子どもたちがすぐに持ってきたのにびっくりしてます。でも各家庭でこのお話、いつ、どのように伝わったでしょうか。

　昨日と本日の総合は学校探検でした。校内をグループで歩いたりしました。今日は占春園を歩いてみました。その広さにびっくりしてました。園内を歩いていると、卒業生だというご老人がお二人。子どもたちをにこにこしてみていらっしゃいました。何と二人とも卒業生だということで……。ということは、このクラスの中にも将来……。ふと、そんな微笑まし

いことを考えてしまいました。

<66>

なわとびについても同様に、体育の先生からのプリントと一緒に配布しました。これも口頭で試しに伝えてみましたが、ほぼ、全員が調整も終え、記名もすませて本日持ってきましたね。まだ用意できていない子は、今は貸し借りして遊んでますが、子どもたちの話をよく聞いていただき、持ってこさせてください。朝の活動で使います。

<67>

暑くなってきました。汗ふきのためのタオル、水分補給のために水筒を用意してください。水筒の中身は水、お茶、（天候によってはスポーツドリンクも可）天気予報などを見て、熱中症対策を考えた方かいいなと思った日、今日は給食がご飯だからお茶かな…などと考えるといいです。

<68>

補助バッグに一冊の本を。学習時の個人の活動を行うと、必ずその活動内で差ができます。そこで、そんな場合や雨天の日など室内での時間を過ごす材料として、読書をさせたいと思います。登下校に読む本でもいいです。学級文庫にも少しはありますが、個人用の本として持たせておいて、いつも補助バッグにしのばせておくとよいと思います。

<69>

私の国語では、ひらがなや数字の練習をしています。でも学んだ文字はどんどん使わせていくことも大切なので、本日より「れんらくノート」も書くことにしました。

この「夢育」だけではなく、連絡ノートも大切な情報源となります。

<70>

本日は高学年は給食がありますが、低学年は弁当の日でした。一応、念のため子どもたちに連絡帳に書かせお家の人に伝えるようにと言っておきました。今後は、各ご家庭で献立表を見て、用意してください。

<71>

本当はこの通信は昨日出そうとしたのですけど、インク切れで印刷できず本日に。

学級づくりのポイント

係や当番は4人で行う

　私のクラスは4人の班で生活することが多いです。32人のクラスなので8つの班があります。この生活班で、当番や係を行うことにしています。

　いわゆる日直も4人で行います。朝来たら窓をあけ、換気をし、電気をつけて、黒板のところの日付を書いたりというようなこともすべて手分けして行います。授業中の挨拶や、黒板を消したりという係活動になりそうなものもすべて、その日はこの4人が行います。つまり、その日一日はずっとみんなのために働く日になっているわけです。

　でも、忙しいのはその一日だけ。こうして8日間で全員が当番を体験したら、席替えをして班を変えます。また新しい仲間と班で当番に当たるのです。宣言しているので、子どもたちはいつ次の席替えがあるかよくわかっています。同じ班の仲間とは8日しか一緒にいられないことも理解しています。だからこそ協力もできます。子どもにとっては、座席が誰となるかは大きな問題。時には、相性の合わない友達と出会うこともあります。そんなとき、その座席がいつまで続くかわからないと頑張れません。でも、8日間だけなら何とか合わせてみようかという気にもなれます。こうしたことは子どもにとっては大きい問題なのです。

　教師は自分だけが先を知っていますが、本当は子どもも見通しをもたせてもらえば活動の質も変わるのにと思うことがこれ以外にも学校にはたくさんあります。

　特別活動については、かつては係活動を会社方式にしたり、「なくてはならない係」「あると楽しい係」というように種類を分け、一人が二通りの係を行うなど様々なことを試したこともありましたが、今はシンプルにこうしています。

平成27年度2部1年学級通信	平成27年5月25日（月）
夢育	第 14 号 発行　筑波大学附属小学校 担任　田中博史

<72>

お誕生日おめでとう

　5月///日　Dさん　あらためましておめでとう！！！

　Gちゃんの誕生日が前号で///日になっていました。ごめんなさい。///日の間違いでした。本日、みんなで元気よく歌ってお祝いしてあげましたよ。

<73>

　なわとび上手になりました。休み時間もずっと縄跳びで遊んでいてすごいなと思います。だからあっという間に長く跳べるようになりました。最初は一回旋一跳躍の跳び方に変えるところから苦労してましたけどね。幼稚園時代に跳んでいた跳び方からリズムを変えるのです。どうしても間にチョンチョンと入れてしまうので、その癖がぬけなくて…。

　でも最近はみんな慣れてきて、次はともかくあわせて30回跳ぼう…。続いてひっかからないで連続して30回できるかなと。さらに50回、そして80回、今や100回を超える友達も続出。ということで、本日どれだけ続けて長く跳び続けられるかを試してみました。

　朝活での1位　2分以上跳び続けた二人　Dくん　Cさん

　　　　　　　3位　Eさん（1分30秒以上）

　3位までは夢育にのせるねと言ったらねばって跳び続けた三人でした。でも7人は何と1分間以上跳び続けていたのでびっくりです。

<74>

　今週の金曜日は初めての保谷の活動

　再度確認の連絡

　集合　池袋駅　西武池袋線 /////////////////////////////

　時刻　午前9時

　そろったらグループごとに親子4人で出発します。電車ではできるだけ1つの車両に集中しないようにして、うるさくならないように。9時10分の準急に乗ることを目指します。

　服装　　私服　色帽子　運動靴

　持ち物　ナップザック　に　次のものを入れる

　体操服　弁当　水筒　敷物　汗ふきタオル　軍手　着替えなど

　前回のお知らせで体操服を書いていませんでしたが、暑いので向こうについたら活動は体操服でしようと思います。泥だらけになっても体操服なら大丈夫。

　解散は　保谷駅13時すぎの予定。

<75>

　子どもたちと、道徳の時間に約束をしました。友達にやさしくしようね、みんなのものは大切に使おうね、間違えた友達にはやさしく教えてあげようね……。

　いろいろな場面で、友達をたたくのはだめだよ、きつい言葉で言うのも気をつけようね、みんなで決めたルールは守ろうね、片づけはちゃんと自分たちでしようね…と注意をすると、「そんなの当たり前じゃん」と口を尖らせてみんなにこにこ。

　そこで本日は算数のカルタを道徳の時間にもやってみました。

　すると……

◆友達のミスにしつこく食い下がる　　注意がきつい

◆どちらが先にとったかわからないときに、ずっとカードをおさえたまま譲らない

◆グループでカルタをとるときや、お手付きのルールを決めるのだけど、どうしてもたくさんとりたくてルールを守れない

◆終わった時の片づけを他の友達に任せてしまう

◆カードをつい折り曲げてしまう

などの姿がたくさん出てくるのです。つまり言葉ではわかっているつもりなのに、実際にはそう簡単には動けない…。それが人間であります（笑）。子どもたちに、そんな場面が起きるたびに、私が「あれ？　さっきあたりまえっていわなかったっけ？」と話しかけると、きまりわるそうにしてます。でもまあ、こんな時間を通して互いに声かけをやさしくできる子たちになっていけばいいのです。今は自己中心的な世界から少しずつ周りに視野を広げていく過程ですからね。でもこの子どもたち、この時間だけでもちゃんと変容があるからたいしたものですよ。

<76>

「せんせい、いっちゃだめ」「いかせない」とたくさんの子どもたちが私の前を塞ぎます。先日の出張のときのこと。かわいい彼らを置いて出掛けるのはしのびないのですが、これから時々あります。お許しください。今は一日中あけることがないようにと考えて10時半ぐらいからの出張にしてますが…。おみやげで何とか帳尻を合わせています。アレルギーの心配があるので今のところおみやげは家に帰ってお家の人に確認してもらってから食べるように伝えてあります。好き嫌いについては、兄弟にでもあげるようにと……。

<77>

給食の時間のこと。1年生の給食のお世話をしてくれる6年生が「先生、2部は明るくておだやかですね。ぼくは他のクラスにも行くんですけど、ここはみんなにこにこしていて、楽しそう。もうクラスごとの雰囲気がまったく違うねって驚いてます」としみじみ。

私もこの32名を見ていて感心することが多いのです。今朝も朝から何とはつらつとしていることか。そして私のまわりで土日の話をたくさんしてくれました。みんな家族と充実した時間をすごしているのですね。ヤゴが水からあがったとうれしそうに報告に来る子もいました。うれしそうでした。家のアサガオが大きくなったよ、お父さんとこんなことして遊んだよ、でも時にはお母さんがこんなドジしたよなんて報告もあって　私の机の周りで爆笑が起きてます。微笑ましいなあ。彼らの穏やかさは家族から大切にされている証し。

席替えはたくさん行う

私のクラスは歴代、席替えが多いことで有名です。席替えは、子どもたちの大きな楽しみの一つだからです。1年生の入学当時。座席は出席番号順か、背の順であることが多いでしょう。机には氏名が貼られ、先生もしばらくは名前と顔を一致させるために、努力する日々。でも、下手をすると担任によってはこの座席が一学期の間ずっと固定されているクラスもあると聞きます。私はそれは子どもにとって不幸だと思います。1年生の子どもにとっては、座席の近い子と仲良くなるというのが定番。彼らの交友関係はこの座席によって簡単に変わるのです。その意味では、なるべく早く最初の席替えをしてあげたいものです。1年生を何度ももっている先生ほど、こうした変化を体験させたがりません。私が席替えをもう少し多くするといいと言うと、覚えられない子がいるとか、席を間違える子がいてトラブルになるとか……。それはその先生のクラスが席替えをしないから慣れていないだけです。

彼らは下校した後、スイミングスクールのロッカーも、さらには塾に行けばその座席も使い分けています。もちろん、席替えの翌日は間違える子がいるのは当然ですが、それさえもよい指導の場になると考えてうまく使いましょう。観察してみると、たった一人の座席間違いが、連鎖して大騒動になることもあります。ところてん方式にみんなの座席がずれたりして（笑）

でも、これが起きることを想像できているのですから、しばしのんびり観察してみませんか。先生が世話をしなければ、きっと世話好きな子が登場して「〇〇くん、一つ座席ずれてるよ。ほら、みんなもそれで一個ずれてるから元に戻して……」なんてちゃきちゃきと世話する女児軍団に出会えます。これをよーーく見ておいて、朝の会で褒めるとよいでしょう。

夢 育

平成27年5月26日（火）
第　15　号

発行　筑波大学附属小学校
担任　田中博史

<78>

保谷の活動の持ち物

追加で、自由遊びのときの「遊び道具」を持ってきていいことにします。

広場がありますので、ボール、バドミントン、フリスビー、なわとび、ビーチボールなど、持っていけるものでみんなで遊べるのならどうぞ。

ただし、屋根にひっかかったとか、汚れたとか、壊れたなどについては、保証いたしかねますので、どうぞそのあたりを納得の上で持ってきてください。

もちろん、みんなで鬼ごっこや親子ドッジボールなどをする予定ですので、個人の遊び道具はなしでもまったく問題ありません。

<79>

保谷の活動に親子で参加するのは、卒業までの間に3回あります。

1回目が今回です。2回目は3年生のお別れ餅つき大会。そして最後が卒業の時。

私も3月に卒業生たちと最後の餅つきを終えたばかりですが、大きくなった子どもたちと親子で遊ぶ姿は微笑ましいものでした。

1年生の時はまだ共にゆとりを持って遊べますが、6年生になると親はドッジボールでもタジタジになります。でもこの成長が頼もしいですね。

今の1年生の幼く、それでもはつらつとしたこの姿と一緒に金曜日はたくさん汗を流してくださいね。

保谷では、今後、野外活動の際の土台となる練習を順に行っていきます。

でも今回はせっかく親子で行くのですから、そうした活動よりは親と子で遊ぶ時間をとるつもりです。子どもたちとたわむれても大丈夫な服装と靴でお越しください。

<80>

ひらかなノートがもうすぐ一応終わります。

もちろんまだまだ字はしっかりしていない子も多いのですが、一度ひらがな全体を見て、これからは実際に使いながら個別に対応していきます。

ためしに、今は連絡ノートで私が黒板に書いたものをうつしたり、口頭で述べたことを聞き取ったりして書いてます。

見て書く、聞いて書くという二つの活動です。

「先生、べんとうおもってくるの「お」ってどっち??」「きょうわのわは「は」?」

こんな会話をしながら、毎回、「は」や「を」が出てくる文を2行程度書いてます。

でもまだこんなレベルですからあせらなくていいです。

6月になったら、簡単な日記を始めます。ノートはこちらで用意します。

先生の方が、字の形を丁寧に一つずつ、もう一度教えてくださっているので、私の方は「使う」活動を目的にして地道に取り組ませていきます。

通常ですと、夏休みまでは日記などは書きませんし、書いたとしても絵日記レベルですが…。

<81>

Check! 昨日は緊急地震速報で大あわて。でも、2部1年は既に下校した後でした。

運動場から校門に移動している途中の子どもが10名程度いましたので、その子たちはすぐに運動場に集めました。

既に茗荷谷の駅にいた子どもたちについては、丸ノ内線が少しの間だけ止まっていたこともあって、すぐに生活指導部の先生が駆けつけ、子どもたちを掌握してました。

幸い、しばらく待機すると、今回はすぐにどの電車も動いたことが確認できましたので、

そのまま下校することになりましたが、1年生は念のため茗荷谷の駅まで先生たちが付き添って下校させました。

でも、もしもそのまま電車が動かなかったらどうするでしょうか。

電車やバスに乗る前だったら、そのまま小学校に戻ることにします。

問題は、乗った後ですね。

途中の駅で降ろされた場合、どのようにして待つかを普段から話題にしておきましょう。

たとえば、駅員さんに相談する、駅から離れないなどです。

さらには、携帯電話が通じなかったらどうするか。

もちろん、各家庭によって約束は違ってもいいので、日常、何もない安全なときに練習しておくといいですね。震災から時間もたって緊張度もなくなってきましたので、心構えをつくりなおすちょうどよい機会だと思います。

<82>

毎日、いろいろなものが校内のあちこちから届きます。

2部の子どもたちのなわとびや、下敷き、ノート、鉛筆と様々です。朝顔の観察に行くとそこに何か忘れてきます。校庭で遊んでいると縄跳びを置いてきてしまいます。

それでも名前がくっきりと書いてあると上級生が届けてくれることが多いのですが、名前が薄かったり、小さかったりすると、拾った子どもたちも気がついてくれません。

落とし物が事務室や体育の部屋に届いてますが、上級生のものを含み、縄跳びだけでも40本ぐらいぶらさがってます。私もせっせと見に行ってますけど、上の学年のものしか今のところ見つかりません。体操服を入れる袋もたくさん落ちてます。できれば記名は表から見てわかるところにした方がよさそうです。

こうした紛失の時に備えて、帽子や縄跳びは予備のものがあった方がよいかもしれません。金曜日の保谷の時もきっと体操帽子を前日に持って帰るのを忘れてしまうと思うので。でも、不思議と数日すると出てくるのでイライラしないで気長に待ってみてください。

それからもう一度、他の子どものものを持って帰っていないか、洗濯の時などに一応、名前を見てくださいね。よろしくお願いします。

子どもが自立できるように

筑波小では、東京23区全域から子どもたちが電車に乗って登校してきます。

4月の最初は保護者の送り迎えなどの協力が欠かせません。遠足などの校外行事では、最寄りの駅などに集合する機会も多くあります。

こうした行事での移動を利用して、私は子どもたちの生活力を上げるきっかけにしたいと考えています。だから、集合の時間や場所などを学級通信に詳しく何度も書いているのです。親子でどのように移動するのかを話し合ってほしいからです。子どもたちは校外活動の回数分、普段使わない電車やバスの乗り方を学ぶことになります。いつも保護者がすべて世話をするのではなく、大人が付き添っているうちに、少しずつ自立していくことを教えてほしいと思うからです。

生活科で公立の小学校でも電車やバスの乗り方の練習はよく取り入れられていましたが、これらの練習は必要感がないとなかなか浸透しません。本校のような環境では、それが日常のことなのでこの場を活用しない手はないと考えます。

時には、保護者の方に「もし、災害が起きて電車が止まったらどうするか」なども普段からお子さんと話し合うことを勧めて練習してもらっています。

それぞれの学校のもつ特性をうまく利用して子どもを自立させていく機会を増やしていくことを考えていくことが大切だと思います。

筑波大学附属小学校4部1年学級通信

筑波大学
University of Tsukuba

はつらつ

〈NO19〉　　平成21年5月29日発行

席替えしました

　健康診断の結果を見て、裸眼視力1.0未満のお子さんは、前方の座席にしました。

　ただし、今、なんとその該当者が10名近くもいますから、このままでは座席が固定してしまいます。視力に問題のない子でも前に座りたいという子もいますし、眼がいいがゆえにそれがかなわないというのも理不尽な話ですので、いつもこの席替えの約束を必ずするというわけにもいかなくなります。やはりご家庭でメガネを用意するか、今なら視力回復に努めれば何とかなる段階か……、今後のことも考えて対策が必要かもしれませんね。結果については、保健室から詳しい報告が後日届く予定です。

　さて、その席替えですが……。該当する子たちで、まず前の方の指定席をジャンケンでとります。残りの子どもたちはくじで決めました。この座席は4人組の当番（日直）が一回り、つまり10日間（40人学級なので）もすると再び席替えします。そのとき、もしも二回続けて前から6番目以降になった場合には、希望すれば5番目の人と交代することができるという約束にしました。中には後ろが好きという子もいますので希望すればの話です。席替えは頻繁にします。今回、前にならなくてもすぐに次回がありますので、希望がかなわなかった子もちょっとだけ我慢してください。新しい席の友達とも仲良くなってくださいね。

日直さんの仕事

　日直さんのお仕事は、1．朝きたら窓をあけ、電気をつける　2．授業開始の号令をかける　3．黒板をきれいにふく　4．給食のいただきますの挨拶とごちそうさまの挨拶　5．帰りの挨拶　6．電気と窓の戸じまりとしました。昨日はこの日直さんに給食当番も少しだけ体験してもらいました。

連絡帳　一行連絡の始まり

　文字プリントが終わりました。でもまだまだ使える段階ではありません。

　そこで、これからは「使いながら」身につけていくことにします。

　まずは、連絡帳です。毎日、下校時には一行か二行だけ、明日のことについて記

録して帰ります。最初の日は「あすはけんこうしんだんです。」だけでした。くっつきの「は」についてお話ししました。その次の日は「あしたはせきがえをします。」と書きました。くっつきの「は」と「を」が出てきました。面白いことにこの「を」のことを子どもたちは「うぉ」と発音します。どこで習ったのでしょう。平安時代のなごりかな……。それともローマ字の wo からそう読むと誰かに言われたのでしょうか。確かに「お」と区別することは必要ですが、正しくは「o」。後で混乱するもとですねと本校の国語の先生からも指摘がありました。

二文日記のはじまり

　昨日、日記帳を配布しました。連絡帳と同様で、「つかいながら」字の練習をしていきます。10マスのノートなので、文章を二つ書けば一ページ終わります。しばらくは、二文程度でいいです。短い文でスペースが残ったら、絵を描いてもいいと言いました。でもいずれは、一ページしっかりと毎日書けるようにします。土日は自由です。もちろん既に書くことを楽しんでいるのならば長くても構いませんが、張り切りすぎて文を書くことをきらいにしないように。ちなみにすでに「面倒だ」という姿勢の子も二、三人見かけました。学習の基礎体力づくりの日々。ここには何より「意欲」が大切。あせりすぎた大人のもとで子どもたちが疲れていきます。バランス感覚が必要です。ちなみに家庭学習における10分×学年というのは、公立学校でも子どもたちの家庭学習時間の目安として使われています。スタートはこの日記で10分毎日何かをする習慣作りをしてみることから始めてみませんか。帰りの会の時に子どもたちにどんなことが「書きたい」かをたずねてみると、「きゅうしょくのことがかきたい」「あそんだことがかきたい」「6年のおにいさんのことがかきたい」「せんせいにしつもんをかきたい」などいろいろでした。

　中身はなんでもいいです。私宛てにお手紙を書くような文でもいいですし、日々の出来事から何か一つ書くのでもいいです。自宅のアサガオ観察日記でもいいですし……。今は、たくさん書くよりは、ともかく二文程度でいいですから、丁寧に書きます。

　改行のルールなどはまだよくわからないでしょうが、あまり気にせず、ともかく「書く」ことを楽しめるといいですね。私も毎日お返事書きます。

一回旋一跳躍短なわとび全員30回連続達成！！

　毎朝、登り棒、なわとびを少しずつやってます。今は、個別の基礎体力をちょっとずつ向上させることが目的。ドッジボールなどの遊びでは、運動する子としない子に差ができてしまうので今はおあずけ。先日、全員が最初のなわとび目標30回連続をクリアしました。すばらしいですね。次は40回を目指します。二人組で友達のを数えてますけど、これだってりっぱな算数です。あー、おしい。あと7回だった〜なんて自然に高度な引き算やってますし……。それにしても4部の子、たくましくすくすく育ってます。ご安心を。

おうちの人への伝言で家庭の様子がわかる

　下校のとき、さようならの挨拶をする直前、「ごめん。先生、ひとつ言い忘れたことがある」と告げます。

　子どもたちは既にランドセルも背負っています。帰りたくて仕方ない。そわそわのとき。

「今日の算数の計算のプリントはね、1番から5番まではおうちの人に〇をつけてもらいなさい。6番から10番はひろし先生が〇をつけますからね。はい、ではさようなら」

　さて、想像してみてください。

　この伝言、どのぐらいの割合で伝わるものでしょうか。

　解散した後の子どもの様子を観察すると……。

　さようならの挨拶が終わるや否や、教室を飛び出していくわんぱく坊主。

　おそらく私の指示は届いていません。

「もーそういうことは、連絡帳を出しているときに言ってよね」と文句を言いつつ、再びランドセルをあけて連絡帳に書く几帳面な子。女の子に多い。

　メモ用紙に記録する子。手に書く子。男の子に多い。

　でも、まあこの子たちは何とかそれを伝えようと努力はしていることになります。

　1年生でもこれぐらい子どもによって違います。

　翌日、計算プリントは次のようになりました。

---

　a）見事に1番から5番目までが〇つけされている。立派。

　b）全問に〇がつけられている。

　c）〇つけはなし。

　d）そもそも計算プリントを持ってきていない。

　どうでしょう。これでだいたい、その子どもの様子と下校した後のおうちでの様子が見えてくると思いませんか。

aのタイプは素晴らしい。私の不自然な〇つけの指示が伝わっています。子どもの言うことをちゃんと親も聞いて信じています。

　bのタイプは少し世話をされすぎなのかもしれませんね。子どもによっては、「ちゃんと伝えたのに、うちのママ全部〇つけしたんだよ」と口を尖らせていた子もいました。

　cのタイプは伝言が伝わっていません。いや、もしかしたらプリントに気が付いていないかもしれません。子どもは自立していますが、伝言をしたのに何もしてくれなかったという子と、忘れてたという子に分かれているようです。

　前者の子の保護者には、子どもの学習に少し関わることを意識してもらう方がよいかもしれません。

　dのタイプは今後の課題。続くようならば別の指導が必要になります。

　いかがでしょうか。家庭訪問なんかしなくても、すぐに子どもと親の関係が、そう、家庭での様子が見えてきます。

　私は、この一回目の報告を、笑い話のようにストーリー性をもたせて、さらにこの解散後の光景も入れながら、そして翌日のプリントの提出の様子、家庭学習で丸つけをすることの大切さを報じたことがあります。

　何度か担任を続けていると、私のこの作戦は代々の保護者に引き継がれてしまっていて（このあたりが長く同じ学校にいることのよさでもありも怖さでもあります（笑））、このクラスのときは、ほとんど完璧だったので、通信のネタにはなっていないのが残念ですね。

平成27年度2部1年学級通信

夢　育

平成27年6月1日（月）
第　16　号

発行　筑波大学附属小学校
担任　田中博史

<83>

なわとびの持久跳び、がんばってます。

子どもたちは生き残り跳びとよんでます。前回、三位までに入ったら夢育に載せてあげるねと言ったら、何とみんな必死になってしまって……。

どうしても次も、掲載せざるを得なくなったので、27日と28日の分を載せます。

5/27　1位　2分間跳び続けた3人

Cくん　Dくん　Fさん

よく頑張りました。4位Gさん　5位Eくん

5/28　今度は男女別にしてみました。

男子1位　Dくん　2位　Fくん　3位　Gくん

女子1位　Hさん　2位　Aさん　3位　Iさん　Eさん

でも、この生き残り跳びだけでは全員の体力をあげることにならないので、「あわせて跳び」は合計して例えば100回跳んだら終わりなどというようにして、使い分けしてます。

<84>

6月4日　歯磨き指導があります。

この日は全員次のものを持ってきます。

歯ブラシ　コップ　タオル　洗濯バサミ　鏡（できれば机などにおいて自分を見ることができるもの）切った紙パック（保健だよりに図入りで掲載。教室でうがいした後の水を吐き出すためのものなので、深さは半分程度あるほうがよい）

その他詳しくは保健だよりにて

<85>

保谷で活動、お疲れ様でした。

そして素敵な下敷き、ありがとうございました。子どもたちとお母様方の笑顔満載の下敷きはきっといい思い出になることでしょう。

役員さんがいろいろと手配していただき、感謝してます。

今年の役員さんはリーダーシップ、フォロアーシップともにがっちりとスクラムを組まれているようで、エネルギッシュに動いてもらっていて、感謝してます。

これから1年間、いろいろな活動をする中でお手伝いをお願いすることになると思いますが、まずはこの2ヶ月間で親も子も互いのことをよく知り、仲良くなってもらうことが大きな課題でした。その意味ではここまでの親子遠足、保谷の活動などで皆様方も少し顔なじみになってきたのではないでしょうか。

あの日のドッジボールは少し不思議でした。実は学校で行う朝の活動などでのドッジボールでは絶対に揉めない彼らだったのに、お母さまたちの前だと、素が出るのか、ちゃんとそれぞれの自我が出ていて面白かったです。いや子どもらしかったなあと、うれしくなりました。

<86>

6月の研究発表会

この子たちにとっては初めての公開研究会です。

6月は2月に比較すると、それほど参観者は多くありませんが、それでも全校で約1500人ぐらいの来校者があります。ちなみに2月は約4000人の参観者があります。

そのために上級生は前日の11日に会場準備などを手伝ってくれています。

低学年は、手伝いはしないので、今回は次のような日程になります。

6月11日（木）前日準備　1〜2時間目だけ授業をしたら、1〜2年生は下校。

他のクラスは役員さんが教室掃除などの手伝いに来るかもしれませんが、2部は必要なし。

この日までに子どもたちだけでちゃんと掃除させます。大丈夫です。

6月12日（金）研究会初日 体育の研究授業に出ます。

　　登校8時30分まで 体操服、色帽子必要。登校したらすぐに着替えて教室で待つ。

　　授業は9時20分～10時 下校はその後着替えてすぐ。10時20分ぐらいには下校。

6月13日（土）研究会2日目 算数の授業

　　登校8時30分まで 制服のままでよい。体操服はこの日はいらない。

　　授業は9時20分～10時 下校は10時10分

　　持ち物 算数の学習道具 筆記用具 など。

土曜日に登校しますので、6月15日の月曜日が代休になります。

お間違えなく。

<87>

ひらかな、すうじノートがすべて終わりました。

返却します。がんばったあとを見てあげてください。通常はこれを夏休みまでやってるのですけど、子どもたちの意欲に合わせて進めてみました。

ここから、私の国語の時間は別のノートを使って、生活日記の練習に入ります。

この国語のノートは毎日持ってこさせてください。

<88>

算数のノートも、そろそろ別のノートを併用します。

今は、教科書準拠のなぞりがきができるノートを使っていますが、これだけだとノート作りの練習にならないので、少しずつ変えていきます。ただし、夏休みまでは併用しますので、新しい算数ノートは配布後も学校で保管しておきますので、ご承知おきください。

<89>

アサガオを間引きました。でもせっかくここまで立派に育ったのだから、続きは自宅でという子は本日持って帰りました。希望しない子はプールの裏側に植えました。プールサイドできっとつるをまきつけていくことでしょう（笑）

学級づくりのポイント

ドリルの丸つけは自分でさせる

　私は1年生のときから、子どもたちに自分のドリルや計算について、答え合わせを自分でさせています。いや、答え合わせだけに絞って授業をすることもあります。

　例えば、足し算の計算練習。私が、「答えが合っているか自分で○をつけるよ」と告げて答えをゆっくり読みます。子どもたちが自分のプリントに○をつけます。これだけのことだけど、もう既にいい加減にやる癖のついている子がいます。途中まで答え合わせをしたところで私がそっと座席のまわりを歩きます。するとプリントを手で隠す子が…。この子は私の答えに合わせるのではなく、既に最後まで○をつけてしまっています。おそらくおうちで練習しているとき、保護者の方も花丸をつけたりして、一つずつ対応させていない場合でしょう。こうした○つけに慣れてしまうと一つずつ確かめるという癖がつかなくなります。だから時にはあえて私が間違った答えを言ってみたりもします。子どもたちが「えー」と言えばちゃんと一つずつ対応させている証し。答え合わせを個々でやらせることもあります。プリントの解答を別に用意して、計算が終わった子どもに渡して自分で対応させて○をつけます。

　まさしく一対一の対応をしているよい時間。実はこのときにも解答のプリントには仕掛けがしてあります。いくつか間違いの答えを入れているのです。子どもたちが「先生、8番の答えは僕ので合っていると思うけど」と言ってきたらちゃんとチェックしている証し。「よく見つけたねえ。もう答え合わせが終わったと言っている子、大丈夫??」なんて時間を経験させます。答え合わせは、最も子どもが早く体験する振り返りの時間。もっと学校教育はこの時間を大切にして、子どもたちの学ぶ礎にしていくことが必要ではないでしょうか。

平成27年度2部1年学級通信

夢　育

平成27年6月4日（木）
第　17　号

発行　筑波大学附属小学校
担任　田中博史

<90>

　アサガオの間引きをして持ち帰ろうとしたものの、指示をよく聞かないで育てるアサガオの根っこを引き抜いてしまった子が何人も…。ひゃあーー。くたっとしているアサガオを懸命に立たせようとするけれどねえ。中には根が切れてしまっている子もいて…。かわいそうですが、こうした植物も世話の仕方で命を落とすのだということが実感できるのかもしれませんね。さてさて愛おしそうに持って帰った子のうち、何人が無事アサガオを救える？

<91>

　ひらがなノートやすうじノートも前半は忘れてしまう子も多く、進度はややお子さんによって異なってしまっていました。何とか休み時間などで追いついてはいましたけど。

　さて、ともかく学ぶべき文字の全体をつかんだと思うので、今週からは私の国語のノートに移行して使いながら修正していきます。しばらくは「学校で書く日記」のようにして過ごします。短い二文を書いては、正しく覚えていないひらがなの文字を一文字ずつ私がピックアップして練習します。先日見つけたものは次のようなもの。

　「も」の書き順を間違って覚えている。「ま」の書き方に「お」が交ざってしまっている。「ぬ」がうまく書けない。

　いかがでしょうか。こうした基礎的な技術は個人差もありますので、家庭学習での補いも必要です。お子さんが書いているそばで一緒に見ていてください。

　できあがりの形はきれいでも、書き順が違ってる場合もあります。

　他の字の特徴が混ざっている子も……。

　文を書くことは並行して経験していきますが、ご自宅ではまずは基本的な技術が身についているかどうかをしっかりと見てあげてください。

　2年生までは家庭学習もとても大切になります。それは習慣づけという意味もありますし、経験度の違いの個人差を埋めるという意味もあります。

<92>

　算数のノート、本日は1ページ目をつくってみました。

　みんなで今、算数カルタを作っているのですけど、その一部分をノートにも残そうと思ってやってみました。ここでも子どもたちは文を書いてます。といってもこちらは黒板を写すだけですけどね。絵をかいていると、すぐにつかれたあと言っている子たちが実は文字を書くこともまだ苦手です。こうした力が文字を書く土台には必要なのです。

<93>

　前回の号ですけど、あわてて作っていたので名前が間違ってました。

　Hさんと、Aさん、ごめんなさい。

<94>

　今日は歯磨き指導。歯科衛生士の学生さんたちがたくさんやってきて、子どもたちと一緒

に楽しい時間を過ごしてくれました。

でも鏡を忘れてしまっていた子、コップがないと騒いでいた子といましたけど、何とかなりました。でも忘れているのか、どこにしまっているのかわからないのか…。

準備を子どもの手でさせることの大切さはこうした場面でもわかりますね。

<95>

縄跳びの名前が消えてしまって、一騒動。この縄跳びはぼくのだ、いや私のだと朝の活動で取り合いになります。でも両方とも名前が消えてしまっていて、どちらのものかわかりません。本日、もう一度ペンで名前を書きなおさせましたけど、ネームシールにするとか、二か所書くとかしないと持ち手のところだけでは練習しているうちに見えなくなってしまう場合が多いのです。よろしくお願いします。

<96>

先生、今日はどこにもいかない??

子どもたちがさびしそうに言いました。反省……。

でも最近、どんどん元気良くなってきて、羽目をはずすことも多く、給食で熱いものがあるときやはさみなど使っている時は、ふざけていると私に厳しく叱られることもあります。やけどの可能性があるとき、刃物を扱っていて友達に怪我をさせてしまいそうな時、そんな時は私は烈火のごとく叱ります。

でも不思議です。そのあとケロリとして「ひろしせんせいーー」とやってきます。うーむ、効き目がないのか、それともこれでいいのか……。苦笑

<97>

給食当番の練習開始。でも実は6年生と1年生の触れ合いの時間の意味もあるので、そうむげに6年生を帰せないのです。だって6年生も楽しみにしているのですから。ということで今は一緒にやってます。6年生が後ろでハラハラしながら見ていてくれます。

2部の子どもたちも給食の準備がとても楽しかったと言ってます。

ところで……明日は弁当ですよーー

Check!

学級づくりのポイント

給食当番の人数も少なくする

1年生が4人で給食当番と言うと、皆さん驚かれます。「そんなに給食が少ないんですか」という質問が出るほど。そんなことはないです。食器、牛乳、主な温食、サイドメニュー、パン、またはご飯。果物……デザート。まあ、こんなところでしょうか。

まずは配膳台を用意します。教師が温食、つまり熱いものだけは運んでセット。ここからは子どもたちが4人で工夫します。そもそも仕事よりも多い人数にするから遊ぶ子が出てくるわけで、4人にしておくと忙しくて遊んでいる暇はありません（笑）

そしてその方法は班に任せています。1年生の初期は、6年生が手伝いに来てくれますので、その方式を真似していることが多いです。それでも、その当時から6年生にはできるだけ1年生にやらせてみてとお願いはしていました。6年生にとっても、このお世話期間は楽しみの一つでもあるので、基本的には任せつつ……。

1年生の子どもたちは、牛乳のようにトレーに載せるとバランスが悪いと思うものは、教室に別のコーナーをつくって個々に取りに行かせるという方式を選ぶようになります。

これはデザートやパンなども同じ。結果、配膳台のところでやるべきことは、ご飯をついだり、スープを入れたり、サイドメニューを入れたりと限られてきます。これなら混雑も緩和します。つまりこういう場面でも頭を使わせるのです。1年生でもどんどんできます。

平成27年度2部1年学級通信	平成27年6月5日（金）
夢　育	第　18　号 発行　筑波大学附属小学校 担任　田中博史

<98>

　子どもたちの意欲を育てること。

　体力づくりも学習も大人が躍起になって先導すれば多少、力は伸びるでしょう。でも躍起になる大人がいなくなったら、自分からはやらない、学びや体力作りが嫌いになる…。学力低下が叫ばれた時、この国は反復練習ばかりに陥り、そんな子どもたちを増やしてしまったことを反省したのでした。

　でもこのバランスのとり方が難しいのです。

　子育てもまったく同じ。そして我々もその課題にいつも向き合っています。

　私はそんな自分を省みるために、いつも子どもの状態を見ることにしてます。

　彼らが取り組む時に「はつらつ」としているようならまだ大丈夫。えー、またやるのーー、もういやーーなんてなったら、少し大人が前に出すぎてしまっている証し。

　かくいう私も前に出たり後ろに下がったり……。兼ね合いを見ながら悩みつつやってます。他のクラスがノルマでいろいろな運動をしているのを横目で見て、それでもあせらず2部の子どもたちの気持ちが高まるのを待って……。

　たとえば、縄跳び。どんどんやる気のある子は休み時間にやって上手になってきています。でも、全員がそんなに長く跳べるわけではないので、「あわせて何回跳べたかな」「昨日よりどれだけ増えたかな」という問いかけの練習も必要な子どももいるのです。

　今週はそういうわけで、ずっとささやかな伸びを褒めたりして過ごしてきました。

　うれしそうに初めて50回跳べたよと顔を真っ赤にして報告に来る子どもたち。ご自宅でもご自分のお子さんに合わせた練習でいいので、それぞれの気持ちに合わせて褒め方を考えて接してあげてくださいね。間違っても「〇回跳べた」と喜んできた子に、「まだそれだけしか跳べないの」なんて言葉を浴びせないように（笑）

　本日はみんなが元気良く、生き残り跳びに挑戦したいと言ってきました。

　ということで、久しぶりにチャレンジ

Check! 　本日の結果は……

　男子　1位　Dくん　2位　Hくん
　　　　3位　Aくん　Bくん　Cくん
　女子　1位　Jちゃん　Kちゃん　Aちゃん　三人とも2分間跳び続けました。
　　　　4位　Eちゃん　5位　Lちゃん　　　　女子の方が長く跳べるのにびっくり

　おめでとう　まずは100回連続して跳び続けるぐらいのところまで少しずつ伸ばしてあげてください。今日は50、明日は51…という歩みで最初はいいので。

<99>

　同様に、学習も同じ。今は少しずつひらがなを書く頻度を増やしてます。使いながら不安な字を探しては練習させます。

　毎日、「は」「を」を使うパターンをするのですけど、一人で書く時になると、やっぱり元に戻ってしまう……。学校の練習だけではなく、自宅でも繰り返し意識させてみてください。

<100>

　おー、入学してからの日々の話題がついに100になった。

　すごいことです。子どもたちのパワーが確実にアップしてます。何より表情がとっても明るくてみんな元気いっぱいです。2部の子どもたち、評判がいいのです。

<101>

　本日はアジアの国から私の算数授業の参観にたくさんの先生がいらっしゃいました。

モンゴル、ミャンマー、アフガニスタン、ラオスの4カ国。

授業の前に、外国の先生方に、ご自分の国のことを紹介してもらいました。

全員が英語で自己紹介などをしてくださいました。それぞれの国がどこにあるのか、周辺の国はどこかなど、子どもたちとやりとりしてました。

タイやベトナムの近くだとか、中国の下だとか…、そんな説明で大きく盛り上がってました。彼らの前で今日は、答えが7になる足し算の式探しをしました。

4＋3を見つけた子に「どうして7だとわかったの？　4＋3がよくわからないなあと思う友達がいたらどうすればいいと思う？」と尋ねました。

すると、指を使う、ブロックを使う、そばにある鉛筆を使って何本か確かめる…といろいろアイデアが出ました。そして最後は、黒板に◯を書きながら説明してみました。

具体物、半具体物、そしてブロックや図を使って計算の仕方を説明していく力を育てることが目的です。もちろん最後はぱっと答えが言えるところまで技能は高めますが、友達に「順序よくお話をする」という別の能力も同時に育てていくことを目的としています。

こんなやりとりのあと、みんなで思いつく7の式をどんどん言ってもらいました。

そして画用紙に私がそれを書いて、わざと黒板にばらばらに貼っていき、私が「もうないかなあ」と言うと、Fくんが「それ、画用紙をきれいにならべると、何がたりないかわかるんじゃないかな」と一言。すごい。早速、昨日の勉強を使ったねえ。こうして物事を整理して全体を見るという方法も……。最後は楽しく足し算カードを使ったゲームをして本日は終えました。アジアの先生がこのクラスの子どもたちにひたすら感心してました。

<102>

昨日の給食の時間、ミニトマトが1つ床に落ちていました。男の子が踏んづけてしまいました。床がトマトで汚れてました。ぼくじゃない、わたしじゃないと言い合っているところに、座っていたHちゃんがさっと立ちあがってティッシュをとりにいって、ふきとってくれました。そして何事もなかったかのようにしてまた席に戻って給食の続きに……。

押し付け合っていた子たちは何となく気まずそうでした（笑）。H、えらい！！

通信に名前を載せるときの注意

それぞれの学校には独自の文化があります。私が子どもの頃通っていた山口県の小学校では、逆立ちが一つの文化でした。運動会でも「逆立ち徒歩競争」といって、逆立ちでどこまで行けるかを競う種目がありました。ですから、当時はみんな休み時間になると逆立ちの練習をしていました。私は今でも逆立ちでかなりの距離を歩くことができます。

筑波の附属小学校のスポーツ文化は何かと言うと、二重跳びです。運動会では二重跳びを何分跳べるかを競う競技があります。何回跳べるかではありません。何分です。低学年でも3分ぐらいは平気で跳んでいます。高学年になると10分以上跳んでいる子もいます。競技は1年から3年までの部と4年から6年までの部、それぞれ男女別に行われます。各ブロックの上位三人ずつが運動会翌週の全校朝会で表彰されるので、ここは子どもたちの憧れの場でもあります。ただこの二重跳びは紅白の勝ち負けには関係しません。純粋に個人の頑張りだけを見届けます。ただ1年生は全員が参加できるわけではありません。以前は参加していたのですが、跳び終わった子どもがまだ継続して跳んでいる子の邪魔になったりしてかわいそうなことが何回かあったので、今はある程度跳べることを条件にして1年生だけ人数を制限しています。

そのため今、クラスのみんなの実力がどのような状況なのかを知ることは子どもにとっても親にとっても切実な話題になります。

また1年生ではさすがに運動会当日2、3年生には勝てませんので、表彰のチャンスがないためこの学級通信を通して運動会のミニチュア版を楽しませるという目的もあります。こうした背景があって名前を掲載しているわけです。

もちろん、ここで名前が載らない子に対しては、他のことで褒めてあげたり、個人内の伸びを話題にする掲示板をつくってあげたりしてフォローしていくことは大切です。

平成27年度2部1年学級通信

夢 育

平成27年6月10日（水）
第 19 号

発行　筑波大学附属小学校
担任　田中博史

<103>

　アサガオが大きくなってきました。先日、支柱をたてて蔓がまきついていけるようにしましたが、既に長く伸びているのもあって、愛おしそうにでも無理やり巻きつけてましたけど……（笑）。おれないようにねーー。

　支柱をたてるのに、女の子が「これどうやってやるの。私わかんない」とつぶやくと、さっそうとお世話に回るAくん。「これ、ほら、こうするんだよ」とやさしく教えてあげました。すると次から次へと「Aくーん、おしえて～」と女の子たち。微笑ましい光景でした。するとIくんも参加して、みんながちゃんと出来ているかどうかを見て回ってくれました。みんな世話好きなんだなあ……。

　「できた人、教室に戻ろうね」と告げてしばらく様子を見ていると、男子が3人、鉢のところにうずくまって何やら真剣に議論。よく見ると、女子だけではなく男子の方にも差し方がわからない子がいて…。世話好きの男子たちは女子の世話には走り回ってましたけど膝元の男子が盲点になっていたようで（笑）……。

　でもその子たちに懸命にJくんがレクチャーしてくれてたというわけ。でもいいなあ。こうして子どもたちを観察していると、派手な活動しなくても日々の地道な活動の中で、ちゃんと豊かな人間関係力が育っているというわけです。それぞれに「えらいなあ」と告げて頭を撫でてあげるとみんなにこにこ (*^_^*) でした。どうですか。2部の子どもたち、こうしてちゃんと助け合って生きてます。

<104>

　「先生、トンボがほら」とEくんが、ヤゴから育てた大きなギンヤンマを見せてくれました。そこでみんなの前で報告をしてもらいました。すると、Mちゃんも、アゲハ蝶を持ってきていて、今から離してあげるのだとか。朝からみんながトンボや蝶を囲んでにぎやかでした。いいなあ、それにしてもみんなよく世話しましたね。他の子も学校には持ってこなかったけど、ちゃんとお家でトンボにしたよ、チョウチョを育てたよとたくさん報告してくれました。支えてくださったお母様、お父様、お疲れ様でした。

　私も小学校の頃、アゲハ蝶の観察を続けていて、それが成虫になり飛び立たせる時に別れがさびしくって、そしてその蝶が自分の周りをしばらく飛んでくれた時に何だか自分にあいさつしてくれているみたいで、いつまでもその蝶を目で追っていたのを今でも覚えています。

　こうした活動は地味だけど、感動したことは大人になっても覚えているものですよ。

<105>

　研究会が始まります。前日に上靴を持って帰ります。研究会の当日、忘れないように持ってくることを念をおしてください。全国の先生たちが見ている時に、一人だけ大人用のスリッパをはくことになると、目立ちます (-_-;)

　初日は体育ですので外靴も必要です。子どもたちがいつも使っている靴箱が使えなくなります。朝、登校したら持参した上靴を中央ホールではいて、靴袋の中に革靴（黒靴）を入れて教室に行きます。

　帰りはその逆で、上靴を再び持って帰ります。翌日も必要なので忘れないように。

　さらに、翌週の代休明けの火曜日にたくさんの子どもが忘れてくることが多いのです。

　今回は特別なシステムなので、子どもたちも初めてですから、よく理解してません。これについては、保護者の方のサポートが必要です。

<106>

　研究会当日は、茗荷谷駅が混みます。朝から門のところに先生たちがずらっと並びます。

間違っても子どもたちがその後ろに並んで待つことがないように（笑）。1年生の登校通路はいつもと同じです。ただし、105で述べたように靴箱は使えないので、勝手は違うでしょう。昨日、全校朝会で写真を使って係の者が説明もしましたし、私も繰り返し説明してますが、きっと子どもたちにはそのイメージが伝わっていないと思うので、保護者の方に伝えてます。

<107>

月曜日　縄跳びの100回連続跳びに挑戦。

I くん　C くん　D くん　E くん　H くん　J くん

G くん　G ちゃん　N ちゃん　O ちゃん　E ちゃん　A ちゃん

B ちゃん　K ちゃん　I ちゃん　F ちゃん　達成しました。

どうしても夢育に載せてほしいというので掲載。

回数飛び　⇒　時間跳び（1分間）　⇒　二重跳び　とそれぞれが目指すところを変えていくことにしました。

<108>

6月生まれが実はこのクラスにはいないのです。だから今月はお誕生日の報告はないのです。7月生まれはたくさんいますよ。

<109>

一文、二文の日記の練習を続けてます（7月からは家庭学習になります）。

この日記、一文を読んだだけでは何のことかわからないようになってます。

たとえば、今日の日記は「きょうは、みんなでぱっくりんこというげえむをしました。」というようにです。すると、当然、ぱっくりんこってどういうゲーム？と質問したくなるでしょう。尋ねてみてください。子どもたち同士でどのように言葉で説明するか練習してみました。こうして音声による伝達、文による伝達の力をつけていきます。

でも尋問にならないように。やさしくおだやかにそして1年生の説明はわからないものだと思って、ゆとりを持って対話してみてください。

学級づくりのポイント

対話の技術の磨き方

休み時間に教卓や自分の机にいると、子どもたちが寄ってきて他愛のない話で盛り上がることがあると思います。私は若い先生たちに、こんな場面を使って子どもたちと対話の授業の練習をしてみることを勧めています。大切なことは一対一での対話ばかりにならないように心掛けてみることです。

どういうことかと言うと、ある子が話したことに対して、先生はその子に返すのではなく、別の子に振ってみるわけです。

例えば、「先生、昨日テレビで○○を見たよ。○○知ってる？」と言ってきた子がいれば、「○○？　知らないなあ。△△ちゃんは知ってる？」と他の子に尋ねるわけです。もし、その子が「知らないなあ」と言えば、「じゃあ、みんなで○○は何かを考えてみようか」と全体で共有するようにしてみます。

実はこれが対話の授業のよい練習になっているというわけです。

1年生の子どもたちは突拍子もないことを言う子も多いでしょう。こちらが理解できないこともしょっちゅう。ですから、普段から「□□ちゃんが言っていたこと、わかる？」と他の子に尋ねていくことで子ども同士も友達の話を聞く練習をさせたり、相手にわかりやすく話すという意識をもたせることもできると思うのです。教師もこうした時間なら進度を考えなくてすむのでゆとりがあると思います。1年生との対話のリズムや間の取り方など身に付けていくのに活用してみてください。

<110>

　給食の時間も相変わらずとっても元気だ。6年生と本当に仲良しになった。6年の当番が交替する時には教室で抱き合って別れを悲しんでいる子もいて、なんていい光景だろうと思う。おかわりも積極的だ。スープのおかわりなど最後の一滴までとろうとする貪欲な食欲がたのもしい。

　残り少なくなるとなかなかすくいにくくなる。女の子がすくいにくそうにしていると、Bくんが後ろからさっと手を伸ばして入れ物を傾けて、すくいやすくしてあげる。この何気ない心遣いがいいなあ。このクラスの男子、概して女子にやさしい。

<111>

　前号で名前を間違えてた。Fちゃん、ごめん。私のかつての教え子に//////ちゃんがたくさんいたので……。どうも、最近、あわてて紙面づくりをしていると、打ち間違いが多くて子どもたちに叱られてます。反省×10

<112>

持久跳び

　女子の部　1位　Hちゃん、Fちゃん。この二人2分跳びました。おっとまた名前書き間違えそうになった。あぶない(-_-;)　3位　Bちゃん　4位　Cちゃん　5位　Gちゃんいずれも1分を超えた記録でした。

　男子の部　1位　Dくん　Jくん、この二人も2分跳びました。

　3位　Eくん　あと少しで2分、4位　Fくん　5位　Cくん（55秒）

　さて、そろそろ縄跳びの得意な子が固定してきたので、目標を個々に変えていこうと思います。ちなみに運動会には1年生で二重跳び競技に出られるのは限られてます。例年ほぼいないか、2、3名なので、二重跳びがせめて30回ぐらいは続けて跳べないと上級生の妨げになってしまうこともあるので……。夏休みの目標が出来ていいかな。

　縄跳びは体重が少ないうちは膝を痛めたりしないからいいのですが、それでも練習させる時は場所、靴などちゃんとしたものにしないと、やりすぎて痛めてしまうこともあるため注意が必要です。2年生になってからでもいいですよ。

<114>

個人情報保護の観点より割愛させていただきます

<115>

Check! 給食当番の練習をします。

　　三角巾（頭）　マスク　エプロン（エプロンは個人のもので自由）

　これらは毎日持って帰って洗うこと。最近、ランチョンマットが不安です。前日の汚れがある子もいて、かえってない方が衛生的な場合も……。

研究会も無事終了。元気のよい2部1年の姿に全国の先生がレベルが高いと感心して帰って行きました。特にもうノートを使ってる!!と驚いてましたけど、せっせと少しずつ書いてきたたまものです。

「せんせい、もう日記書き始めてもいい??」という質問がたくさんくるのでどうしようかと迷ってます。

というのは、まだ書くことに慣れていない子たちの方が多く、あせるとまずいので…。

やる気がある子を止めることもないのですけど、今のところはそちらはご自宅のノートでして満足させておいてください。

さて、その日記のことですが。少しずつ授業の中で日記の練習を始めました。

おそらく、他の家のお子さんはどんどん、すらすら書けるのだと思っていらっしゃる方が多いのではないでしょうか。

心配いりません。まだみんなそんなに書けません（笑）

でも、116でお知らせしたようにやる気だけは素晴らしいのです。それに水をかけることもないので、挑戦はさせています。

第一段階は1文目は先生が黒板に書いたものをうつす。二文目は自分でつけたす。としてみました。

今日は、家に帰ったつもりでどんなことを書きたいか、書いてごらんと告げました。なかなか楽しい文がたくさんでしたけど、心で思ったことを文字にするのってまだまだ大変なのです。おにごっこが、「おにごこ」になったり、「をにごっこ」になったり、読点、句点をどうしても忘れたりといろいろです。今月はこれを学校で続けてみます。

学級づくりのポイント

給食の片付けを早くするために

給食の片付けは大変です。クラスによっては延々と時間がかかっていたりします。

最初に放っておくと、子どもたちはおそらく幼稚園や他のところで経験しているのでしょうか、一列に並んで順に片付けていく方式を選びます。しかし、これは時間がかかります。そのままにしておくと、だいたい昼休みがなくなり文句が出ることも……。

そこで、このことを話題にしましょう。どのようにすると、早く片付くか。

すると、男子で早く食べ終わった子たちが、食器などを混雑しないうちに片付けられるといいという意見が出ます。おかわりなどをすることのできる時間を区切って、目途をつけます。そして残食のある人と、そうでない人でコースを分けると早いと言う。確かにそうですね。他にも残食のコーナーは一つの列にしないで、別々にしてほしいという声。コースを増やせば、あっという間に列は短くなります。

どうでしょう。1年生とこんなことを話し合ったことがありますか（笑）

かくして、私のクラスはあっという間に給食片付けが終わるクラスとして有名となり、6年生が遊びに来たとき、それを見て「私たちのクラスもこうすれば早いんだよ」と感心するほどでした。

平成27年度2部1年学級通信

平成27年6月19日（金）
第 21 号

夢 育

発行　筑波大学附属小学校
担任　田中博史

<118>

来週の月曜日に非常食の持ち帰りをします。

そこでナップザックで登校させてください。ただ非常食は重いので何日かに分けて持って帰りますから、それにあわせてナップザック登校を来週はしても構いません。

<119>

本日の図工で緑色だらけになってしまった子どもたち。今、図工の////先生と運動会の旗作りに向けて画策中。運動会グッズも親がすべてやってしまう文化が最近強いので、私としては旗づくりは、ちゃんと子どもたちに参加させたいと思うのです。

今、図工と私の総合でリンクさせて計画中。ただ旗の周囲を縫ったりロープを通すところを作ったりという仕上げは役員さんにお願いします。原案は子どもたちの力で可愛さたっぷりトッピングして作成してます。

ということで、絵の具を全身につけて帰っていく宇宙人のようになってしまった子たちがいるのはそのためです。

本当は水とせっけんで落ちるはずなんですけどねえ。なんとなく、その色に染まっている自分を楽しんでいるようなのでほうっておきました。下校中にびっくりされても知りません……（笑）

<120>

「ねえ、みんな席について」

「ほら、ちゃんとみんなで挨拶するんだよ」「せーの」

「ひろしせんせい、おたんじょうび おめでとうございます!!」

なんてすばらしい結束力でしょう。1年生が大人の補助なしにこうしてまとまるなんて、すごいことです。

みんなにこにこして嬉しそう。

Eくんと、Nちゃんが代表してお祝いメッセージカードを届けてくれました。私がびっくりしていると「せんせい、うれしい??」と素直に尋ねてくる子。

「ぼく、きょうの日記にこのことかこうっと」と呟いている子。

幸せな時間でした。

皆様の心遣いに感謝します。そしてにこにこ笑顔で祝ってくれた子どもたちにも感謝です。

でも、あまり気を遣わないでくださいね。もう年をとるのもそんなにうれしい年齢ではないので……（笑）

<121>

Check! 保谷のじゃがいもほりの予定

平成27年7月6日 月曜日にします。

今回はじゃがいもほりが目的。ほったあとの畑で土遊びを楽しみます。水を流したり山をつくったりトンネルをほったりと……。おそらく泥んこになります。そこでこの日は水着も持っていきます。水着だけでは寒いので私服で泥だらけになっていいものを上から着せてもいいです。この日は水着は学校のものでなくてもいいことにします。

これらを持ちかえるための袋など用意してください。

昼食は流しそうめんを楽しみます。保谷のおじさんがながしそうめんの機材をセットしてくれるので、こちらはそうめんの準備を役員さんでお願いします。

集合 池袋駅7時50分まで。8時02分の準急に乗ります。

　　　ラッシュになるので、いつもどおりに来てもよい時間帯にしました。

解散 池袋駅13時ぐらいの予定

今回は役員さんだけの引率になります。そこで解散ですが、次のように分けます。

＜その1＞

西武線沿線のお子さんで途中下車可能な場合は、途中下車も可。ただしその後自分でちゃんと帰れるお子さんのみ。

＜その2＞

池袋駅で解散すれば自分で帰れる場合はエレベーター前で解散。

　　山手線、丸ノ内線の乗り場までは役員さんで連れていくことにします。

　　しかし、いつもと乗る車両が違うと不安な場合は、お迎えをするか、茗荷谷に戻るかを選んでください。一人ずつに付き添うことはできません。

＜その3＞

茗荷谷駅まで一度戻る方が安心な場合、私が連れて行きます。

＜その4＞

迎えに来る。

※お迎えされる場合は集合場所に13時。多少前後します。

※上記のいずれの方法で解散になるのか、連絡帳で知らせてください。7月1日の朝、一斉にチェックしますのでよろしくお願いします。

<122>

いのこり水泳の連絡。

　7月になると午後には上級生は遠泳に向けて泳ぐ時間を増やしています。1年生も少しだけ行います。この時間だけ、体育の時間以外で担任と水に入る時間です。今年は7月1日と8日に予定されています。給食後、みんなで40分泳いで下校となりますので、いつもより少し1時間程度、いや着替えを入れるともう少し遅くなると思います。この日は体育はないのですけど、水着を忘れないように。忘れた場合は退屈ですけど見学になります。居残りと名前がついていますけど、授業の一環ですので自由参加ではありません。

課外活動で注意すること

　学級通信を書いているとしばしば保谷農園という言葉が出てきます。これは西東京市にある本校の農園です。筑波小はここに保谷校舎という分校舎があります。一年間の間に複数回、子どもたちはここに校外学習として訪れて授業をしたり、芋掘りや葡萄がりなどの野外学習に取り組みます。

　ここには電車で行きます。しかし、東京のターミナル駅では子どもたちが列になってぞろぞろ動くのは他の乗客にも大きな迷惑をかけてしまいがちです。そこで、私は子どもたちが無理して列になって歩かなくていいように指導しています。バラバラに歩かせるとはぐれる子が出ないか心配になりますね。だからこれも事前に校内での遊びに取り入れて練習しておきます。

　また、歩道を並んで歩いていくときも、途中で信号が赤になって途切れたり、道幅が細くなって列の変更を余儀なくされることがあります。これも学校で遊びながら練習します。私は指の合図で二列になったり四列になったりするような隊列の組み方をゲームにして遊んでいました。バラバラになったりぱっと並んだり、それこそ忍者のように我がクラスの子どもたちは動きます。あるとき、実際に歩道でやったときは、その動きの美しさに隣のクラスの子どもたちと先生が仰天していました（笑）

夢 育

平成27年6月24日（水）
第 22 号

発行　筑波大学附属小学校
担任　田中博史

<123>

個人情報保護の観点より割愛させていただきます

<124>

　保谷の解散についての連絡は7月1日の朝活です。バラバラに持ってこさせないでください。提出の約束は「までに」と「に」を使い分けることでした。

　さらに、この解散の約束をお子さんと一緒に確認してください。子どもが何のことかわからないようでは困ります。

<125>

　鉛筆の握り方が不安な子がたくさんいます。既に字はしっかりと書ける子でも、小さいころから我流で使ってきたことが原因だと思います。私はあまり気にしない方ですけど、鉛筆の握り方にいささかびっくりするものがあります。授業で何度か修正してますけど、やはり書きはじめると元に戻ってしまうので、その場合は矯正器具がいろいろと売ってますから使ってみてください。今のうちならなおります。これはそのまま箸の使い方にもつながるものです。

　大きくなってから恥をかかないためにも、今のうちに正しくしておきましょう。

　きちんと習慣がついている子が7割、不安な握り方が実は3割あります。箸や鉛筆の握り方は家庭教育においても大切な視点です。一人一人見てあげられる環境の方が効果は早いです。今日からそばでまずはそっと観察してみてください。

<126>

　本日、カラーテストをしてみました。実は各公立学校で使うカラーテストを私はプリントとして使いながらこうした教材にも慣れさせています。だから本当はテストとしてやっているわけではないので、ご安心を。このプリントは私が作成しているもので、全国の公立学校ではテストとして使っています。私のクラスにおいては出来上がり具合をチェックするために「試し」に使っているため無料で提供されています。

　基礎基本の定着、テストに慣れるの両方の目的で今は使っています。

　子どもたちがやっている最中に、チェックしておきたいところのみ、私が赤ペンで採点して歩いてます。残りは子どもたちが自己採点します。

　この自己採点の力は今後とても大切になります。意図的に育てていかないと自分のドリルや問題集をいい加減にやる子になってしまいます。だからこの段階から解答を見て自己採点させること自体を実は授業にしてます。

　ひとつずつを対応しながら見直すということ自体が実は大切な学習活動になります。

　間違っていたら、チェックだけします。正しい答えを赤ペンで書きこまないこと。

　赤ペンで書いてしまうと、それでわかったつもりになってしまいます。後日、同じ問題を見て、なぜ間違っていたのだろうと考える方が力になります。

　ただし、記憶するタイプの学習では、一度正しいことを書いてみることには意義があります。その場合、直接ドリルや問題集に書きこむのがいいか、別のノートに整理するのがよいのかは家庭学習の仕方や目的によって違います。

<127>

　足し算の計算強化週間に入ります。今週は毎日、計算プリントを宿題にします。

足し算の学習には、いくつか学習の目的があります。

文章を読んで問題場面をイメージすること（学校でたくさんやってます）。

場面と用いる式を結び付けること（これも学校でたくさんやってます）。

計算技能の習熟（これも学校でやっていますが、ここは個人差があります）。

そこで、個人差をおぎなうこととして今週のみ、計算プリントを全員に課します。ご家庭でお子さんの状態を一緒に見てあげてください。そして、お子さんの力をみて大丈夫だと思ったら、この段階の練習は今週だけでいいです。少し慣れていないかなと思ったら引き続き家庭学習で続けてください。

＜家庭学習のポイント＞

まずは正確にできること（指を使っているお子さんは○を書く方法に切り替える）。

速くできること（一位数同士の計算は九九と同様に最後は覚えるぐらいまでやります）。

この二つの視点で毎日見守って練習をしてください。まだ繰り上がりがないので、成果はすぐに出ます。

<128>

２部ハウスが数日前に屋根もついて素敵にできました。他のクラスの子がのぞいていいなあと見つめてました。しばらく様子を見ていると、子どもたちは楽しそうに中に入って遊んでました。でもそのうち調子に乗りすぎて、こわれるからやめてという女子の声を無視して騒ぎ続ける男子……。ついにこわれました。仕方ないから片づけました。わずか３日間しか持ちませんでした。悲しそうにしている子が何人もいました。申し訳なさそうな顔をしている男子も……。

別の話題。休み時間、元気で遊ぶけれどボールを片づけません。どこかに２部のボールがころがってます。楽しく遊ぶけれど片付けない…。こうしてボールはどんどん使えなくなっていきます。転がっていたので、私がかくしたボールはこれで５こ。

ふふふ、すべて私の思惑通りです。

ここから、ものを大切にする子、みんなの持ち物と自分の持ち物をちゃんと区別して扱うことができる子にしていきたいと思います。

教室に秘密基地をつくる

２部ハウス。私は１年生をもつと必ずこの企画をします。段ボールや、ティッシュの箱などで教室の中にもう一つ家をつくるのです。子どもたちの隠れ家になります（つくり方の詳細は次ページ参照）。

この中には算数でつくったもの、図工でつくったものなどが飾られます。家は組み立て式だったり、固定式だったりと世代によって様々ですが、部屋遊びの好きな子どもたちの憩いの場になります。

筑波大学附属小学校4部1年学級通信

筑波大学
University of Tsukuba

はつらつ

〈NO31〉　　　発行　平成21年7月2日

教室の中に巨大な家を作成中

　大きな段ボールの板を教室に6枚運びこみました。

　これを組み立てて、教室の中に家をつくります。そのための壁づくりを総合でしました。まずみんなが四月に作った自己紹介の紙を敷き詰めて貼りました。その裏は折り紙を半分にした直角三角形の紙を敷き詰めた模様にしました。これはちょっぴり算数の勉強も兼ねていたしました。別の壁には、七夕も近いので、将来の夢や自分自慢、好きなこと、趣味など自分のことをたくさん書いた紙を貼りました。窓もあけ、扉もつけて少しずつ仕上げていきます。

　子どもたちは、早く中に入って遊びたいと言っていましたが、まだまだ時間がかかります。ちなみにこの4部ハウスは組み立て式。使わない時は折りたためるようにします。

家庭学習のプリントについて

　答え合わせの仕方は日によって違います。わが子の伝達能力をお楽しみください。

　夏休み前までに日記指導でかなり書けるようになってきましたから、今月は計算について集中的に高める期間としたいと思っています。これから、繰り上がり、繰り下がりの計算に入っていく段階ですので、その前段階の基礎力づくりとして大切です。

　計算プリントは毎日、家と学校ですることにします。

　家庭学習プリントは、私が指示したとおりに、保護者の方で採点してください。

　採点の仕方は日によって違います。子どもたちがお話を聞いて帰って伝えられるかどうかの練習も兼ねて行います（笑）。我が子の伝達能力をお楽しみください。まあ、結果として全部採点しても、問題はありませんからむきにならないように。友達の家に電話して方法を尋ねるのは、なしです。お子様がうまく伝えられなかったら、今のところお話を聞く力がその程度なのだとお考えください。このことについては、子どもたちにあまり深刻に話してません。あっさりと授業の中で伝えるのみです。計算技能だけではなく「聞きとり力」向上もねらう月間ですから、まあ気軽に気長にやりましょう。

　では、計算についての進行予定。まずは正確にできるかどうかをみます。夏休みが終わっても指を使っているようだと少し心配です。個別に練習量を増やす工夫をしましょう。

ティッシュの箱を積み重ねてつくったときは、
ブロックのようにして組み立てます。

←中に1枚工作用紙を対角線上に挟んでおくと丈夫！

←段ボールで直方体の家の枠をつくることもあります。

←壁には子どもたちの絵。扉や窓もつけます。

←折りたためます。

教室内の秘密基地です。

声かけは崩れる前に

　以前、夏休みの親子相談というラジオ番組でコメンテーターをしたことがありますが、お母さんからの三日坊主についての相談。何をしても自分の子どもは長続きせず、三日坊主で終わるという悩みです。私は、そのお母さんに、「でも、三日は続いたということですよね」と言うと、「ええ、まあ……」と口を濁します。付け加えて「その三日間、お母さんは何をしましたか」と尋ねると、「え??」という反応。私はにこやかに「花も三日、水をやらないと枯れますよ」という話をしたことがあります。

　不思議なことに、大人は期待通り動いているときは、あまり声をかけないものです。それが当たり前だと思っているからかもしれません。子どもたちが崩れてから、注意をすることには敏感なのですが、頑張っている姿を見届けて褒めるタイミングが遅いと思います。

　これは他の場面でも同じです。ノートが乱雑だと言われるタイプの子どもでも、新しいノートを買ったときは最初のページぐらいきれいに使っていますよね。なぜそのとき、声をかけないのでしょう。

　1年生に学習習慣をつけるときも同じです。机に座り、さておうちの勉強を始めようかとなったときの最初は、どの子も新鮮なのでやる気満々のはずです。

　でも10分ぐらいしたら気持ちが散って、そそくさと机から離れてくるかもしれませんね。それなら8分ぐらいのところで、そばに行って、「あれ、もう飽きてるかと思ったのに、ちゃんと頑張ってるんだね。何だかお兄さんになったわねえ」と声をかければ15分ぐらいもちます。子どもが崩れる少し前に大人が動けばいいのです。

　ただ、子どもたちの集中力が切れるのには、いくつか別の要因もあります。そもそも1年生の家庭学習って何をすればいいのでしょうね。やることがはっきりとわかっている場合は、子どもも頑張れますが、漠然と本を読みなさいとか、日記を書きなさいではなかなかうまく動けません。日記なんて何を書くかを決めるのが大変なんですから。

　ちなみに次ページの本は、私が最近出した女の子用のパズルブックですけど、1年生が二時間没頭して頭の体操してくれたと報告がありました。お子さんの興味のある教材や本を土日に一緒に出掛けていって探しておいて、それらを親は計画的に子どもの目の触れるところに置けば、彼らもやることが見えるので頑張れます。

おうちでの学びが、計算、字を書くなど訓練的なことばかりだと、子どもだって疲れます。そうした技能の学習と知的な好奇心を育てる学習のバランスをそばにいる大人が上手につくってあげるといいですね。知的好奇心で取り組む活動には子どもたちは大人が驚く集中力を発揮します。機械的な訓練ばかりでは大人だって飽きますからね。

あたまがよくなる！　キラメキ女の子のパズルDX
（西東社）

ハンバーガーづくり。ものごとを順序よく考えることは、プログラミング学習で育てたい力と同じです。

約束をきちんと読んで解決に役立てることができるかを見ます。単調な計算学習ばかりでは子どもたちも楽しくありません。時には、こうしたパズルなどで算数の力の土台を育ててみませんか。

平成27年度2部1年学級通信

夢 育

平成27年7月1日(水)

第 24 号

発行 筑波大学附属小学校

担任 田中博史

<135>

保谷の連絡　追加です。

ソーメンだけできちんと食べられるかどうか、不安もあります。

そこで各自、おにぎり2個程度持ってきておくとおなかがすいても安心です。でも、これは自由にします。この他に、水筒などいつもの活動に必要なものをご用意ください。じゃがいもをほるので軍手も必要です。また暑くなってきたので、個々で虫除け対策（一応、役員さんにも虫除け・痒み止めは持参していただいてます）してください。

【そうめん具材】

・うずらの卵・プチトマト・みかん（缶詰）・パイナップル（缶詰）・刻み海苔

となりました。アレルギーの心配な方、お子様に伝えてください。

追加で【じゃがバター】をします。バター大丈夫ですか。もちろん、つけなくてもいいです。

<136>

保谷の解散について一人ずつ確かめてみました。

まず役員さんで引率される方にお知らせします。確かに当日は同行するので安心でしょうが、今後のためです。きちんと解散方式を役員さんのところもお子さんに理解させておきましょう。油断していると練習が一回少なくなりますよ。もちろん、ちゃんと自分のことを分かっている子もいましたが、数人はキョットンとしてました（^_^;)

さらに、その他の方もどの駅で降りるのか、また解散した後で一人で帰るのか、迎えがあるのか、今一つ不確かなお子さんもいます。今一度、お子さんにわかるように。

心配ならば、連絡帳への記載も本人と一緒に、「ひらがな」で書いてみてはどうでしょう。

一つずつの活動での動きは、今後に活かすつもりでやってみてください。その場だけしのぐことにならないように。

<137>

7月に入りました。今日からは給食も全部自分たちでやります。6年生の手伝いはありません。

その意味もあって少し早目に準備を始める日課となっています。

<138>

本日より日記スタートします。

まずは、一ページでいいです。丁寧な文字になることが課題です。文字の形が定まらないのにたくさん書かなくていいです。丁寧な字になってきたと思う時は、どんどん書いてもいいです。

ノート一ページはだいたい二つの文で埋まります。一ページ文章を書いたら絵を描きこむのは自由とします。絵はなくてもいいです。

毎日、書いて提出させてください。

全員に長いお返事は書けないかもしれませんが、必ず全員のノートに目を通してその日のうちに一言入れて返します。

<139>

足し算の計算プリントの練習成果がでましたね。

あっという間に全員速くなりました。ほぼ半数の子がこの一枚のプリントを1分以内に仕上げます。目標は2分でした。すばらしいです。

Check!

宿題としての提出は本日までとします（一週間だけ）。

本日もプリントを渡しましたが、これは家庭でもう少し練習を続けた方がよいと思う場合に使ってもらうためです。コピーしたりして使ってください。提出はしなくていいです。

答え合わせがないまま持ってくる子がまだ数人います。ちゃんとそばについて見てあげてくださいね。

<140>

さて、放課後の水泳が始まります。雨がちですが、雨天だから中止になるとは思わないでください。プールの水温が高い時は入れます。逆に雨が降っていなくても雷が鳴っているような時はいれませんし、こちらで体育部と相談して臨機応変にしてます。また、場合によっては途中で上げて、早めに帰ることもあります。体調不良の場合は見学になります。

<141>

もうすぐ七夕です。保谷から笹竹が届く…はずだったのですが、総合の時間には間に合いませんでした。でもみんなで飾りづくりをすることに。定番の輪飾りですが、一から作らせてみることにしました。折り紙を折ってまず細いわっかの材料を作ります。折り紙を二回折ると四枚の短冊ができます。でも私がそれでわっかにしようと言うと、子どもたちが太すぎてかっこわるいと…。はいはい、じゃあどうするの？　もう一回折ればいいと言いました。なるほど、ではそうしますね、それで何本になるのかなあと尋ねると６本という意見と８本という意見。これを話し合うだけでちゃんと算数に…（笑）。さて、できたわっかをつなぐのも、その作業の段取りはグループで子どもたちに任せてみました。４人で４色の短冊を作り、それを組み合わせていくのですが、ひとつの輪飾りをゆっくり回しながら作るグループ、手分けしてさくさくと進めるグループ、いろいろです。色の組み合わせの順序をリズムよくすることにこだわる子たちと、ともかく長く伸びていくことが楽しい子と実にまあ取り組み方はいろいろ。小さな社会があります。途中必ずもめますが、これでいいのです。自分たちで決めて自分たちで手分けして、自分たちで納得して作ってくれればね。大人が材料を全部用意するのではなく、自分たちでしているから単調な作業も楽しいのです。先生、もっともっと作っていい？　先生、輪飾りにも何か書いていい？　一本に全部つないで長いのを作って喜んでいて、途中でちぎれてもめる…。いやはや、楽しい空間です。

明日は願い事を書いてみんなの輪飾りと一緒に飾ろうね。

計算力を定着させる

計算練習では、何度も同じ間違いをしてしまう子がいます。

同じ間違いを繰り返す子どもはどこかの段階でそういうふうに覚えてしまったのだと思います。その典型が2年生の九九の学習で、九九を暗唱させたとき、間違えるものはだいたい同じところです。$8 \times 7 = 54$と覚えた子は、ずっと$8 \times 7 = 54$となります。これは教師の教え方にも課題があります。

九九の暗唱と似ているのが、1年生でも足し算や引き算をフラッシュカードなどでぱっと言えるようになるまで練習するという場面があります。8と6を一瞬だけ見せて14と言わせるような練習です。

こんな指導のとき、もし子どもから答えが出てこなかった場合、どうしていますか。多くの先生は、ここで子どもが答えを絞り出すまで待とうとするのではないでしょうか。でも暗唱の場合は待って子どもに適当に言わせてしまうと、その答えが子どもの中に残ってしまうことがあります。

九九やフラッシュカードのように暗唱させたいときは即答させるのがコツです。待ってはいけません。「8×7、ええと……」とさせるのではなく、言えなかったらすぐに「56！」と教師の方から言います。そうすることで8×7には56という響きを残させるのです。

考えさせるときと、暗唱のように覚えさせるときでは、指導の方法を変えるという意識が必要です。ただし、子どものタイプによって少し待つことが必要な場合もありますから、機械的に使い分けないことです。

<table>
<tr><td>平成27年度2部1年学級通信</td><td>平成27年7月2日（木）
第 25 号</td></tr>
<tr><td style="text-align:center">夢 育</td><td>発行　筑波大学附属小学校
担任　田中博史</td></tr>
</table>

<133>

　保谷の帰りの件ですが、再度念を押しますね。

　原則は池袋集合、池袋解散です。

　池袋解散の場合の方法を4つ紹介しました。その2ですが、あくまでも茗荷谷に帰る途中の経路でわかれる丸ノ内線の改札と山手線の改札まで連れていくだけです。それ以上の世話はしませんので、その程度で自力で帰ることができるお子さんのみです。

　本人の返答が不確かな場合は、面倒でも茗荷谷まで連れて行きます。

　その4がわかりにくかったので、補足すると池袋の解散のところまで迎えに来るという意味でした。

　今のところ、天候は不安です。曇りのち雨の予報です。空模様によってはジャガイモだけ掘って帰ることになるかもしれません。午前中はメールによる連絡網が入る可能性があります。

　解散時刻が早くなって、保護者の方に連絡がつかない場合は茗荷谷まで連れて行って解散させます。

<134>

Check!　1年生の間は、子どもの家庭での学習をきちんと見定めることを意識してください。

　出来上がったら、一緒に読んでみるとか、その内容について親子で会話してみる等、大切に過ごしてくださいね。もちろんほとんどの方はかなり熱心にされていることは伝わってくるのですが、念のため。ちなみに日記の約束は2つ以上の文章にすることでした。

　本日の日記から

> 　きょう　けいさんがいままででいちばんはやくできたよ。はやくできてうれしかったよ。　　O

　どうですか。これで一ページがちょうど埋まってます。このように事実の文と心の中を表す文を組みあわせるといいですね。

　子どもの書いた文を読んでみると、長いのだけど事実だけをずっと連ねて書いている場合もあります。

　子どもたちの休み時間の様子がよくわかる日記もありました。

> 　きょう　おばけあそびをともだちとしました。みんなでおばけのこえをだしてたのしかったです。ぼくはゾンビのまねをしました。Kくんが、いちばんかおがおもしろかったです。　　G

　うれしくなると文が増えます。負担でなければいいです。

　楽しそうな休み時間の様子が手に取るようにわかりますね。

　下の日記は、七夕の飾り作りのことを書いた日記。

> 　きょうたんざくのわっかをJくんとLちゃんとDくんと4はんのちいむでつくったよ。ながいわっかになったよ。あとそれぞれいろんないろできれいにつくれたよ。おねがいごとはなにしようかな。　　P

> きょう　そうごうのときにわっかづくりをしたよ。わっかづくりをしたときみんなで
> つなげたらすごくながくできてびっくりしたよ。　　　J

　こちらも、グループの様子がよくわかりますね。

　子どもたちの日記が慣れてきたら、いずれ全員のを掲載します。しばらくは、話題や構成でみんなに見習ってほしいものを選んで紹介します。

　どんどんいいところは真似してくださいね。

　まずは、事実だけを書き続けていく日記に心の中のことを入れる文を組みあわせること。

　　一文　事実　一文　心

でいいので。でも心の中を表す言葉ってどんな言葉かなあ。

　今日の友達の文の中にあったのは、

　　　　　たのしかった。かなしかった。くやしかった。

　　　　　びっくりした。おもしろかった。うれしかった。

とたくさんありましたよ。

　でも、Ｐちゃんのように、「おねがいごとはなににしようかな」というような文もいいよ。「たのしみです」というのもあったなあ。

<135>

　雨模様です。放課後の水泳をしようかどうか迷いました。

　体育をみてみると、楽しそうに泳いでいます。１年生もはしゃいでいます。

　私もプールに行って水をさわってみました。水温は25度あります。

　教室に戻って私が小さく「やめようかな」と言うと、「だめーー。やりたい」という元気な子がたくさん。

　でも、そんな中に交じって二、三人、「ぼくやりたくない」という声もします。いずれも男子です。大丈夫かなあ。つくばで生きていけるかなあ（笑）

　こりゃあ、少したくましさもつけないとなあ。ちゃきちゃき女の子の中で男子たちにパワーをつけないといけないなあと感じたひろし先生でした（笑）

　皆さんのお子さん、どちらのタイプでしょうね。想像付きますか??

　でも、今日は、入水している時間を個々によって変えてみようと考えています。

　この通信をうっているときは、まだ昼休み。これ以上雨が強くなったらやめますが…。

　さて、どうなることやら。なにしろ、私も入らなきゃいけないので、本当は私が一番つらいのですよーーー。この年になると…。とほほ。

（右側縦書き）学級づくりのポイント

日記を載せるときの注意

　学級通信で最初に子どもたちの日記を載せるときには、できるだけ早く全員の分を載せた方がいいでしょう。保護者はきっと自分の子の日記がいつ載るか、そわそわしているはずですから。

　ただ、一回全員の日記を載せたら、次は目的に合わせた載せ方に私は切り替えることが多いです。子どもたちの日記の内容をよりよく成長させることを目的にするときは紹介する日記も選んでいます。例えば子どもが日記を書くときに「何を書こうかな…」と迷うことが多くなってきた頃には、テーマ探しの面白い子の日記を取り上げて、「これを真似してごらん」としていくわけです。バラエティに富んだテーマにするためには、あまり同じテーマの日記は掲載しても意味がありません。こうした目的のときは、それを学級通信の中でも明記します。ですからこうした場面では毎回載るとは限りません。

　「子どもたちはこれくらい書けるようになりました」という、子どもたちの頑張りを紹介するときと、日記のテーマの決め方など、教育の意図として日記を載せるときとは区別していくことは時として必要になります。全員の記録を掲載するのは学級の新聞係などに任せるという手もあります。

平成27年度２部１年学級通信	平成27年7月3日（金）第　26　号
夢　育	発行　筑波大学附属小学校 担任　田中博史

<136>

雨模様が心配ですね。

７月６日（保谷農園での活動の日）は天気予報では曇りのち雨となっています。

降水確率は前日までが70％で月曜日は60％です。運が良ければ午前中もってくれるかもという淡い期待です。しかし、今日のような雨ではさすがにかわいそうなので、６日の早朝の天候で決行するかどうかを決めます。

その場合５時30分に電話連絡を回します。朝から晴れていれば決行します。

延期にする場合の候補日は15日の水曜日です。梅雨明けを待って再度行います。

　　雨天で延期の場合　　普通どおりの日課　ただし給食がないのでおにぎりや簡易弁当が必要です。飲み物も水筒が必要です。

<137>

Check!
居残りの水泳はとても楽しかったようで、たくさん日記にそのことが書かれていました。すっかりアサガオの話は消えてしまっていたようで……。

朝の活動でアサガオの花、葉っぱの観察を詳しくしました。今日はこのことを書こうねと告げたのですが、水泳の楽しさに負けてしまった……。でもまあいいです。

では、水泳の子どもの様子をお伝えします。

プールにつくとすぐにシャワー。子どもたちはこのシャワーを地獄のシャワーと呼んでます（笑）。その後すぐにウレタン製のうきフロートを５つ放りいれて遊ばせてみたら…。

最初、逃げ腰だった子たちも大喜びで遊び始めました。浅い方で遊んでいたけれど、「先生、深い方にも行きたい」という声がたくさん。もちろん、居残りは高学年のプールも使えるようになっているので、まずは全員の泳力をチェック。身長と泳力、そして本人の気持ちを考慮して深い方に移動してもいいことにしてみました。半数は深い方に入れても安心でした。続いて、ビート板などをもっていくのでもいいのならと言うとほぼ９割の子たちが深い方に入って遊べました。

もちろん、まだこわいという子もいるので浅い方でもずっとあそんでいいことにしました。自由遊びは実はこちらの監視の目に緊張が必要で疲れるのですが、子どもたちの水慣れの期間には、ともかく「たのしい」と感じることが一番なのです。

プールから上がる時に、たくさんの子が「こういう水泳なら楽しい!!」「今度の居残りの水泳が楽しみだな」とにこにこしながら言ってました。おつかれさん。

<138>

久しぶりに縄跳びの生き残り大会。

２分間跳び続けたチャンピオンがたくさん。

男子Jくん　Gくん　Dくん

女子Kさん　Cさん　Fさん　Bさん

１分近く跳んだのが男子でFくん、女子でNちゃんと続きました。

<139>

運動会の二重跳びに出る権利を獲得したのは

男子Dくん　Gくん　女子Bちゃん　Cちゃん

まだ、夏休みもありますし、来年になったら全員出場できるのであせることもないのです。でも個々の目標にするのなら頑張ってください。

ちなみに、縄跳びには二重跳び以外にもいろいろな技能を使う跳び方があります。

後ろ跳び、交差跳び、綾跳びなどいろいろです。でもこれらは体育の授業の課題なので、

学級で行う体力づくりとしてははずしていますけど、二重跳びがまだ無理だなと思う場合は、最初はこちらを目標にしてもいいですね。

持久跳びで目指す体力はしっかりとついたと思いますよ。

<140>

図工の時間にみんなで運動会の旗を作りました。他のクラスが大人の手でどんなにきれいな旗を作ったとしてもうらやましがることはないよと話すと、みんなにこにこしてました。そして、自分たちで作った方がいいと声に出して言う子もいました。さらにもっといろいろ作りたいとも…。いいよ、みんなのアイデアがあれば先生はいくらでもお手伝いします。さて、その旗ですが、なかなか見事な出来栄えでして、子どもたちのかわいい手形が満載です。

体操服がたくさん汚れているのはそのためなので、何卒ご容赦のほどを。

<141>

きょう、いのこりすいえいをやりました。おおきなびいとばんにのって　ふねごっこをしました。せんせいにひっくりかえされそうになりました。つぎのいのこりすいえいがたのしみです。　　A

きょう、たんざくづくりをしました。おおきくなったらのゆめとか、ねがいごとをかいたのがたのしかった。せんせいがにまいかいてもいいよっていってくれたときに、こころのなかでやったってきもちになったんだよ。　　L

きょう、いのこりすいえいをしました。いのこりすいえいでふかいぷーるにはいっておねえさんになったきぶんになったよ。すごくびっくりしてかんどうしたよ。　　M

かわいい日記が勢ぞろいになってきましたね。土日日記には何があるのかなあ。では。

学級づくりのポイント

筑波小の水泳指導の背景

筑波小では6年生になると全員が千葉県富浦の海で約2kmの遠泳をします。私も何度か泳ぎましたが、湾から出て大海原を皆で隊列を組んで泳いでいくのです。なので、1年生のときから水泳の練習には力を入れています。

ですから水泳の授業のときは、タイムを競うことよりも長く続けて泳ぐ力をつけることが目的とされています。運動会などでは勝負に徹することを子どもたちに体験させていますが、遠泳では、泳ぐのが遅い友達の後ろになった場合にはそれに合わせてゆっくり泳ぎ続ける力も必要になってきます。行事によって子どもたちの様々な面を育てていく役割を区別しているというわけです。

夏になると、放課後にも水泳の練習が入ってきます。さらに夏休みには水泳教室もあります。ここで教えてくれるのは、筑波小の卒業生たちです。大学生になった彼らが当時の自分たちの経験を話しながら、すべての学年で一週間以上つきっきりで教えてくれます。

また、1年生には上学年の子もいろいろと教えてくれます。彼らは「僕も1年生のときは顔をつけられなかったんだ。でも、そんな僕がちゃんと遠泳できたから大丈夫だよ」なんてアドバイスしてくれる姿は、彼らの成長も感じられるよい場面です。遠泳当日は、大人になった卒業生たちも手伝いに来てくれます。そして子どもたちの隊列の中を一緒に泳いでくれます。これが子どもたちの安心にもつながります。浜辺では高齢になった先輩たちも見守ってくれています。こういうところは、伝統のもつよいところかもしれません。

平成27年度2部1年学級通信	平成27年7月7日（火）
夢　育	第　27　号 発行　筑波大学附属小学校 担任　田中博史

<142>

　残念ながら保谷の活動は延期となりました。刻々と変わる天気予報に翻弄されて過ごす土日でした。先輩たちのときは少雨決行したこともありますけど、気温も低いですし、せっかく収穫したじゃがいもも腐りやすくなってしまいますし……。

　さて、15日はどうなるかなあ。ドキドキハラハラですが、待つこととします。

　ちょうどいいので、保谷帰りのお迎えの件ですが、私の書き方も悪く誤解もあったようですのでもう一度整理しますね。今後もこうしたルールでお迎えしていくことになりますので。最後の目標は自分たちで帰れるようになることですからね。

＜7月15日　水曜日＞

集合　池袋駅　7時50分まで8時02分の準急に乗ります。

　　　　ラッシュになるので、いつもどおりに来てもよい時間帯にしました。

解散　池袋駅　13時ぐらいの予定

＜その1＞

西武線沿線のお子さんで途中下車可能な場合は、途中下車も可。ただしその後自分でちゃんと帰れるお子さんのみ。どんどん自分で帰れるように育ててください。

＜その2＞

池袋駅で解散すれば自分で帰れる場合はエレベーター前で解散。

　　　　山手線　丸ノ内線の乗り場までは役員さんで連れていくことにします。

　　　　しかし、いつもと乗る車両が違うと不安な場合は、お迎えをするか、茗荷谷に戻るかを選んでください。

＜その3＞

茗荷谷駅まで一度戻る方が安心な場合　私が連れて行きます。

＜その4＞

池袋駅の解散場所に迎えに来る。

※お迎えされる場合は集合場所に13時。多少前後します。

　以上の約束は前回と変わりません。私がその後の号で「原則池袋駅で…」と書いたくだりについては、その2を選んだ場合についてです。

　つまり、池袋解散後お迎えのない場合は「原則自分で帰れること」が前提ですということです。山手線、丸ノ内線の改札までは連れていくというのは、茗荷谷に戻る子を連れて帰る途中で入口を案内することはできるという程度の意味で、それぞれの地下鉄の乗り場などに案内するということではありませんからそれを期待しないでください（笑）

　これから六年間、池袋が集合、解散場所となることが多いので家族で出かける時に練習したりして、自分だけでも帰れるようになっていくといいですね。

<143>

七月のお誕生日　おめでとう!!!

////日　Nさん　　////日　Kさん

////日　Dくん　　////日　Hくん　　////日　Kくん

　8月生まれの子どもたちが、ぼくたちは夏休み中だけどどうなるのかなあと心配してますので、ここでお知らせ。

8月////日　Fくん　　Pさん

　昨日はみんなで誕生日の写真を撮りました。バックには出来上がったばかりのクラスの旗が写ってます。こうして行事の進行に合わせて誕生日の集合写真の背景は少しずつ変化していくことになります。

<144>

日記のコーナー

> いのこりすいえいでまっとであそんだよ。5にんまっとにのれたけど、はじっこにたいじゅうがかかって、ひっくりかえっておもしろかった。　L

> きょうぱぱとぴざをつくってたべました。じょうずにできてうれしかったです。　M

> きょうぼくとおにいちゃんとおとうととおかあさんとおとうさんでボーリングをしました。ぼくは1かいストライクをしてうれしかったです。　K

> ずこうではてがたをしてたのしかったです。てがみどりいろになっておもしろかったです。　C

> きょうずこうのじゅぎょうで、2ぶ1ねんのはたをつくった。おぼんのうえでえのぐをてでかきまぜたのが、きもちよくてたのしかった。それとあさのかつどうでなわとびが1ぷんとべてとてもうれしかった。　F

子どもたちの日記でお休みの日の家族との時間のことや、いろいろな活動のくわしいことが見えてきて楽しいですね。かならず全員の日記を載せますから安心して待っててね。

学級づくりのポイント

友達の話を聞く姿勢の育て方

私がクラスを新しくもったときにいつも意識していることの一つに、友達や先生の話を聞くときに「切り替え」ができる力をつけることがあります。子どもたちはいったん夢中になると、ずっとやり続ける習性があります。話に夢中になると話し続けているし、遊んでいるとチャイムが鳴ってもやめない子もいます。夢中になるのは悪いことではないですが、それでも授業が始まったら授業に集中できるような切り替えは必要です。大切な連絡事項も届かないと危険なこともありますから。

そこで、こうした切り替えを行うことをわざと意識させるようなゲームも取り入れることがあります。

友達の話を聞く姿勢を育てるような場面では、別の方法も使います。

私はまずは教師がしっかりと子どもの話を聞く姿勢を見せることから始めるべきだと思っています。「先生は今一生懸命話しているAくんの話を聞きたいんだ、だからちょっと協力してくれるかな」というようにです。

上から目線で「静かにしなさい」「友達の話を聞きなさい」と注意するより、よほど子どもにはよく届くようです。

研究会に参加された先生から「どうして1年生なのにあんなに話を集中して聞くのですか」「どんな躾をしているのですか」と尋ねられることが多いのですが、尋ねられてふと考えてみましたけど、一般に言われているような学習規律をつけるようなことはしていません。私が懸命に子どもの話を聞く姿勢を見せているだけで自然にそうなりました。

親の目になる気持ちで

　このクラスではありませんが、過去にもっていた1年生の女の子から母親への相談。

　日曜日の夜、母親と一緒に寝ていたB子が、「月曜日は学校に行きたくない」と言い出しました。驚いた母親は「どうして、けんかでもしたの」と尋ねました。

　B子は「私は学校に行ってもいつもひとりぼっちなの。休み時間もずっと一人だし」と言い出したというのです。

　月曜日の朝、母親は何とか娘をなだめ、学校に送り出したけど、やはり心配で私に電話してきました。そして前述の内容が私に伝えられたのです。

　私は、B子が休み時間、ひとりぼっちという話は初耳。私のイメージではいつも何人かで縄跳びしたり、鬼ごっこしたりしているのがB子というイメージだけど、最近、何かあったのかもと思い、お母さんには「わかりました。それでは今日はB子ちゃんの様子を休み時間、観察してみますね。そうだ、お母さんにもそのときの様子を伝えたいので10時半くらいですけど、電話に出られますか?」と尋ねました。お母さんは、そうですね、ありがとうございますと告げて、中休みを共に待つことになりました。

　休み時間、私は、B子の様子を少し離れたところから観察してみました。やはり私のイメージ通りで3人のいつものメンバーで、長縄跳びをしていました。ちょうど体育の先生が体育館にいて、彼に3人でじゃれついて遊んでいました。私はその様子をお母さんに電話して、今のB子ちゃんの様子ですと伝えました。実況中継のようになりました。お母さんは「そうなんですか。それはよかった」と少し安堵した様子。私は「念のため、昼休みも見てみますね。今度は12時40分ぐらいです。電話に出られますか」と言いました。

　同じように昼休み、B子の様子を観察した状況を伝えました。

　お母さんの声はホッとしていました。「なんだ、もうどうしてあんなことを言うのかしら」と不思議がっていました。私は、今日はよかったけれど、もしかしたら明日は違うかもしれませんから、明日も見てみましょうねと言いました。

　翌日の中休み、私は同じことをしました。お母さんからは「先生、忙しいのに、もう大丈夫ですから。本当にありがとうございました。ちょっと安心しました」との声。

　そうですか。でも私はもうしばらく観察してみますね。来週までは、続けてみますと付け加えました。さらに「このことでB子ちゃんを叱っちゃだめですよ。もしかしたら先週、何かあったのかもしれませんからね」と言っておきました。

　その後もB子は友達と遊んでいて、ひとりぼっちというのは嘘のようです。

　日曜日の夜、もしかしたらまた同じことを言うかもしれないので、それを待ちましょうと告げておきました。その週の日曜日は、B子は何も言わなかったそうです。

　月曜日、私は一週間の様子を話し、さらに私のもともともっていたB子の様子も伝えて安心してもらいました。お母さんは「どうしてあんなこと言うんでしょうね」と

言われたので、私の方から「ご自宅で最近、何か変わったことはないですか」と尋ねました。

　すると、お母さん、「特に何もないですけどねえ。二ヶ月前に下の子が生まれたぐらいで……」と言い出して、突然、電話口で「あー、そういうことですか」と笑い始めました。

　私が「どうやら、それかもしれませんね。寂しくて、お母さんに振り向いてもらいたかったのかも……。でも、他にもあるかもしれませんから、また心配なことがあったら連絡してください」と告げて、この件はいったん終わりました。その後B子はとても元気に学校に来ていました。

　学校でのいろいろなトラブルや、行きたくない、自分はひとりぼっちなんて言われると親は、本当は自分が学校に乗り込んでいってその目で確かめたいというのが本音です。

　それが行き過ぎるとネットニュースにあるようなビデオカメラを仕掛けるとか、盗聴器を仕掛けるなんて極端な話になるのは、先生がちゃんと見てくれていないと感じるからでしょう。

　だから逆に親の目になってあげて、ちゃんと見届けてあげるようにすれば安心してもらえます。もちろん、若い先生が私と同じことはできないかもしれません。こうして親に電話するなんて、怖くてなかなかできないというのはよくわかります。なので私の例はすぐには使えないかもしれませんが、通信などで、休み時間の様子を報告したり、給食の準備の様子を伝えたりすれば、ああ、この先生は子どものことをよく見てくれているなと感じてもらえるのではないでしょうか。

　余談ですが、私の真ん中の娘も幼い頃、下の娘が生まれて母親と川の字になって寝ていたとき、ちょうど祖母が来て、下の娘の面倒を見てくれたので別の部屋に連れていくことになり、今日は真ん中の娘は久しぶりに母親と二人で寝ることになったときのこと。

　彼女の口から出た一言、「やったあ、今日は背中じゃないんだ」

　この一言に思わず泣きました。幼い娘が下の娘に母親を取られて毎日、背中を見ながら寝ていてそれでも何も言わずに我慢していたのかと思うと、その健気さに……。

　1年生の子どもたち。まだまだ幼いのです。ほんのちょっとしたことで、不安になったり調子に乗ったり、時には寂しくて嘘をついたり、いろいろです。

　でも、言えるのは、子どもは「点」で観ないで「線」で、「面」で、つまり文脈を追って前後の時間をゆっくり観察すると、本当の姿が見えてくるということは確かなようです。だから、私は日常的に子どもウォッチングを楽しんでいます。

平成27年度2部1年学級通信

平成27年8月28日（金）

第 31 号

夏休み特別号

発行 筑波大学附属小学校

担任 田中博史

夢 育

<158c>

2ぶ 1ねんの みんな げんきかな。

なつやすみも あと 3にちに なりましたね。いや きょうをいれると 4にちかな。

けがや びょうきなど しないで たのしく かぞくとすごせましたか。

たくさん すてきな おもいでも できたことでしょう。

かぞくで ともに すごしたたいけんなどの たのしいおはなしをきかせてね。みんなと あえるのを ひろしせんせいは とっても たのしみにしています。まってるよーーー。

<159>

Check!

ご家族の皆様、暑中見舞いなどたくさんいただきまして、ありがとうございます。あいにく夏休み後半から東京にずっといませんでしたので、お返事が出せていません。お許しください。さあ、いよいよ夏休みも終わります。

本日より通常の生活と同じサイクルで子どもたちを動かしてください。朝活の時間帯はなわとびを30回するなど、少し体を動かします。運動会の練習が始まってすぐにダウンする子どもたちのほとんどが、ぎりぎりまで不規則な生活をしていた子どもたちです。生活のリズムが乱れていると、9月に登校拒否傾向に陥るお子さんも出ます。3日間ウオーミングアップするだけで、まったく異なります。

<160>

9月1日（火）始業の集い

体操服が必要です。2時間目からは授業です。

1 始業の集い 2 こくご 3 こくご 4 ひろし先生とクラスのみんなと夏休みのお話 その後給食を食べて 下校は13時〜13時30分ぐらいの予定。

宿題などの提出があります。お忘れなく。

9月2日（水）からは普段通りです。

1年生の場合は5時間目がない日がありますので、その場合はすべて担任授業になりますから、毎日算数の道具を持ってこさせておいてください。

<161>

夏休み中の研究会については、たくさんの反響が届きました。7月18日の授業を参観された先生たちからは口々に「なんてかわいいんだろう」という声と、「すごい一年生。わずか3か月でこんなになっているなんてびっくり」「どうして1000人の前で自然体なんだろう」「難しい問題をよく話し合っていて自分の学校の上級生よりすごい」とまあ絶賛の声が続々と届いてます。撮影班もにこにこで自分の子どももここに入れたいと言ってくれました。私の自慢の子どもたちです。でも……。

<162>

でも、そんなスーパー1年生も8月の研究会の時の授業スタート時点では、すっかり元に戻ってしまっていて、私も夏休み半分がたったことのこわさを最初の15分で感じました。だからあえて「ゆっくりやろう」と自分に言い聞かせて、単純な質問を何度も繰り返して子どもたちのスイッチを入れ直しました。集団生活から離れると、このぐらい変わるというある意味ではよい場面が見えました。だからゴールデンウィーク、長期の休み明けを私たち大人が子どもたちと心して向き合うことが必要になります。その意味でも本日より本当に再起動させてください。（笑）

◆今日まで、のんびりさせていたのなら、明日は絶対に登校時刻に起こして、外でなわとびなど軽い運動をさせてください。終わったら、室内で汗を静めてから、計算を10問させま

しょう。頭も体もこれだけで回転を始めます。そしてその後は読書をしたりして落ち着いて過ごさせます。朝の一時間をこうして過ごすことを再開するだけで心と体が準備を始めます。宿題になっていた夏休みの報告会の用意やリハーサルをしてみるのもいいですね。お話をどのようにするのか、おうちの人を相手に練習してみましょう。１人５分程度でいいです。親子でした夏休みの「苦労体験？感動体験？　報告会」は今週の私の時間を数回使って、グループを変えて何度もします。

　友達の前で発表していくことに慣れること、家族のことを語ることなどが目的です。写真を使ったり手作りの作品を入れたり、または再現できるものなら再現したり……。発表の仕方は自由です。そのために何か必要なら持ってきてもいいです。

<163>

　９月は運動会モードに全校がなります。１年生も全校リレーの選手を決めます。男子１名女子１名です。数回の予選を経て全員が納得するようにして決めます。

　二重跳びの出場権利審査もします。30回連続が目安でした。

　いずれも子どもたちの様子を見て締め切りますが９月の第三週ぐらいまではチャンスをあげようと思っています。

<164>

　どうですか。

　この通信で保護者の方の頭も夏休みモードから少し切り替わりました??（笑）

<165>

　まだまだ暑い日が続きます。汗拭きタオル、水筒（中身はスポーツドリンクでもよい）など熱中症の対策もお忘れなく。例年、初日の忘れ物として上靴と外靴、体操服を忘れる子がとても多いので要注意。宿題以外の持ち物は急がなくても日課表に合わせて分散して持ってこさせるのでいいです。たくさん持つと危ないので。

<166>

　私のかわいいかわいい２部１年の子どもたち。少し大きくなったかな。

　　　　　　　　　　彼ら全員との再会を心待ちにしている担任より。

学級づくりのポイント

夏休みにも学級通信

　私の学級通信は夏休みにも届きます。31号は夏休みにメールで送ったものです。昔は、全員にハガキに印刷してミニチュアの通信を送っていました。

　ちなみに私は、お正月や暑中見舞いもそれぞれのコメントを入れて出していました。もっと言うと、卒業生に対しても中三や高三の受験の子たちには激励の意味も込めてハガキを送っています。

　この"ハガキ通信"は『あしたのジョー』が元ネタです（若い方はご存じないかもしれませんね…）。少年院に入っていた主人公の矢吹丈にコーチの丹下段平が「あしたのために（その１）」というハガキを送っていたことを思い出し、私も夏休みが終わる一週間くらい前に送るようになったのです（笑）

　このハガキは、コミュニケーションをとることはもちろんですが、夏休みで崩れがちになった子どもたちの生活リズムを取り戻すことも目的としています。ですから、内容も「今日から普段の学校と同じように起きて体を動かしましょう」といったことを書いています。

　このことで実際に生活リズムが取り戻せているかどうかは、夏休み明けの子どもたちの姿で一目瞭然です（笑）。そういう意味では、保護者にもプレッシャーをかけているわけです。

平成27年度2部1年学級通信	平成27年9月1日(火)
夢　育	第　32　号 発行　筑波大学附属小学校 担任　田中博史

<167c>

こどもたちへ

きょうは、とってもげんきだったね。

あさから、みんなが　くつばこのところで、たのしそうになつやすみのおはなしをしているのをみて、いいなあとおもいました。

きょうは、ぜんいんが　げんきよくやってきてくれて、ひろしせんせいもあんしんしましたよ。

みんなで、さっそく　たまいれのれんしゅうをしたよね。

おもしろかったね。だんしは　さいしょ　1ぷんかんで、たまを13こいれたね。

じょしは　3こしかはいらなくてくやしかったね。

2かいせんめは、だんし　11こになっちゃったね。じょしは　3このままでした。

このとき、だんしが「じょし、がんばれー」とこえをかけてくれたので、じょしもげんきになれたかな。すると、3かいせんめは、だんしは　10こだったけど、じょしは8こにふえたね。さいごは　じょしは　とっても　もりあがってましたね。

そうだ、きょうは　せきがえもしたね。どんな　きめかたをしたっけ？

<168>

9月からは、この夢育の中に子どもたちも読めるところを作ります。

<169>

さてさて、いよいよ学校生活も始まりました。でも2部の子どもたち、初日から元気いっぱいです。きっと夏休み号を読まれて、少しでも動かしてもらったおかげだと思います。

ただ私の夏休み号を読んでの動きは、子どもたちを観ると、3つに分かれるようです。

1）朝、きちんと起きて運動もして、学習もできた。思ったよりすんなりと動いてびっくりしました。
⇒もう大丈夫です。きっと筑波での6年間、いや9年間、いやいや12年間ゆとりを持って楽しめることでしょう。自信を持ってください。これができたら家庭の力はたいしたものです。

2）声をかけて何とか動かした。初日は苦労した。でも二日目は少しがんばれた。ほっとした。　⇒声をかけて動かそうとしただけでもたいしたものです。そしてふとんから出せたら、まあ合格でしょう（笑）。それが三日間で徐々に変化したのならOKです。

3）結局できなかった。夏休みがあと少しだから休憩させようと思って……。
⇒その気持ちもわからなくはありません。

でも、都内の小学校は既に多くが始まっています。ずるずると緩いところに浸る生活、甘える我が子、ぐずる我が子を今からコントロールできないようでは、この先きっと苦労しますよ。

上級生の保護者で9月統一テストの段階になって、自分の子どもが動いてくれないと嘆く方、子どもとの向き合い方に苦労している方の多くが、実は低学年の時から我が子のコントロールが苦手な方でした。これから始まるスタートの一週間でどこまで通常生活を取り戻せるか、一頑張り必要です。

<168>

朝から、私に「先生、ぼくね、もう早くから起きてちゃんとできたよ」と告げてくる子は

始業の集いの時の校長先生の話を聞く時の姿勢も既に大きく違うのです。

うなずいたり、にこりと笑ったり、真剣に見つめたり…と誠に表情豊かに話を聞いてます。逆にずっと姿勢が崩れていたり、集中力のない子たちは、朝、私が問いかけた時にさっと目をふせた子たちでした。だからここも　ちゃんと相関してます。

初発から厳しいことを書きましたが、今、まだゆとりのあるうちに、ご自分の子どもとの向き合い方を練習しておくといいと思いますよ。

<169>

さて、でもそんなとき、イライラしないことです。

思いだしてください。褒めるところを探すのです。期待する面だけではなく、生活面、遊びの面、何でもいいので、じっと観察してこういう姿はいいなあと思えるところを見つけたら、ちゃんと言葉にして伝えるのです。子どもは自分のことを認めてくれる大人とは素直に付き合います。いつも小言を言うだけ、注意をするだけ、甘やかすだけの大人の言うことはきかなくなります。そしてよい関係が築けたら、子どもにとって少し負荷のある約束を一緒に話し合ってルールを決めて実行させてみるのです。

注意をするときは、「先に改善すべきところを伝える」「後半によかったことを伝える」とプラスの印象が心に残ります。

「ここはよかったけど、こちらがだめだったね」→だめなことが残る…

「ここがもうすこしだったね。でもここはとてもすばらしかったよ」⇒よい印象が残る

この後で、「あしたは何に気をつけてがんばる??」と本人に決めさせたら、にこりと笑って頭をなでてあげてください。

<170>

親と子のよき関係作りをすることが、実は子育ての大切なポイントです。それは単なる緩い友達親子ではなく、厳しい面も優しい面も兼ね備えて持つ質の高いものにしていけると、高学年になってから反抗期の我が子に苦労しないですむと思いますよ。

私の過去のクラスの子どもたちは高学年になってからも　みんな素直でかわいいままでした。

子ども向けにも書く

夏休みが明けた頃、学級通信に一手間加えます。子どもが読めるところを設けるのです。今号では、最初の番号の横に「c」と入っているところになります。

学級通信を出していると子どもたちも段々とその中身を読みたくなってきます。最初の頃はふりがなを振っていたこともありましたがそれも大変だったので、子どもに語りかけるところと保護者に伝えるところは区別して書くようになりました。

子どもへの話を書くポイントは、その日の出来事をそのまま書かないこと。例えば今号では、「そうだ、きょうはせきがえもしたね。どんなきめかたをしたっけ?」で終わっています。

ここまでしか書かないことで、保護者はきっと「どんな決め方をしたの?」と子どもに尋ねるでしょう。そして、子どもはその話をするはずです。つまり、子どもの親への伝達の仕方を練習させているわけです。

さらに言うと、親子の話題を提供することで、子どもが学校でどんな生活をしているのかを具体的にイメージしやすくしています。何も知らなければ、保護者も「今日はどうだった?」としか聞けませんが、「席替えは?」と具体的にすることで、子どももお話しできるようになるのです。

そういった意図をもって仕掛けてみると、子どもへの語り口も変わってくるはずです。

<table>
<tr><td>平成27年度2部1年学級通信</td><td>平成27年9月2日（水）
第　33　号</td></tr>
</table>

夢　育

発行　筑波大学附属小学校
担任　田中博史

<171c>

きょうから、みんなのまえで、じゆうけんきゅうのはっぴょうかいを　はじめたね。

みんなの　はっぴょうが　とてもじょうずなのに、ひろしせんせいもびっくり。

おやこで、たくさんたいけんしたのが、よくわかりましたよ。

とても　たのしそうでしたね。

きいているみんなが　ともだちのことをほめているのもとてもよかったなあ。

それにしても、みんなが　ともだちのはなしをきいているときの　しゅうちゅうりょくはたいしたものですね。

いやはや、やっぱり　きみたちは
　　　　すーぱーいちねんせいだなあ。

にじゅうとびの　せんしゅを　えらぶのもやってみたね。

だんしも　じょしも　みんな　じょうずになっていたね。こちらもびっくり。

だんしは　Dくん　Gくん　が20びょうをこえました。こちらは、なつやすみまえと　おなじでした。

じょしは　Fさん　Bさん　Kさん　Cさん　と4にんになりました。ふたりふえました。

じょしは、たくさんのともだちがじょうずになっているのに、びっくりしました。

おしかったともだちが　なんにんも　いるので、つづきをがんばってみてね。

<172>

さてさて、全体の前で緊張して話す練習として、自由研究の発表会を経験させてみました。この通信を書いている時点では写真の子たちの発表が終わったところ。3時間目にも4人発表して、今日は7名まで。引き続き毎日やっていきますからね。

友達の前でしっかりと声を出して発表する体験をこうして増やしていきたいと思います。でも、今日からみんなの前で発表するよと言ってあるのに、道具を持って帰ってしまった子もいます。発表が終わるまでは、持って帰らないように。家で練習するのはいいけれど、必ず持ってきてくださいね。

<173>

忘れ物が続きます。

なわとび　給食のエプロン　色帽子

今一度、子どもたちの持ち物の点検を４月の時の気持ちになって、引き締めてください。

<174>

４部と早速、合同練習。

練習前の４部は加藤先生がなかなか玉が入らなくて…とぼやいていたのに、いざ対決する Check! となると、どんどん入れてきてとうとう２部の男子は一度も勝てませんでした。

どうもボールを投げるという運動が苦手な子が多いようなので、これは少し課題かも。女子は４部との対戦では、１勝１敗でいい勝負。

縄跳び対決は２部の勝ちでしたどこれは数名の得意な子のおかげなので、やはり玉入れのようにみんなの力が必要な競技を何とかしたいものですねえ。

ちなみに、縄跳び対決では　Ｄくん、Ｇくん、Ｂさんが　１分近く二重跳びをとんでおりました。いやはやびっくり。

<175>

２部の子どもたち、とっても給食の準備が上手になりました。わずか15分でテキパキと支度して、いただきますを自分たちでしています。私が印刷物などを取りに行っているといつのまにか置いてきぼりになるぐらい準備は上手です。

でも片づけは個人差が大きいです。まず自分の食器をきれいにして友達のものと重ねていくということがまったくできない子もいます。たくさんの残飯を食器にくっつけたままどんどん重ねていきます。

その中に、友達の食器がずれているとそっとなおしてくれる子、自分の順番の前の子の食器が残飯で重ねにくいと思ったら、自分のお皿を置いてまで片づけてくれる子といろいろでした。きっと家でも手伝いをしている子なんでしょうね。ご自宅の片づけの時に子どもたちはお客さんのようになっていないでしょうか。清里合宿ではそんな面がはっきりと見えてしまいます。これも家庭の力の一つです。

子どもを運動会で勝たせるために

さて、p.85で夏休みにも学級通信を送る話をしましたが、これには続きがあります。実は、私の夏の学級通信は、子どもたちの生活リズムを取り戻す他にもう一つの目的がありました。

それは10月に行われる運動会で勝つため（笑）

筑波小では夏休みが明けると、運動会の練習が始まります。このときまだ体が夏休みぼけのままだと、練習中に貧血を起こしたり、体調を崩してしまったりする子が続出します。

しかし、私のクラスではそういったことはほとんど起こりません。お察しの通り、私が夏休みのうちから子どもたちに体を動かすように事前に意識づけしてきたからです。ですから、私のクラスの子どもたちは最初の練習のときから動きがキレキレでした。

他のクラスの先生からは「どうして田中先生のクラスはあんなに元気がいいのですか」とよく聞かれたものです。私は「どうしてかな」ととぼけていましたが（笑）

もちろん、運動会でも私のクラスはめちゃくちゃ強かったのは言うまでもありません。このことは他の先生にはずっと秘密にしていました。今はもう運動会には関係ないので明かせます。こんなクラスの秘密ごとがあることが、子どもたちの心をくすぐることもあります。クラスづくりの秘訣はクラス独自のこういう小さな仕掛けにもあるのだと思います。

夢　育

平成27年9月4日（金）
第　34　号

発行　筑波大学附属小学校
担任　田中博史

Check!▶

<176c>

きょうは、「さんすうのちから」を　やりました。

でも、すうじを　ていねいに　かかないこが　いるので　ちゅういをされました。

かきなぐり　の　くせがつくと、にっきも　ていねいに　ならないよと　いわれました。

おおきなかずの　べんきょうをしました。2ぺえじ　やりました。

せんせいから、「ぜんぶあっていたら100てんだよ。でもひとつでも　まちがえていたら0てんにします」といわれて　みんなびっくり。

そのあと、みんな　いっしょうけいめい　みなおしをしましたね。

「わー、よかった。ひきざんを　たしざんで　やってたよ。きがついて　よかったあ」

「ひとつ　まちがえて　かぞえてたよ。わたしも　みなおし　してよかった」

と　にこにこしていってました。

せんせいが、「じしんがついたら　こたえあわせを　していいよ」といいました。

でも、みんな　とっても　しんちょうに　みなおしを　つづけてました。こたえあわせのとき　どきどきする　といってました。ぜんぶ　あったこたちが、おおきなかんせいをあげていましたね。とても　うれしそうでした。

うっかりみすをしたこたちも　いましたよね。あわてて　やりなおしてました。みんなで、きんちょうして　べんきょうしましたね。

5ふんまえに　もう　きゅうけいしていいよと　いったら、「せんせい、まだ　べんきょうしたい」といってました。にこにこして　まなんでいる　みんなが　りっぱだなとおもいました。（ここまで、こどもたちむけ）

10といくつを数えるだけですので問題は簡単です。でも「算数の力」ドリルでうっかりミスをするタイプは、やはり日記も乱雑になりかけている子たちでした。癖になる前に注意が必要です。日記を続けているので、「書く体力」はついてきました。それでもまだ筆圧の弱いお子さんも数人います。数字を書く時もふわりノートをなぞるような書き方をしてしまうため、字がしっかりとなりません。また逆に鉛筆の芯のところまで持ってしまって強すぎる子もいます。ご自分のお子さんが日記を書いている時をそばで見てください。

そして、まだ長く文を書くよりは、まずはしっかりと文字の形を整えた方がよいと思った場合は、日記の文を短くしましょう。二文程度でいいです。もう一度最初の時に戻します。

これから片仮名の練習も始まります。

お子さんの得意、不得意に合わせて、筆圧のバランス、枠からはみださないで書くなど初心に戻って練習をしてみることも必要です。

<177>

前号でまたＦさんの名前を間違えてました。重ねてお詫びします。どうやらパソコンの単語登録のところが間違っていたようで、訂正しました。本当に本当に申し訳ないです。

<178>

昨日、Ｉちゃんが、二重跳びを18秒とびました。あと2秒でした。

みんなが、おしーーい　がんばれーと声をかけていました。休み時間も練習している子が増えてきました。特に女子の熱意がすごいです。

<179>

前号をカラーで印刷しようとしたら、コピー機が壊れていて、おまけに印刷機も不具合だったので本日もう一度同じものを配布しました。今、毎日自由研究の発表は地道に続けてます。一日５名～７名程度進んでます。子どもたちには、自分の言葉でお話しできるのなら道具はなくてもいいんだよと告げてあります。友達の大作の発表が続くので、子どもながら

プレッシャーを感じているのと同時に、自分のクラスの友達のすごさを再認識しているようですね。親も子も友達同士の刺激で育つというのが、集団で過ごす学校教育のよさでもあります。クイズ形式の発表、実演、紙芝居風、……と表現方法も様々。書いているものを読む子もいれば、その場で見ながら語る子もいます。気軽に楽しくやっている子もいれば、ものすごく緊張している子もいます。声がしっかりと出る子もいれば、人前だと声が細くてなかなか伝えられない子もいます。でも聞いているみんなが「聞こえない」とか言いません。シーンとしてうなずきながらにこにこしながら聞いてくれます。終わると質問や感想を伝えます。ちゃんと口々に褒めてくれます。みんなやさしいですね。今は発表がうまくいっても下手でもいいのです。この体験に意味があります。声が小さくて…とお悩みの方、心配いりません。必ず出るようになります。そのためにクラスで劇をしたりゲームをしたりしていきます。私もこの発表を通して、これからこの子どもたちに必要なことは何なのかを見定めているところですから、どうぞ心配なく。

　あせらなくても一年後には全員が堂々と人前で自分を表現できるようになります。いやしてみせますからお任せください。実は2年生の3月に2部1年は全校の前で劇をする番になっています。そこを見据えて少しずつ仕上げていきます。私のクラスは例年、劇団顔負けの演技力になります（笑）。楽しみにしておいてください。

<180>

　運動会でシールを渡す方に、校内に入る時の靴や持ち物のルールを必ず伝えてください。毎年、門のところで警備の方ともめるのが低学年の保護者の関係者です。遠くからやってきたお年寄りの方が入れなくて残念、気の毒……、そんなことになるのは、こうした細かな約束を伝えないでシールを気軽に渡した方のせいでもあります。今年は門のところでもめたら、シールを配布した方に門のところまできていただき対応してもらいます。

　そのためシールには配布者の名前も書くことになりました。気をつけてください。

<181>

　9月生まれ////日　Eちゃん　お誕生日おめでとう!!!!

同じ間違いを減らす

　p.57でも述べましたが、私は宿題やテストの答え合わせは、1年生でも子ども自身にさせています。私が監修している『算数の力』というドリルには、子どもが自分で答え合わせをする効果を扉にも書いているほどです。というのも、若い先生が答え合わせを子どもにさせてしまうと保護者から手抜きだと思われてしまいかねないということもあるからです。
「こういう理由があるから子ども自身で答え合わせをしましょう」と解説を入れておけば、先生方の助けになるという思いもあります。講演会では、先生方にこのページをコピーして学級通信に貼ってもいいと伝えています。

　新しい学習指導要領では、振り返りの大切さが言われていますが、よく考えると練習問題での答え合わせは、子どもにとっては絶好の振り返りの場になっています。大人が取り上げてしまってはもったいないと思います。

　答え合わせのときに注意することですが、答えが合っているかどうかのチェックはさせますが、正しい答えを赤ペンで書きこむことはさせません。例えば8+4=11としていたら、普通は子どもは×として12と書きこむことが多いと思います。しかし、私は「ノートに8+4がいくつだったか書いておきましょう」と伝えて、ドリル自体には何も書かせずチェックだけにしておきます。

　そうしておけば、次回同じ問題を解くときに、8+4=11でないことはわかるけど、正しい答えはわかりません。つまり、その問題を前の間違いを押さえた上で、もう一度考えさせることができるわけです。正答が書きこまれていると二度目に使えません。ある意味、答え合わせのページは、子どもの学力の健康診断表と同じだと考えることができます。

　子どもの学習状況を測るチェックシートとなっていると思えば活用方法も変わってくると思うのです。

夢　育

平成27年9月10日（木）
第　35　号

発行　筑波大学附属小学校
担任　田中博史

<182c>

なわとびのせんしゅに　Ｉちゃんも　はいりました。

けんめいに20びょうとびつづけましたね。おめでとう。

これで　2ぶは　だんしふたり　じょし　5にんになりました。

たまいれも　じょうずになりましたね。だんしも　じょしも　さいこうきろくをだしました。ふわりといれるのが、じょうずになりましたね。

<183c>

じゆうけんきゅうのはっぴょうが　ぜんいん　おわりました。

どきどきしながら、よくがんばりましたね。みんなのききかたも　とてもじょうずでした。ともだちの　すごさもたくさん　みせてもらいましたね。

らいねんは、どんなことを　たのしむかな。

<184>

　自由研究の発表はとても個性的で、すばらしかったです。ただ書いてきたものを読む発表は、練習の成果がはっきりとでてしまい、すらすらと読んでいる子と、読めなくて、苦労している子にわかれてました。苦労してるなと思った時は私もそっと助け舟を出しましたけど、自分でたくさん家で練習した子たちは、まことに流暢に語っていましたよ。たくましい表現力でした。クイズ形式にしたり体験型発表にしたりと、パフォーマンスを披露した発表にみんなの注目は集まっていました。

　でも、1年生としてみたらこの発表は全員合格です。たっぷりと褒めてあげてください。日記にたくさん書かれていたのはドキドキしたという言葉。

　私は一人ずつの発表の後に聞いていた子どもたちに必ず全員コメントを考えさせました。そして列ごとに指名して発言させてみました。

　その場でぱっと考えて自分の意見を言うというのは、なかなか難しいのですがだんだん慣れてきて最後はコメントも上手でした。

　ともかく、友達の前で表現すること、友達や先生の話をちゃんと聞きとること。

　この二つの力を今、意識して育ててます。

<185>

　声が出るようになるゲーム。

　発表の時にどうしてもか細い声になってしまう子も……。そこである時、ゲームをしてみました。教室で野菜の名前を思い浮かべ、一斉に声を出して伝えた時にだれの野菜の名前が伝わるか……そんな声出しゲームです。こんな時はとても楽しそうに声をお腹から出します。そのすぐ後でコメントを言わせてみたら、みんなちゃんと大きな声で発言できました。運動会が終わったらクラスでパフォーマンス大会でもやろうかな。

<186>

　保護者面談について

　2部の面談は下記のように変則的になります。

　既に入れ替わりなど相談された方もあるかもしれませんが、下の予定をご覧になってもう一度お願いします。最終日は終業式なので学校は10時には下校になります。

　従ってこの日は面談も早目に始めることとします。時間帯が異なりますので、よくお確かめの上、ご予定ください。一人15分を厳守しますが早めに終わるのは可です。

　まだ1年生ですから、どうぞお気軽に。もしも相談が長引く場合は、一旦お引き取りいただき、一番最後の方の後に再度ご来校ください。

<187>

個人情報保護の観点より割愛させていただきます

　本校は１年から３年生までは成績表はありません。専科の先生方からの評価コメントをお伝えすることがその代わりとなります。お話の最中にメモをとられることは構いませんが、録音はご遠慮ください。便宜上14分経過した時点でタイマー音を鳴らします。

　その音が鳴ったら最後の質問とさせていただきます。

<188>

　日記の字が見違えるほど、きれいになってきました。短くてもいいので丁寧に書くことを今は習慣づけさせましょう。

<189>

　台風などの災害の場合は、午前６時の時点での気象警報で登校させるか、自宅待機させるか保護者の方が判断をしてください。警報がその後解除されたら学校からの連絡を待ちます。どちらかわからない時は、お子さんの安全のために待機させる方を選ぶ方がよいです。その結果、自分の子どもだけが学校に行かなかったなんてことがあっても構わないと考えます。安全な方を選びましょう。

学級づくりのポイント

子どもが仲良くなる「ウインクゲーム」

　クラスが盛り上がるゲームとして、友達と目を合わせることを目的としたゲームを紹介します。その名もウインクゲーム。

　ルールは簡単。教室の中を街と見立てて、子どもたちが机の間を自由に歩きます。この街では、すれ違うときは必ず目を合わせなければなりません。まずは、これだけのことを伝えて歩かせてみます。目を合わせるだけで照れる子どももいます。特に男女がすれ違うときの彼らの表情は戸惑いと照れが交じってかわいいものです。この街には何人かのウインクキラーが交ざっています。ゲームの前に他の子どもたちにわからないようにそっと伝えておきます。ウインクキラー役の子どもはすれ違ったときにウインクをして相手を倒していきます。ウインクされたらその場に倒れるようにしゃがみ込みます。

　高学年でやるときに、ウインクキラー役を女の子に任せると面白いです。だって女の子にウインクされて男の子が倒れていくのですから（笑）

　１年生でやってみると、ウインクキラー役の子どもがなかなかウインクできずに両目を閉じている子もいました。それがまたかわいいのです（笑）

　このような遊びのときの子どもたちの表情も学級通信で伝えるといいですね。保護者もきっと喜んで読んでくれることでしょう。

93

平成27年度2部1年学級通信

夢　育

平成27年9月14日（月）
第　36　号

発行　筑波大学附属小学校
担任　田中博史

<190c>

　みんなでたくさんはしりましたね。リレーのせんしゅをきめることもしました。

　はしるときの、ちゅういとして、

　よ〜いどんのタイミングで、ぱっとでること、うでをしっかりふること、ゴールのところはかけぬけること　など　ちゅういをして　がんばってはしりましたね。

　ほんばんは、ときょうそうもあるので、リレーのせんしゅになれなかったひとも、はしるれんしゅうをしっかりしておいてね。

<191>

Check！　久しぶりのいい天気。やっと走れます。また雨模様の気配もあるので、全員そろっている時で、運動場が使えるうちにリレーの選手を決めようと考えました。

　体育ではタイムをずっととっているのですけど、タイムだけでは納得しないでしょうから、直接たたかって納得がいくようにしようと思いました。

　本日、次のような方法で走りました。

　背の順で4人ずつで直接対決します。1位と2位が予選通過です。

　リレーの選手はクラスで男子2人、女子2人ですから各チームで3番目になったらもう可能性はないことになります。そして再び1位と2位だけのメンバーで4人ずつ走り、またまた1位と2位だけが残ります。こうして最後の4人までにして決戦しました。

　1年生の徒競走は50mですが、リレーの選手だけは1周100mを走りますので、長い距離を走る持久力も必要です。ですから休憩をはさんで合計3回走りました。

　その結果、男子は　Gくん　Bくん

　　　　　　　　女子は　Kさん　Bさん

が残りました。女子は本日、走れなかったIさんとの決戦を踏まえて正式に決めますが、1年生はこのあと選手同士のバトンの練習なども必要なので5連休前に決めなければ練習ができません。翌週には、すぐに予行練習ですからね。

<192>

　運動会　1年生の出番

　開会式と応援合戦の直後　8時40分ごろ　プログラム2番. ダンス「ロックンロビン」に出ます。6番. 低学年二重まわしが10時ごろ、プログラム8番. 徒競走が10時半ごろとなります。午後は12時40分ごろから16番. 玉入れ、13時45分ぐらいが23番. 綱引き、となります。いずれも大体の時間なので前後します。選手リレーは15時30分ぐらいの予定です。ご予定ください。

個人情報保護の観点より割愛させていただきます

<193>

　運動会当日のお昼ご飯。２年生以上は教室でクラスごとに弁当を食べますが、１年生だけは保護者、ご家族と弁当を食べることを考えています。六年間の間に１年の時だけが種目的にも無理がないので。ただ、当日お昼に来られないご家庭があると配慮が必要になりますので、事前にお知らせします。

　もしもお昼に来られない場合、a）私（ひろし先生）と一緒に食べる、b）どなたかにお願いして共に食べてもらう　のいずれかをお知らせください。

<194>

Check! 運動会種目配置図

　下のようなところでの演目になります。当日、写真を撮影するための三脚、脚立や自撮り棒などは持ち込めません。またお昼の場所とりも出来ませんのでご理解ください。狭いところに児童900人、保護者2000人以上が入ります。ご注意ください。

個人情報保護の観点より割愛させていただきます

学級づくりのポイント

運動会で保護者に配慮すること1

　筑波小の運動会には、全校リレーという種目があります。これは、各学年各クラスから男子二人、女子二人しか出場できないリレーです。当然、リレーの選手を決めるのは慎重にしなければいけません。

　それこそ、リレー選手を決める選考会の方法がいい加減だったりすると大きな不満を残したままになります。もちろん、教師はいい加減にしたつもりはないでしょう。でも子どもからすると、例えばスタートの合図が見えにくくて出遅れてしまったとか、先生がゴールの瞬間をきちんと見ていなかったなど、教師の思いとは感じることは違うことが多いのです。

　子どもや親の立場からすると、そのクラスで選ばれるチャンスは1年に1回しかありませんから大切な瞬間です。そこで私のクラスでは、学級通信の連載として何度か選考レースの結果を掲載しています。だから毎回順位を掲載しているわけです。これによって今、誰に可能性があるのか、自分はあと少しなのか、今年はだめで来年にしようかなど親子で話し合うこともできるというわけです。たった一回の選考レースは大人の場合はいいけれど、子どもにとってはいろいろな口実で自分が選ばれなかったことの言い訳に使う場合がありますから、複数回やって納得のいく選考にしてあげるとよいと考えます。

　ちなみに、本校の全校リレーの選手は1年生から5年生までは過去に選ばれた人は出られないというルールになっています。従って卒業までにはかなりの確率で選ばれるチャンスがあるというわけです。

　いずれにせよ、選考過程を細かく伝えておけば、みんなが納得した上で友達を代表選手として送り出せると思うのです。

平成27年度2部1年学級通信	平成27年9月18日(金)
夢　育	第　36　号 発行　筑波大学附属小学校 担任　田中博史

<195>

二重跳び出場者

男子　Dくん　　　　Gくん　　　　　　男子はメンバー変わらず

女子　Bさん　　　Kさん　　Fさん　　Cさん　　　　Iさんの5人でしたが

　　　その後　　　　　Hさん、Nさん　　も20秒跳びを見事達成。

　女子は何と7人になりました。跳び終わった後、「やったあー、でも疲れたあ」と汗だくで、でもにこにこ顔でした。

　それにしても2部の女子、綱引きも強いし、二重跳びもどんどん増えるし、びっくりですね。みんな暇さえあれば体育室で跳び続けているから上手になるのも当たり前かな。

　男子も女子も玉入れがぐーんと上手になって、体育の先生が2部と4部で試合をすると2部は倍ぐらい入れてびっくりですと言ってましたよ。

<196>

もうすぐ運動会　その1　入場する場合の約束について再確認

　昨日、たくさんのネームシールをお渡ししましたが、再度お願いいたします。

　手渡す時に靴の約束、カメラの道具の約束などよーーく念を押しておくこと。

　毎年、門のところで若桐会のお父様総務ともめるのは、新1年生の関係者なのです。今年は門のところで態度の悪い関係者があった場合は、運動会の途中でも放送でシールを配布した方を呼び出して対応してもらうことにしました。気をつけてください。

<197>

もうすぐ運動会　その2　カメラ係の写真について

　運動会など、行事の写真についての約束を伝えます。役員さんや引率しか観ることができない活動の場合は、全員が写るように配慮してもらっていますが、保護者に全員参加できるチャンスのある場合の行事については、<u>原則、ご自分のお子さんの写真はご自分で撮ってく</u>ださい。カメラ係の写真に写っていたらラッキーという程度に思っていてください。

<198>

もうすぐ運動会　その3　クラスグッズについて

　例年、こうした行事に合わせて、クラスでポロシャツを作ったり旗を作ったりとにぎやかになります。しかし、ここ最近、子どもたちではなく、大人の方が先走ってすべて用意してしまって、肝心の子どもは蚊帳の外……。といった傾向も少なくありません。

　まだ子どもたちは何も知らないのです。見たこともなければどんなものなのかも知らない。だから一度参加してみて、たくさんのおそろいのものなどを見て、「自分たちもしたいなあ」と思わせてからでいいのです。

　常に満腹状態にするのではなく、渇望させる、すこし足りないことがある……。そんな環境の後でみんなで考えればいいでしょう。まだまだ先は長いのです(笑)

<199>

　2部はその意味で子どもたちに手作りの旗を作らせました。この旗は運動会用というよりは、クラスのシンボルです。入学して間もない全員の手形があります。やっと書けるようになった字で直筆で自分の名前も書きこみました。3年生の時にこれを観ると、自分の成長もきっと感じることでしょう。他のクラスのように業者が作ったものではないので、見かけはそんなにりっぱではないかもしれません。でも、間違いなく自分たちで作ったものです。しかも図工の授業の時間を使っているから、学習の成果でもあります。私は昨年の6年生でも同様のことを伝え、自分たちで作らせましたけど…。

これは、同時に保護者の方にも感じてもらいたいと思います。一回目の運動会はどうぞ冷静に本校運動会を見渡してみてください。子どもたちの個性が発揮されているクラス、大人だけが先走っているクラス…。それぞれがどのぐらい子どもの力に反映されているのか、じっくりと見定めていただきたいと思います。1年生の競技はまだ平和です。だから少し客観的に全校を見渡すちょうどよいチャンスです。こうした活動を通して子どもが「育つ」ことに意味があります。見栄や出来栄えではなく……。

運動会が終わると、若桐祭があります。ここでも、各クラスの個性が見えます。その中に若桐パフォーマンスという子どもたちに大人気のイベントがあります。例年、低学年がこの出演でも揉めます。ここもトラブルの原因は同じで、子どもよりも親が先に動いてしまって意味がなくなってしまっているのです。早く動かないと、自分の子どもが取り残されるのでは……という不安から先に友達を囲ってしまう方が出没するのです。疑心暗鬼という鬼が人間関係づくりも脆くしてしまいます。

私はこの現状を2部においては打破したいと思っています。高学年までに人間関係力の強い子にしておかないと、私が高学年ではそばにいてあげることができないので。後期になったらそのための企画を仕掛けていきます。慌てないよう……。

あしたから、シルバーウィークですね。たのしいこともいっぱいあるのかな。でもうんどうかいも　ちかいので　あまりむりしないでね。からだをこわさないようにね。

からだをうごかすこともすこしは　やっておかないと、うんどうかいにまけちゃうよ。

にじゅうとびは、やすみあけに　もういちど　チャンスをあげます。それでけっていにします。それでは、たのしいおやすみを　かぞくと　なかよく　すごしてね。

シルバーウィークあけに、みんなが　げんきよく　やってくるのを　まってます。

またみんなで　ウインクゲームをたのしもうね。やすみあけからのかようびからは、ほごしゃめんだんがあるので、みんなはきゅうしょくをたべたらかえることになります。これでにゅうがくして、はんとしがおわります。みんな、よくがんばったね。

運動会で保護者に配慮すること2

　筑波小の運動会は子どもも先生も、そして保護者も大いに盛り上がります。大切な行事なので保護者もカメラを構えて我が子の姿を収めようと懸命になっています。こんなときに学校が少し配慮してあげるとよいと私は考えています。それは競技のときに、どこで写真を撮ると都合がよいのかがわかるように配置図を事前に配るということ。

　私はそれを学級通信に載せていました(p.95参照)。例えばダンスのとき、子どもたちは最初はどこにいて、次にどこに移動するのかといったことを図にして伝えておくわけです。これなら保護者もあわてて動き回らなくてよくなります。

　今ではどのクラスでもそういった配慮があると聞いていますが、私が始めた頃は、他の先生から「そこまでする必要がありますか？」とよく怪訝な顔をされたものです。

　しかし、自分の子どもの顔がよく見えなかったり、写真がうまく撮れなかったときの保護者の心境を考えるとなんとも言えない気持ちになります。1年生の場合は特にそうです。学級通信でも子どもの顔がうまく入っていなかったときはすぐに謝って差し替えるようにしています。

　保護者の目線で見ると、先生ができることはいろいろあるのです。

平成27年度2部1年学級通信

平成27年9月25日（金）
第 38 号

夢 育

発行 筑波大学附属小学校
担任 田中博史

<203>

前号で36号が2回続いてたようです。幻の37号でした。ということで本号は38号です。

<204>

予行練習について

月曜日は予行です。ただ前日までの天候も考慮すると、延期になる可能性もあります。それを見越して両方の準備で登校させてください。

子どもたちには、月曜日の日課で用意するものがあれば置いて帰ってもいいと伝えてあります。延期の場合は翌日の火曜日に行います。いずれも正規授業との両方の用意をしておくこと。火曜日も雨の場合は予行はなしになります。

予行練習の時のかばんは、ランドセル、補助バッグ、ナップザックのいずれでも構いません。でも水筒、汗ふきタオルなどは必ず必要です。

運動会当日は、全員ナップザックで登校です。中には、弁当、水筒、敷物、タオルなどを入れておきます。

<205>

運動会当日の応援グッズは今、自分が持っているもので役立ちそうなら何を持ってきてもいいと伝えてみました。子どもたちは、タオルを回す、メガホン、うちわ、タイコなどがあると言ってましたけど……。ただ、なくしたり、壊れたり砂まみれになって困るものはやめること。もちろん応援グッズは自分の「声」だけでも充分。他のクラスが「そろえる」ことに躍起になっているから、2部はあえて不揃いを楽しみましょう（笑）

<206>

算数でブロック遊び

これから繰り上がりのあるたしざんなど計算の練習が主になりますが、低学年でも図形感覚育成は大切です。運動会の練習で疲れている時でもあるし、国語が2時間続いたりすると子どもたちも少々疲れ気味ですので、少し算数は楽しくブロック遊びの日々。

使っているのはパターンブロック。算数的に考えることに使ったり、造形的に遊んでみたりと大量のブロックに浸って遊んでます。今、5年生で正六角形が正三角形6個分だということなど、活用して問題を解いてますけど、そのような見方が感覚的にも苦手な子どもたちもたくさんいます。このブロックを今から20年前、アメリカから日本に輸入を始めるきっかけを作ったのは実は本校の算数部なのです。

<207>

運動会当日の昼食について、今のところ、連絡はありませんから、安心してますが、お仕事の都合などでお子さんと昼食がとれない可能性のあるご家庭がありましたら、ご連絡ください。対応します。

<208>

先日、このことについて子どもたちに尋ねたら……。こんなかわいい言葉が…。

子ども「せんせい、おうちのひとが　おひるにこれないひとはどうするんですかあ〜」

私「そのときは、ひろしせんせいとたべるんだよ」

子どもたち「えーー、ずるいじゃん」

子ども「そうだ、そうだよ。だったらわたし、そっちのほうがいい」

私「………」

子ども「おうちのひとにいって、やすんでもいいよーっていっとく」

教室　爆笑

まあ本当はそうではないのでしょうが、冗談でもそんなふうに盛り上がってくれるこの子

Check!

たちが今はかわいくって仕方ありません。本当に感謝、感謝の日々。

でも来年からは子どもたちと昼食はとれないので、せっかくですから楽しんでください。

お昼ご飯時に子どもたちの水筒の中身の補給をしてあげてください。きっと足りなくなります。役員さんにも少しだけ補給用を教室に置くことをお願いしてはありますが、1年生はお昼にそれぞれ保護者に会うのでその時に、各ご家庭で対応していただくと助かります。できれば弁当のお茶と、スポーツドリンクは区別しておくと快適です。

おやつは、他の学年の子が食べていないのでだめですが、果物は構わないと思います。

<208>

日記について

子どもたちの字がしっかりしてきました。最初、スタンプで評価してましたけどインクがどんどんなくなるので、今はＡを　5つ、4つ、3つ…というようにつけて子どもたちに意識させてます。全員が、かなり丁寧になってきました。継続する力もつきました。

でも中には日によって変化する子もいます。個々の性格もあるでしょうから、一律にはできないのですが、そろそろ日記の字数も増やしていきます。安定してきたら14マスに変えてもいいことにします。ただし、私の方で「合格」を与えた順にします。まだ丁寧に書く習慣がつかないうちに、マス目を小さくするとすぐに乱雑になりますから……。

<209>

それでも、安心してください。1年生の10月のレベルとしては間違いなく全員かなりのレベルになりました。ここで安定したノートを書けるようにしておくと、高学年になってからも楽です。今が根気の見せどころ。3年生までにちゃんと習慣づけが出来たら、その後はとっても楽。そういえば夏休みもお子さんのノートにせっせと赤ペンを入れて交換ノートのようにしていたご家庭もありましたね。中には兄弟で参加しているところも。頭が下がります。きっと書いている子はやりがいがあったことでしょう。そこでどうでしょう？　土日の日記など私が返事を補いきれないところもあります。ここに時々、保護者の方でコメントを入れてあげたら子どもも喜ぶのでは……。子どもとの楽しい交流の場になるとともに、我が子の性格もよく見えてきますよ。でもくれぐれも叱る材料にしないように。

筑波小の運動会

団結力を高めるために遠泳という行事があることを前述しましたが、一方で別の目的をもった行事もあります。それが運動会。こちらも団結力を高める目的がありますが、もう一つ、競争を取り入れることで、勝負に徹するときの厳しさ、厳しいが故に敗者に対する思いやりの大切さを学ぶという場面にもなります。

筑波小の運動会は、勝負に徹するけれど、運動が得意な子だけでやるのではなく、多くの競技が全員出場で行います。典型がクラスリレーです。

クラス全員の子どもがバトンをつないでリレーをして競います。走るのが得意な子どもが苦手な子の次を引き受けたり、バトンゾーンをうまく使って負担を軽減させてあげたりと子どもなりの作戦が出てくるわけです。卒業したある女子は応援団長をしている活発な子でしたが、走るのはとても苦手でした。あるとき、リレーの順番を決めている姿を見て驚きました。クラス一走るのが苦手な子がなんとリレーの順番を決める係をしていたのです。当然、彼女は自分の前と後ろにクラス最速の友達を配置していましたけど。

互いの得意や不得意をこうして補い合って真剣勝負するので、子どもたちは勝ったら喜んで泣き、負けたら悔しくて泣きます。負けたときの泣きたいほどの悔しさも知っていますから、逆の立場になったときにいたわる気持ちも生まれてきます。

競争のない、皆で手をつないでゴールする運動会が一時期話題になりましたが、本校では上記のような意図をもって全力で戦う運動会を残しています。

学校にはたくさんの行事があります。それぞれの行事で子どものどのような側面を教育するのか、教育目的の役割分担をしておけば多様なニーズに対応できると考えます。

運動会　玉入れの疑惑?

　筑波小の運動会は、本当に勝負に徹する運動会。だからこそ、勝ったときの喜び、負けたときの悔しさは子どもたちにとって大きな衝撃となります。負けたときの大きな悔しさを知っているからこそ、勝ったときに負けたチームに対する配慮の必要さも本当によくわかるのです。

　運動会の閉会式で勝つと涙を流す上級生たちの真剣さは毎年、大きな感動を保護者にもたらします。普通の運動会は、自分の子どもの出番が終わると家路につく保護者が多いと聞きますが、筑波小の場合は最後の最後まで、親も真剣勝負で大声援を送ります。文字通り親も子も教師も一体化した伝統的な運動会。

　この年の運動会、私たちのチームは玉入れで圧勝。練習の成果が見事に出ました。しかし、玉入れが終わった瞬間、カゴは両チーム山盛り。そう、この時期の子どもたちにしては、特訓の成果もあって、あっという間に玉入れのカゴは満タンになるのです。一見、引き分けか。しかし、数えてみると私たちのチームの方が玉の数は圧倒的に多い。

　ここで、冒頭のタイトルの疑惑が出ます。白チームの玉は小さいのではないかというのが、それ。結論から言うと、玉入れの玉は両チームとも保護者が規定のサイズでつくっていて平等です。なので、準備は双方の保護者が、規定通りにつくったものなので、問題はありません。

　前日の準備で、6年生が玉入れの玉をすべて並べて、数もきれいに両チームとも一見して数がわかるように並べていたときのこと。

　使わない玉、つまりあまった玉は横によけられていて、整然と準備は完了していました。

　私は、前日の予行練習の様子を見ていて、両チームとも玉を入れる能力は素晴らしく、これはあっという間に満タンになるなあと思っていました。

　ふと、並んだ玉を見ると、規定のサイズでつくったはずなのにそこは人の手でつくったものなので妙に不ぞろいのものがあります。付け加えて中に入れたものが布だったり、ストッキングだったりして重さも微妙。6年生が「先生、これ投げにくそう」と言いました。

　私は白組の6年生の準備係と一緒に、その玉を一つひとつ手に取ってみました。もちろん、自分の白のチームの方だけです(笑)。明らかに中身が軽くて投げにくいものは予備のものと交換するように6年生に告げました。その6年生が

また丁寧な子で、徹底的に大きさをそろえてくれたのです。かくして不ぞろいの玉はなくなりました。もちろん、相手チームも6年生がきれいに玉をそろえていたのですが、彼らはきれいに並べることだけでさっさと帰っていきました。

　私の方は6年生と保護者がつくってくれた玉の予備から補充しただけだから、持っているものを有効に活用したにすぎません。

　しかし、この前日の整理が、当日のあの勝利につながったことは言うまでもありません（笑）

　断じて言います。不正はありません（笑）

　用意されているものを有効に使っただけのこと。

　相手チームの先生たちから、白組は玉のサイズを小さめにつくったのではないかと疑惑を投げかけられましたが、それは神に誓って言います。

　断じて違う、と。前日、夕方暗くなるまで、体育館で座り込み最後まで、保護者のつくってくださった玉を一つずつ、丁寧に触ってみた私の細心の心構えのなせる業です。そこまでやるか（笑）

　はい。そこまでやるのが筑波の運動会なのです。

<210c>

いよいよ、うんどうかいですね。ここまでがんばったせいかが　だせるといいね。

あかぐみは　よこうでまけてしまったので、こんどこそ、かちましょう。みんなが　くやしいーーとおもっている　ちからが　きっと　しょうりを　よびこみます。

そういえば、よこうでは　あまり　はいらなかった　たまいれが　4ぶとちからをあわせると　あっというまに　かごいっぱいに　はいるようになりましたね。

みんなが　ちからを　あわせると　すごいなあ。

ほんばんは、どちらがかてるかな。みんなに　しょうりの　めがみが　ほほえんでくれることを　いのっていますね。

<211>

天候も回復しました。運動場の状態もよくなってきたので、きっと明日はよい運動会日和になると思います。どうぞ、勝利にこだわる筑波の運動会をお楽しみください。

既にプリントがでていますが、雨天の場合も明日は登校です。月曜日の授業の支度をしてきます。その際、弁当が必要なので忘れないように。

<212>

Check!

子どもたちのノートや市販の算数テストをプリントがわりにして力試しをしています。大切なポイントのところだけテスト中に私が見回って○をつけて歩きました。ですからサインペンで○がしてあるのは私がつけたところです。

数字の書き方、書き順等気になるところは赤ペンで書き込みました。

他のところは自己採点をさせてみました。これもちゃんと聞きとって採点できるかを観ました。私が途中で座席を回ると手でぱっとテストを隠す子……。

私の答え合わせを聞かないで先に全部○をつけてしまったからです。

答え合わせをこのようにしてしまう癖がつくと、いい加減にドリルなどをする子になってしまいます。きちんと一つずつを対応させて答え合わせをしていくことをもう一度伝えました。

今日は、足し算と引き算のまとめのテストを男女それぞれ別のところをするようにしてやってみました。計算技能は全員きちんとできていました。

ただ引き算になると計算の速さに差はあります。

絵を見て考える問題では、男の子3人、女の子1人の違いを出す問題で文章で尋ねられた時は3-1としていた子も、絵で考える問題になると4-1としてしまっている子が数人いました。残りを出す問題と違いを出す問題では、絵をどのようにとらえて式にするかということは子どもたちにとっては大切なポイントだとわかりました。

ただ、少し気になったのは、間違えた問題をそっと消しゴムで消して、正しく書きなおし、その後に自分で赤ペンで○をしていた子がいたこと。

どうして？　と尋ねるとこのまま持って帰るとお母さんに叱られると涙目でした（笑）

間違いは次に育つ大切なステップ。いや間違えたことが多い子ほど変化もたくさんできるのです。結果だけで叱るのではなく、何がわからなかったのか、一緒に笑顔で考えてみましょう。

<213>

保護者の方へ

提出物を出す際の期日、さらにプリントの指示もよくお読みください。

先日の医療証のコピーの際も、「裏面に学級（部・年）出席番号、氏名」を書くことの約束がありましたが、記載のないものが4つ。

さらに、「実物大の大きさにコピーして外枠に沿って切り抜く」とありました。

こちらも守れていないものが3つ。

保健室ではこうした指示を守ってもらっていない方の医療証を分類するのに大変苦労してます。

指示の守れていないものについては一つ一つ調べて切ったり書きこみ修正をしているスタッフがいることを想像してください。

かなり昔の卒業生の中にも提出書類の記載ミスで入試で損をされた方がいらっしゃいます。中にはお子さんの大切な受験票をミスし紛失した方も。でもその方たちは低学年からやはり書類提出でルーズな方たちでした。お子さんの生活習慣育成にもつながります。

今一度、入学の頃の気持ちを取り戻して、少し引き締めなおしていただくことをお願いいたします。

※予め遅れること、お子さんの袋にまぎれていて後日提出になったことの連絡があった方などは別です。ちゃんと親子で連絡がとれあっているのですから、心配はいりません。

<214>

もうすぐ前期も終わります。入学して半年が経ちました。

子どもたちは、すくすく大きくなりましたね。

身も心もたくましくなりました。

専科の時間になると、「せんせい、ぼく○○せんせい、むかえにいってくる〜」とうれしそうに出掛けて行く子。いいなあと思います。次の時間を楽しみにしている証しですからね。

字も丁寧になりましたね。日記もしっかりしてきましたね。計算も正確に速くできるようになりましたね。前期の課題に関してはみんな合格です。

<215>

日記のマス目。私の間違いでした。日記は12マスの次は15マスです。今の時点では新しい日記帳になる時にサイズを大きくするかどうかは、お子さんと、さらにお子さんの性格、字の能力とよーく相談して決めてください。

書く力を伸ばすためにノートを変える

私は山口県の公立学校で1年生をもっている頃から、あの1年生用の算数ノートの横長のものに対して、無駄だと思っていました。しかし、あのノートを一年間使っている先生や学校も多いと聞きます。これでは書く力がつくはずがありません。

私も最初の一冊ぐらいは横長のノートも使いますが、早い段階でマス目を増やして切り替えます。1年生が大きなマスではないと書けないと思い込んでいるのは小学校の1年生の担任の先生だけです。

1年生の彼らが友達と遊ぶときのメモ帳やいたずら書きで紙にどれだけ小さな文字を書いているか。日常をもっと観察してみてください。友達の悪口なんかは、本当に小さな字で書かれているのですから（笑）

答え合わせも同じですが、全部世話をしなければならないと思っている大人がそばにいると、子どもの可能性は、その大人によってつぶされていることが多いのです。特に低学年を長くもち続けている先生ほどその傾向があります。

1年生は幼稚園時代、年長さんでなんでも自分でやっていました。小学校に上がると赤ちゃん扱いされてしまってなんでも世話をされます。これは小学校6年生が中学校に進んだときも同じです。見守る大人の立ち位置によって、子どもは頼りきりにもなるし自立もするのです。

平成27年度2部1年学級通信	平成27年10月7日（水） 第　40　号
# 夢　育	発行　筑波大学附属小学校 担任　田中博史

<216>

運動会もおわり、少しほっと一息の今日、このごろ。

子どもたちも久しぶりの朝の活動のドッジボールやおにごっこを楽しんでおります。

さて、本日より、面談です。よろしくお願いします。

結論から言うと、2部の子どもたちはどの子も基本的にしっかりしており、学習も運動もよく努力します。図書の先生や体育の先生から本当にいい集団だと褒められ続けています。

だから面談では特にご指摘することはない、このままでいいですよというのが私の本音です。でもそうは言っても今一つ、今一歩前進させたいでしょうから、あえて一つだけ改善点をそれぞれの方に伝えることとします。

ですから、面談の改善点を聞いて、あまり過敏にならないでくださいね。

それよりもこの半年の子どもたちのがんばりをしっかり褒めてあげてください。本当によくがんばっているのですから。

そして、有意義な期間休みとなりますことを祈っております。

<217>

日記の今後

その1>

ノートのマス目を小さくすることは今のところ絶対に必要なことというわけではなく、トライしてみてもいいですよという程度。やはり15マスになると突然、乱雑になったりいい加減になってしまう子もいるので、12マスで留めておいたほうがよい子の方が多いようです。

そこで、一冊だけ15マスで挑戦してみることは試してもいいけれど、その一冊の状態を見て、次のノートは再び12マスにもどす等、臨機応変に子どもの様子を見てください。

1年生の間は12マスノートのままでも本当は十分です。

長い日記をいつも書くので12マスでは、すぐにノートが終わってしまう…とか、小さな文字にしてもきちんと書けるかな、試してみようかな……。そんな意識なら取り組んでみてもいい…という程度です。

その2>

実は学校では、専科の先生の国語のノート、図書室の読書ノートと子どもたちが別に書いているノートが保管されています。私に提出する日記はさすがに全員緊張して書いていますけど、国語の先生からのコメントをみるとどうやら他の時はそうではないようです。

ましてや、図書室の読書ノートになると、もっといい加減になってしまっています。

これらを総合的に見て、小さなマス目にしても大丈夫かどうか、私も子どもたちに伝えていきます。丁寧に取り組むことが習慣づくといいですね。一度身につくと、高学年までずーーと楽なのです。今が根気強く続ける時。一日一つずつ階段をあがるように。

<218>

11月11日　きょうだいタイムの遠足

2部6年生と共に過ごす遠足です。今回は6年生がほとんど世話をしてくれます。

引率も6年生の保護者の方が主体になります。1年生の方からは万が一の場合の安全体制として2人～3人程度お願いします。ただし各班には直接つかないで、怪我や病人が出た場合の連絡、付き添いを目的とします。役員さんで決めておいてくださいね。

▶Check! 場所は品川方面です。水族館や公園でグループごとに行動することになる予定です。

おそらく、集合も品川駅になります。朝と解散の時のみお見送り、お迎えが必要になります。解散は14時程度の予定です。朝は少しラッシュをさける時間になると思いますがまだ未定です。解散の際は品川駅から改札に連れていけば一人で帰れるというお子さんはそのまま

解散しますからお迎えはなくても大丈夫です。個別の路線には対応できませんので、自分で動ける子のみ後日届けてください。遠足が近づいたらまたお知らせします。家族で品川駅を通るときがあったら練習してみてもいいかも……。

<219>

今年の運動会の閉会式の時。1年生の保護者席後ろの木々の中、および遊具のところで小さな子どもたちが大声で騒いでました。昨年までは式の時にはみんなきちんと切り替えて静かに体制をとっていただいてました。例年にはないことでした。従ってこの件については、1年生保護者の姿勢について学校から注意を受けました。

歓声の中で応援している時はまだいいのですが、式になり静寂になった時にその場の空気に合わせて変えられるマナーの意識が必要だと考えます。今後、このような際に心掛けていただきたいことです。その切り替えができないのなら、やはり小さなお子さんは連れてこないでくださいということになってしまうでしょう。

下校の際に厳しい放送があったことも記憶にあると思います。そばに保護者がいるのに子どものことを注意しないでおしゃべりに夢中になっている…とこれまた厳しい指摘です。私も中央ホールで若桐会のアンケートボックスに手をつっこんで遊んでいる小さな子を注意しました。でもそのすぐそばには保護者の方がその光景を見ていらっしゃったのです。駅や公共の場で同じことが起きていないことを祈ります。

まあ、2部1年の保護者の方には必要のない注意だと思いますけど……。

<220>

11月21日から26日までデンマークのコペンハーゲン大学より招聘を受け向こうで講義や演習、現地の子どもたちとのデモンストレーション授業をすることになりました。グローバル化を推進する筑波大学としては、断るわけにもいかないので誠に申し訳ないのですが私が留守になります。日本の連休を3日使いますので実際に留守になるのは24日～26日の3日だけですが、子どもたちにはさびしい想いをさせてしまうので今のうちにお詫びしておきます。ごめんなさい。

行事のときのグループ活動

1年生でトラブルのもとになりやすいことの一つがグループで行動するとき。例えば、文化祭などをグループで行動していて、友達とはぐれてしまったというようなとき。ある子は仲間をずっと探し続けていて、結局何もできず全然楽しくなかった…なんてことを聞いたことがあります。

このようなことは、全校で行う行事では予測できるトラブルです。そこでこのようなことは私は事前にクラスで話し合うようにしています。それこそ具体例をいくつか挙げて、「一日が無駄になって泣いていた子がいました。あなただったらどうしますか?」と子どもたちに問うのです。

すると、ある子は「じゃあ、新しいグループに入る!」と言います。しかし、別の子が「それはずるいんじゃない?」と声を上げます。「どうして?」と聞くと、「最初からそのグループが嫌だったから、わざとはぐれる子が出てくるかもしれない」とのこと。それを聞いたときは、「先生もそんなことは思わなかった。ずるいことを考えつくなあ。もし、本当にそういう子がいたらすごく寂しいね」と静かに釘を刺します。

でも、もし、ひとりぼっちになったら、せっかくの文化祭なのにかわいそうでしょう。そういうときは新しいグループに「入れて」と言って入ってもいいでしょう、と話を付け足します。「その後、元のグループが見つかったら戻ればいいかな」とも付け加えて。こうして子どもたちと対話しながら起きうること、対策などを話題にしておけば、何もできなくて動けなくなる子が少なくなると思います。単なる伝達事項として注意するのではなく、1年生でも子どもたちにちゃんと考えさせる時間を持つことが大切です。

平成27年度2部1年学級通信	平成27年10月26日（月）
# 夢　育	第　41　号 発行　筑波大学附属小学校 担任　田中博史

<221>

　久しぶりの夢育です。秋は全国の小学校が研究発表会を行うシーズンで、各学校は複数年がんばった研究の発表に取り組んでいます。私はそうした会の記念講演などに招かれることが多く、子どもたちには迷惑をかけてしまってます。でも本校の3つの使命の一つの「教師教育」に関わるものなので何卒ご容赦ください。

<222>

　今週はいよいよ若桐祭ですね。楽しみにしていることと思います。

　若桐祭当日は、講堂に直接登校することとなります。そして児童発表等が終わると（例年10時ぐらい）、そこで一旦学校側の行事としては終わりになります。ここからは若桐会主催です。子どもたちは一日自由に行動します。自由ですからいつ帰ってもいいわけです。

　例年起きるトラブルについて

◆友達と一緒に行こうと思ったが、計画がうまく合わなくてさびしい想いをする。

⇒それぞれが申し込んだイベントが異なるため、いつも仲良しの友達と共に行動できるとは限りません。くよくよしていないで、その場で見つけた別の友達や家族と過ごすように切り替えるといいです。事前によく言っておかないと、「○○くんが逃げた」「一緒にまわってと言ったのにだめだと言われた」など不満をもらして涙の一日になる……なんて子もいます。

◆友達と一緒にまわるはずだったのが、途中ではぐれてわからなくなった。

⇒たくさんの人ごみの中で過ごします。携帯も使えません。だからはぐれたら、あきらめて、別の友達や家族と楽しく過ごしましょう。探しまわって一日終わったなんてことがないように……。そしてはぐれた友達をお互いに責め合わないこと。

　また、定期的な時刻にある場所に集まることを事前に約束するなど意識しておくと再び会えます。携帯電話がないと、連絡がとれなくて不安でしょうが、かつては携帯などなくてもちゃんと過ごせていました。

　※これは家族と待ち合わせする場合も同じ。はぐれた時の約束をいくつか決めておくといいです。

　「○時になったら、噴水のところに一度来てね」など……。

<223>

　これから校外の活動もあります。時間を気にして動く癖をつけたいと思います。そこで若桐祭の際や校外行事では腕時計をしてきていいことにします。時計を見て動く学習は算数にもなります。

<224>

11月6日　保谷で　さつまいもほり　野外調理練習　雨天の場合は延期

集合　9時35分　保谷駅　ロータリーのところ

　　　（池袋発　9時10分に乗ると30分につきます。）

　池袋駅の改札前が工事中のため狭いので、保谷駅まで行ってよいことにします。

　ただし、まだ一人では行けない子の方が多いと思うので、不安な子は事前に連絡をして池袋駅のいつもの改札前に9時までに集合します（どこに集合するのか連絡帳で担任に届けます。届ける日は11月4日まで）

　役員さんには保谷駅と池袋駅と二か所に分かれて待機してもらいます。くれぐれも保谷駅のロータリーで騒いだりしないよう……。保谷駅から苦情がくると集合場所として使えなくなります。

服装　私服　運動靴　色帽子

持ち物　ナップザック　敷物　水筒　軍手　汗ふきタオル　さつまいもを入れる袋　ス

プーンやフォーク　調理用にピーラー（ある人だけ）

※ご飯を弁当箱やタッパー（カレーをかけて食べるので底の深いものがよい）に
いれてきます。果物などがついていても可。

当日は、カレーを作ります。じゃがいもや玉ねぎ、ニンジンを切ります。じゃがいもの皮
むきはピーラーでします（かつては包丁でしてました）。

リンゴやナシの皮むき体験もします。指導役の役員さんにデモンストレーションをみせて
もらい、ほんの少しだけ皮むきを真似してみます。

3年の清里合宿に向けて、こうした体験をご家庭でも意識されるといいと思います。

ちなみに清里の時に子どもたちができなくて困ることは、こうした刃物を扱うことと荷造
り（片づけ）があります。保谷でも子どもたちの中には何がどこに入っているか知らないと
いう子も見かけます。準備ができたら、自分で入れさせること、そして使う順にあわせて取
り出させてみること、この二つを体験させることを意識しておくと違います。

<225>

きょうだい遠足のグループづくりをしてみました。

条件は男子2人、女子2人で小石川の遠足の人とは違うようにすること、このあと12月の
お楽しみ会には一緒になれないこと……。さて、どうなるかな。じっと見ておきましたけ
ど、けんかもせず実ににこにこしながら上手くグループを作ることができました。

子どものグループ作りはこれからもいろいろなトラブルが起きます。高学年になるともっ
と深刻に……。だからこうして子どもたちがグループを作る時の表情、やりとり、目配せ…
など見ておくのです。希望どおりになれないこともありますが、12月のお楽しみ会の時も
チャンスがあるよと告げておくと、グループ作りも納得して進むようです。

さて、6年生とはまた新しい顔合わせをします。遠足までに何度か交流会をして仲良く
なってから出掛けます。

遠足の集合は品川駅　水の音広場（JR改札から出ないように）9時30分。解散は同じとこ
ろで2時。詳しいプリントは6年生から出ますので、しばし待ってください。

Check!

学級づくりのポイント

グループづくりで注意すること

子ども同士のトラブルの一つにグループづくりのもめ事があります。子どもたちにとっては、誰と共に楽しい活動の時間を過ごせるのかは大事なことです。

最近では、グループづくりで人間関係がもめるのが嫌なのでくじにしてしまう先生も多いと聞きます。くじにすることで、実は子どもも大人も人間関係のトラブルから逃げることができます。でも、休み時間や登下校ではどうでしょう。厳しい人間関係はそのままです。

私はこうしたグループづくりでのもめ事は子どもたちの人間関係力を育てるよいチャンスでもあると考えています。だから毎回ではなくてもいいので、時には、子ども同士で決めさせることも意識して取り入れてみるとよいと考えます。私は子どもたちが少し安心してグループづくりができるように二つのことをしています。一つは前の活動のときとは異なるメンバーでグループをつくること。これは皆さんもよく行われているでしょう。付け加えて、私は一年間にあるいくつかの行事において、何回グループづくりの機会があるのかその見通しを子どもたちに伝えるようにしています。高学年のときは、そのいくつかを同時に決めさせていました。すると、今のグループでは同じにはなれなくても次回には同じになれるというようなことがわかり、子どもも少し安心します。

子どもの立場でも、同じグループになれる友達は同性の場合で考えると二人か三人です。つまりいつも仲良く遊んでいる人の中から二人か三人を選ぶなんてなかなかできないわけです。友達に優先順位を伝えてしまっているようなものですから。彼ら同士のそんな思いもくみ取ってあげることができるとグループづくりもスムーズにいくようになります。

平成27年度2部1年学級通信	平成27年10月27日（火） 第　42　号 発行　筑波大学附属小学校 担任　田中博史
夢　育	

<226>

　先日の校内研究会の日はお騒がせしました。役員さんが機転をきかせてくださったので助かりました。確かに1年生はすべてが初めてですからね。その前日に私がいなかったこともあって伝えられていなかったわけです。ごめんなさい。

　これまでも校内研究会はあったと思っていたのですが、そういえばすべて時程に変化がなかったためお知らせしなくてもすんでいたのでした。

　毎回、こうして私は役員さんに助けられています。感謝。感謝。

　校内研究会がある日は、特別な場合を除いて4時間授業。給食を食べて下校です。

<227>

　本日、音楽鑑賞会のお知らせを子どもたちにしました。

　本校では、秋に音楽鑑賞週間を設け、子どもたちに音楽に触れあう時間をつくっています。11月16日の3、4時間目はNHKの朝のドラマ「あまちゃん」の主題曲を演奏していた本物のバンドが来て演奏会をしてくれます。当然、あまちゃんのテーマも聞かせてくれるそうです。続いて17日～19日までの放課後は希望者がシールをもらって鑑賞できる機会があります。子どもたちの希望が多いので各学年に優先日があります。

　1年生は18日　和太鼓の世界　19日　合奏の世界　いずれも時間帯が14:25～14:50まで。シールの配布日にゲットできた子どもたちのみ参加できます。

　ただ18日木曜日は五時間目がない日なので、しばし図書室で待機して参加することになります。両日とも下校が15時ぐらいになり少し遅くなることもあるので、参加したいかどうか家族と話し合ってくることになっています。

　シール配布日は11月10日の中休み（18日分）、昼休み（19日分）。

　参加は自由、両日行くのもいいし、参加しないのも自由。以上　お知らせまで。

<228>

　日記がきれいになりましたね。本当にしっかりとした字になってきました。最初、苦手そうだった子どもたちの字が見違えるようになってきました。コツコツと努力を続ける子にはちゃんと成果が出ています。反面、ちゃんと書けるのにいい加減にしてしまう子のノートは次第に見劣りがするようになってきています。字がしっかりとしてきた段階からは、日記も私がテーマを出します。11月から少しずつ試してみます。

　テーマはざっとあげると次のようなパターンがあります。

　生活日記……今までどおりの日々の記録の日記

　読書日記……A）自分が読んだ本について、友達に教えてあげるように書く日記

　　　　　　　B）自分が読んだ本の感想を書く日記

　算数日記……今日の授業を思い出してどんなことをしたのか図や式、絵などを使って書く日記

　なわとび日記……まず二重跳びの練習をします。その後で、がんばった自分について書く日記

　絵日記……好きな絵を付け加えてその絵について説明しながら書く日記

　夢日記……将来の夢や、1年後の自分について書く日記

　見たこと日記……今度、授業でします。見た風景を描写するように書く日記

……どうですか。日々の日記の材料に困っている方、早速試してみてください。

<229>

　きょうだい遠足のお知らせは6年生側から出ますが、今のところわかっていることをお知らせしておきます。

服装……長ズボンを男子も女子も着用のこと。

行き先…しながわ区民公園　　（＋品川水族館）

集合……9時半　品川駅　JR駅構内　中央改札脇　　エキュート入口付近

中央改札口を出ないこと

　　　　　エキュート入口付近に水の音広場というのがあります。

　　　　解散……14時　　品川駅　集合場所と同じ

京浜急行線利用の子は13時40分立会川駅で解散することもできます。

＜お迎えについて＞

※A-1）品川駅にお迎え　　　　A-2）品川駅から自分で帰れる

※B-1）立会川駅にお迎え　　　B-2）立会川駅から自分だけで帰れる

以上について検討しておいてください。

＜230＞

明日の朝、6年生ときょうだい遠足のグループで顔合わせをします。

出席番号の相手とは顔なじみになりましたが今回は違う相手です。いろいろな6年生と仲良くなってくださいね。2部6年は穏やかなクラスです。みんな世話好きのいい子たち。安心して甘えてね（笑）。2部1年の教室も平和です。6年生からこのクラスはいいねと褒められてます。でも小さなトラブルは毎日起きています。だいたいトラブルが起きる時には必ず双方に原因があります。一方が何か被害を受けた時に口を尖らせて文句を言いますが、実はきっかけを作ったのはその文句を言っていた方だった……。こんなことの連続です。だから自分の子どもの話だけで迂闊に動かないこと。子どもは都合の悪いことは言いませんからね。先日もあることで、私が尋ねると「あ、もういいから。仲直りしたから大丈夫」と逃げるように去って行きました。実は自分が原因だとよーーくわかっているので、そこに話題が行ってお家の人に伝えられると困るから（笑）。概ね子どもの世界は平和です。でも子どもたちを取り巻く大人の方はその環境をつくる私のような立場の人間がいません。たった一言の無神経なメールで人間関係を崩します。でも会って話してみればそんな悪気はなかった……。そんなものなのですけどね。メール、LINEは要注意。

男女が仲良くなるゲーム「手つなぎ鬼」

ウインクゲームに続く男女が仲良くなるものとして、もう一つ。手をつないで遊ぶゲームを紹介します。皆さんもよく取り入れていると思いますが、定番の手つなぎ鬼。でも、これも少しルールを工夫して男女の仲をよくすることに役立てます。

男子を磁石のN、女子をSと見立てます。ですからN同士、S同士はくっつきません。従って鬼役の二人はどうしても男女になります。こうした遊びに慣れていないクラスでは最初は抵抗もあるでしょうがすぐに慣れます。私のクラスでは6年生になってもこれを楽しんでいましたから（笑）

30人のクラスならば、鬼役は3チームぐらいから始めます。体育館など閉ざされた空間でやる方が楽しめます。鬼役の二人が逃げている子をタッチしたら、鬼は三人になります。NSの鬼にもしも男子のNが捕まえられたら、NSNとなるように手をつなぎます。真ん中に女の子で両側が男の子です。三人になると少し動きが鈍くなるので閉ざされた空間でないと楽しめないのです。次にもう一人捕まりました。NSNの場合は女子Sを捕まえるしかありません。こうして四人なったら二人ずつに切り離して鬼役が増えるようにしていきます。このときペアは最初の二人とは異なるようにします。ここからは鬼がどんどん増えていきますので、捕まる子が増えていきます。ある程度時間がたったときに、逃げ切った子がいれば勝ちということになります。

単なる鬼ごっこもこうして目的をもってルールを変えていくと、遊びの中で子どもたちの人間関係力が上がります。この場合は、男女の垣根を低くして自然に遊べるクラスにするというのが目的でした。皆さんのクラスの子どもたちの状況をよく観察して、目的に合わせてルールをつくり遊びを取り入れていくと、遊びの数だけ子どもが育ちます。

筑波大学附属小学校4部1年学級通信

筑波大学
University of Tsukuba

はつらつ

〈NO39〉　　　発行　平成21年10月9日

前期終了　みんなよくがんばりましたね。

　子どもたちが元気よく半年間を終えました。

　今朝も、朝早くから、子どもたちがまとわりついていて、一日あわなかっただけなのに、妙にぺたぺたしてましたけど、まあその笑顔のかわいいこと。

　こうしたかわいいかわいい一面と、1年生とは思えないずいぶんしっかりしてきたなと感じる面が交互に見えるようになり、ほんとうにたのもしくなってきました。

　大きな怪我もなく、無事、半年を終えることができて、私もまずは一安心。

　二日間の面談で、でてきた質問と状態を少し皆様にも紹介すると……

Q　漢字の練習帳ってないのでしょうか。

　　　　あります。漢字は本来、後期指導のものなので、練習帳は後期に配布されます。

　　　　現在、子どもたちは、カタカナノートでカタカナの練習をしているところです。

　　　　二瓶先生は、主に読みを中心に漢字指導に入っていらっしゃいますが、漢字を書くことの定着は後期になってから、本格的に始まります。

Q　ひきざんは、スピード計算をやりましたけど、足し算は大丈夫ですか。

　　　　子どもたちが苦手意識があるのは、引き算のほうです。ですから、そちらを重点的にしました。これから繰り上がりのある足し算の学習が始まりますので、今度は足し算も始まります。ここでもう一度繰り上がりのない場合の復習も兼ねますので、苦手なお子さんはここでもう一度取り組めます。

　　　　その際、3＋5のような繰り上がりのない計算、6＋4のようなあわせて10になる計算、10＋4のような10といくつの計算、8＋2＋4のような3口の計算、そして繰り上がりと入っていきます。

Q　友達と仲良くしているのでしょうか。

　　　　子どもたちに、交友状況アンケートをとりました。面談の時に紹介しましたが、この時期の子どもたちは、席替えの度になかよしが変わります。そのぐらい流動的ですので、あまり心配しなくてもいいと思います。後期になると、遠足などでグループ活動も増えますから、また新しい友達ができることでしょう。

　　　　心も体もすくすく成長しているなあと感じました。

参観日の授業を迎えるときの心構え

　参観日に研究会のような授業をしようとする人、間違っています（笑）

　親の目的は、最初はそこにはありません。

　我が子が早く先生から指名されて、一言意見を言ってそれを褒められるまで、授業全体を観るゆとりは親にはありません。まして1年生ですからなおさらです。

　ちなみに、私もそうでした。せっかく手を挙げているのになかなか当ててもらえずイライラして待ったのを覚えています。そして無事、指名してもらって褒められると一安心。やっと教室の掲示や、授業の中身を観ようという気になりますから。

　そんな気持ちを考えると、みんなが等質の活躍ができるものがいいですね。

　できれば、オープンエンドのような問題で正解がたくさんあるとか、友達と楽しくゲームをするなどの活動がよいと考えます。

　ただし、ゲームは普段からやっているものにしておかないと、慣れていないとけんかが始まり雰囲気が台無しになりますから要注意です。

　その意味では勝ち負けが能力で決まるものよりも偶然性が左右する遊びの方が、子どもも穏やかに参加できます。

　私はあるとき、100までの数表でジャンケンで進むすごろく遊びをしてみました。

　勝ったら10マス進みます。負けたら1マスしか進めません。

　先生と子ども代表でルールを確かめるために試合をしてみます。

　スタートは0です（1から始まる数表と二通りあります）。

　子どもが勝ちました。動く数だけみんなで声を出して数えます。

　無事10のところに行きました。先生は負けたので1のところに進むだけです。悲しそうなそぶりをしましょう。笑いが起こります。次は先生が勝ちました。先生の進み方をみんなで確かめるときに、先生がわざと間違えて12まで進んでみせます。大騒ぎになるでしょう。「ちゃんと数えてよ」という声に交じって「10進むと一段下がるだけだよ」というような声も出るかもしれません。「子どもと先生は引き分けになっているはず」というような意見も期待できます。

〈行う活動〉

◆まずはきちんと数える。→黒板のところで数え直してもらう。数表を3つぐらい用意しておけば一度に3人ぐらいに確かめさせることができます。

◆一段下に下がるだけだよ。→「もしも2のところがスタートでもそうなる？」と揺さぶってみます。この後、友達同士で確かめ合う時間をとれば大勢

が活躍できます。

　数えて確かめるだけですから算数が苦手な子どもも大丈夫です。

　活動が単調になるので、黒板のところで確かめる活動と友達同士で発表し合う活動をこうして交互にしておきます。

　◆まだ発言していない子を見ておいて、机間指導しながら個別に話しかけたり、頭をなでたりしてあげます。それだけでも親は安心します。列を歩いているときには飛ばさないように気を付けます。先生が近づいてきたときに我が子がどのようにスキンシップできるのかは親はとても興味をもっています。

　発言も、机間指導も列をうまく使うと、誰を当てて誰を当てていないか、忘れなくてすみます。

　先ほどのすごろくは駒の進め方の話ですが、実は十の位と一の位の話題がしっかりとできました。

　ここからは友達と自由にゲームをさせてみます。余裕があれば、一回戦目はまわりで観ているおうちの人とやってみてもいいよと告げてもいいです。ただし、参観日に来ることができない親がいるときは、友達のおうちの人とやってみようなどとしておけば安心するでしょう。

　ゲームを使う授業では、この授業よりも前にたくさん同じパターンのゲームを経験させて慣れさせておくことが必要です。できればトラブルを早めに起こしておいて、何をしたら叱られるのかよーーーく教えておくことが必要です。

　私が、事前にやったときは勝つと5、負けると2とか、進む駒の数を変えてやっておきました。これも足し算のゲームになります。実は、これ2年生でやってみてもいいのです。5と2の固まりで色を塗らせておいて、得点を考えると二の段と五の段の学びの前段階の活動の材料になります。

　こうして配慮してもやはり全員を発言させたり、活躍させるのはなかなか難しいものです。授業の途中から発言者がバラバラになり、誰を当てて誰を当てていないかわからなくなることも当然あります。

　そんなときは最後は班での発表の舞台を用意してみます。

　それでは、最後の問題ですと告げます。

　「『AくんとBさんのゲームの結果です。Aくんは36点でBさんは62点でした』

　するとCくんは『そんなはずはない』と言いました。どうしてでしょう」

　「これについて、みんなはどう思いますか」。散々ゲームでやってきました。何度も同じ内容を話してきましたが、こうして改めて問題にするとやはり不安

気です。

　グループで話し合いさせます。

　そして言います。「今日、まだ発表していない人にチャンスをあげよう。それぞれのグループの中にいるかな」と聞くと、子どもは正直です。

　班のみんなに言います。「今から少し時間をあげるから、その友達が発表できるかどうか見てあげて。一緒に練習してもいいよ」と。

　練習の間に、教師は机間をまわり、心配な子どものそばに行き、聞いてあげます。

　内容が大丈夫なら「それでいいよ」と合図をします。背中をやさしくタッチしてもいいでしょう。こうして全員に活躍のチャンスをあげます。

　ただし、この方法もいつもやっていないとだめです。日常的に行っている活動は子どもたちも慣れています。親と言えどいつもこうしたことをしてくれているのか、今日だけ特別にやっているのかは子どもの動きですぐにわかります。

　私は初期の段階、最後はいつもこの方法で発言する力を育ててきました。

　保護者から、自分の子どもは幼稚園のときから人前で話すのが苦手で……なんて声を聞いていたときは、わざと最後のこの場面でみんなの前で発表させて驚かせたこともありました。

　発表の前には事前に心の用意をさせるのです。

　授業のときに、班での発言を聞いておいて、「説明上手だね」「一番わかりやすかったよ」などと廊下で会ったときなどに声かけしておきます。何回かやって慣れてきたら休み時間などに「お母さんから聞いたけど、幼稚園のときは人前でお話しできなかったの」なんて雑談します。「今ではこんなに上手なのにね。お母さんが見たら驚くよ」。こんな前振りしておきます。

　前日、もしも自信をもってきているようなら、「どう？明日の参観日、どこかで発表しておうちの人、驚かせようか…」なんて持ちかけてみます。にこっと笑うようなら大丈夫。ひきつるようならまた次回。一人の変容もこうして働きかけ続けるとちゃんと花開きます。

　かつて、これをクラス替えが終わったばかりの新しいクラスの4年生で行ったことがあります。一人の女の子がたった一週間で大きく変わり、人前で発言することの楽しさを知ったと言いました。彼女はそれを卒業のときにも書き、そしてなんと先日、招かれた結婚式の場所で、みんなの前でその日のことを語ったのでした。

　私たちの働きかけ次第で誰でもなりたい自分になれる、それは子どもにとって人生の中での大きな転機として刻まれることもあると実感したのでした。

平成27年度2部1年学級通信

夢　育

平成27年11月1日（日）
第　43　号

発行　筑波大学附属小学校
担任　田中博史

<231>

本日の若桐祭楽しめるといいですね。仮に計画していたようにならなかったり、迷子になって思い通りに進まなくても、家に帰ったらプラスの声掛けをしてあげて初めての若桐祭をよい思い出にしてくださいね（きっと一日トラブルだらけだと思いますから）。

<232>

さて、最近、忘れ物が増えています。

子どもたちとの約束ですが、次のものは常時学校に置くことを許していますが、他のものはいつも前日に日課表を見てそろえてから寝るように習慣をつけましょう。

＜学校に置いておくとよいもの＞
パスティック　のり　はさみ
自由ノート　カタカナノート（⇒これから漢字スキルに変わります）
算数の力ドリル　アイテム

若桐祭を機に少し机の中の整頓もさせました。するとなくなっていたと言っていたものがたくさん出てきました。引き出しの向こうに落ちていたり友達のところに入っていたり……。ということで来週から整理整頓して再出発です。

翌日の学習の道具をきちんと揃えるという基本的な習慣は高学年になってからもとても大切になります。以前、運動会の時に、翌日の順延に備えて学習道具を置いて帰ることを教えたのですが、あれは緊急の際の対策としてでして、他のものも日常的に置いて帰るようになってしまっている子がたくさんいました。なかなか日本語は難しいなと子どもたちと付き合って感じる日々です。必要なものは持って帰りましょう。

上でも触れましたが、金曜日に、漢字スキルを配布しました。カタカナノートが終わりましたので、今度は漢字に変わります。

もちろん、既に／／／／先生は、独自のプリントで漢字指導を始められているので、私はその後方支援にこのドリルを使います。ただし、このドリルは私の指示した時に使いますので、学校に置きます。

<233>

Check!　算数では、現在、繰り下がりのある引き算の計算の仕方を「説明する」学習をしています。単に計算ができればいいのではなく、考え方を話す練習です。

技能と思考は別のもので、速く計算はできるけど、説明が苦手な子もいます。

いずれ、引き算も足し算もぱっと答えが言えるようになるまで練習するのですが、それと考え方の説明をする力は別の能力だと考えてください。そして今後必要になるのは実は後者の方です。

自分はさっと答えがだせるから説明は出来なくてもいいやと考えている子もいるかもしれませんが、計算力の方は誰でも練習すればある程度までにすぐなれますが、考える力とそれを相手にわかりやすく説明する力はそう簡単に育つものではありません。1年生の算数でもそうした意識を持って授業をしてます。

技能と思考力、両者のバランスをよく考えて子どもたちの日々の練習を見守ってあげてくださいね。

計算の速い子 ⇒仕方の説明ができるか尋ねてみる。

「この計算の仕方を3通り教えてくれない？」「弟や妹が困った時に上手に教える先生になってよ」「これから習う人に教えてあげよう」時々、こんなふうに話しかけてみましょう。

たとえば……

8＋7の計算は8に7の中の2を持っていくと考える場合と、7に8の中の3を持っていく場合、8＋7＝5＋3＋5＋2と分けて5だけをあわせて10を作るというような方法など子どもたちはいろいろ考えました。他にも8の次から9、10、11、12、13、14、15と数えるとか……。

計算が苦手な子 ⇒現在、配布したようなプリントを用いて2分以内にできるまではやらせたいところです。本日のプリントの計算は27問。

このプリントは 被加数が同じものをまとめてあったりしてあるので、比較的計算が楽なのです。さらに被加数が少ないもの（3＋9のようなもの）はあえてはずしてあります。

慣れたらバラバラにしていきます。

本日の状態では、27問を30秒ぐらいでしてしまう子がもっとも速く、1分以内で終われる子が8人、1分〜1分30秒ぐらいが12人という感じ。

最初苦手だった子も二回練習させただけで、あっという間に10秒以上速くなりました。だから今、遅くてもこちらはあせらなくていいですから、本人が目指している自分の目標を1秒ずつでも超えていきましょう。すぐに追いつきます。こちらは九九と同じで最後は覚えるまでやります。

注意したいのは、これまでの教え子たちで、概して低学年で計算が速くて自慢していた子の中に実は高学年になって算数が苦手になっていく子もいたということ。これは大人が価値観の伝え方を間違えたせいかもしれません。ともかく結果が速く出せればよい、形式を早く使ってテキパキと問題を解く……。それが「早く公式を教えてよ」「結局どうすればいいの？」という言葉になって表れます。

もちろん技能をある程度使いこなせる力は大切ですから、この時期は技能の反復練習もさせますが、それだけがイコール算数の能力ではないということ。

<234>

保谷のさつまいもほりの集合場所の連絡を少しずついただいてますが、子どもたち本人が意識できていない場合もあります。子ども本人にもよくわかるようにしておいてくださいね。私が尋ねた時にキョトンとしている子もいますので。

計算力を上げるちょっとした仕掛け

1年生の計算指導。先述したように、計算はある部分では覚えることや即時に反応できるようなスピードが必要なこともあります。これは考え方を育てることとは別のスキルを育てている時間です。このときは瞬発力も必要ですから、時にはストップウォッチを使って個々の取り組みの速さの成長を促すこともあります。そんなときも、子どもたちの意欲を喚起させたいものです。

そこで、ちょっとだけ仕掛けをしておきます。ある日のこと。私は子どもたちに「自分がどれくらい速くなったか、スピードを見ましょう。まずは1分間でどれくらいできるかな」と言ってスタートを押します。しかし、ここでちょっとした意地悪をします。実は、ストップを押すタイミングは1分ではなく50秒と、10秒早めておくのです。

子どもたちは「先生、6問しかできなかった！」「僕は7問だった」と言います。私は「今日は初めてだったからね。また、明日やってみようね」と言って、翌日は55秒でストップを押します。すると、みんな絶対問題数が増えます（笑）。子どもたちは「先生、増えたよ！」と大喜びです。私は「そんなに速くなったの。すごいね」ととぼけながらも褒めてあげます。この次はもちろん、1分でストップ。これだけでも子どものモチベーションはずいぶんと上がります。

あるいは、最初の50秒を学校で、次を家庭学習として保護者に時間を計ってもらってもいいかもしれません。こちらも間違いなく増えますから（笑）

平成27年度2部1年学級通信	平成27年11月16日（月）
夢　育	第　44　号 発行　筑波大学附属小学校 担任　田中博史

<235>

若桐文集の作文について

本日、原稿用紙を配布しました。締め切りは11月27日です。

小学校に入学してから今日までのことの中から、題材を選んで家族で一緒に作文を考えてみましょう。

入学式　迎える子ども会　4年生と回ったジャンボ遊び　保谷での活動
水泳学校　運動会　若桐祭　きょうだいタイムの遠足……

子どもたちに尋ねると、たくさんの思い出が出てきました。先生、こんなにあるとどれを選ぶか迷っちゃうと言ってましたけど、そんなことを振り返って楽しみながら親子で作文を作ることを楽しんでみてください。

この時、ご家庭の方針で、なるべく子どもだけで書かせ子どもらしい文章にする　いや、親子で楽しんでともかく思い出に残る作文にする、どんな書き方が上手なのか教える……。

どのスタンスでもいいです。ただこの若桐文集は、全校に配布されるのでそのつもりで仕上げてください。

学校では他に文集を作る場面があります。こちらは国語の時間などで子どもだけで書けるように指導します。

若桐文集は、若桐会の主催の文集なので、親子でつくるのにも大切な価値はあります。編集も若桐会の方でされますので、学校指導の作文集とは目的が異なります。

ただ今週中に仕上げて持ってきてくれれば　私も一度は目を通します。

11月27日に持ってきたものは、（来週の初めから26日までは私がいないので）、友達同士で読み直した後で、清書いたします。それから若桐会に提出します。

ただし、初校のゲラが出てきたら、一度ご家庭に戻しますので、もう一度目にする機会はあります。

<236>

きょうだいタイムでの遠足は本当に楽しんでいました。6年生がへとへとになりながらも、懸命に世話をしてくれました。感謝したいと思います。

そこで、この6年生に感謝のお手紙を書きます。それぞれがお気に入りのかわいい便箋とお手紙用紙を用意して仕上げてください。こちらは今週の木曜日までとします。

既に自作のお礼の手紙を用意している子もいますので、その場合はそれで結構です。

金曜日にはもう一度6年生と一緒に活動する日がありますので、その時に渡したいと思います。心をこめて丁寧に書いてね。

<237>

11月24日から26日までデンマーク出張のため不在になります。

出張続きで迷惑をおかけしていますが、お許しください。

<238>

今週から来週までの日程を説明しておきます。

11月18日　秋の健康診断

今回は春のように大掛かりではありませんが、担任授業となります。

ただ専科によっては、都合がうまくついたり空いたりするとその場で調整できる時もあるので、日課表通りに持ってきておいてください。

11月26日　校内研究会　午前授業

他は予定通りです。

<239>

12月14日の保護者会についてのお知らせ

この日は午前中は自由参観可能の日とします。

8:10〜　朝の活動　ドッジボールしています。誰がむきになっているのでしょう？

8:40　図書の活動　図書室でどのようにして読み聞かせを受けているのでしょう？

9:30　体育　体育室になるか運動場になるか、当日の天候によります。

10:10〜中休み

10:30　算数（道徳の日ですが、私の授業も見ていただきたいのでこの日は算数に変えます）　忘れないで用意させてください。

11:10　音楽　音楽室です。

<u>午前中はどの時間帯を観て、どの時間で帰るのかもまったく自由とします。お気軽にご覧ください。参観するかしないかも自由です。</u>

午後　学年保護者会　14:30

学級懇談会　15:30

　　2年時役員打ち合わせ　16:10〜

※懇談会が終わりましたら２年の役員さんは全員お残りいただき、来年度の実行委員、副実行委員、評議委員、そして学級の役員分担などをいたします。

17:00までに終了できれば……と考えています。

１年の役員さんはお仕事の内容の伝達を前半でしていただきますが、２年の役員決めの司会進行は２年の役員さんの中でしていただきます。

今年もあと一カ月と半になりましたね。皆様、健康にご注意して、年末までお過ごしください。

活動の終わりを伝える工夫

　子どもに指示を出すときに大切なことがあります。それは、子どもを動かす前には、必ずゴールを先に伝えておくということ。例えば、運動場で鬼ごっこをして遊ぼうとなったとき。その終わりとなる約束を先に伝えておかないと、子どもたちはいつまでたっても帰ってきません。

　もちろん、遊び始める前に「先生が三回手を叩いたら帰ってくるんだよ」と話したりすることも既にされていると思いますが、実際に練習まではしないで指示だけで始めてしまうのではないでしょうか。子どもの立場になると30分も前に話されていたことなどほとんど覚えていません。結果、合図をしても何人かの子どもは動けないわけです。もちろん、それでも他の子どもが動くのでそれにつられて戻ってきますから集まること自体には問題はないように見えますが、大切なことは個々が指示を聞いて動けるように育てること。だから私はいつもこうした約束が子どもにしっかりと伝わるまでは、この集まり方自体を遊びの中に取り入れて練習させます。

　時には、「先生が三回手を叩いたら忍者のように帰ってくるんだよ」と教えた後で、「じゃあ、始めよう。解散！」と告げ、直後に、三回手を叩くような意地悪をすることもあります。すると、子どもたちは「早っ！」と言って帰ってきます。「先生、今解散したばかりじゃん」「なになに？」「先生が三つ叩いたら戻ってこいと言ってたでしょう」……。私はにやにやしながら「君たち、よく話を聞いていたんだね。たいしたものだ。実はね、今、ちょっと手がかゆくて叩いちゃった。ごめんごめん」と笑いながら言うと、「まぎらわしいことしないでよ」と口を尖らせる。私は謝りながらも「でも、偉い。こんなに話を覚えている子たちなら安心。では改めてスタート！」と言って再び始めるわけです。大切な指示を子どもたちの中に印象を残したければ私たちも工夫が必要。いつも笛を吹きならしてばかりでは、子どもは育ちません。

平成27年度2部1年学級通信	平成27年11月20日（金）
夢　育	第　45　号 発行　筑波大学附属小学校 担任　田中博史

<240>

若桐文集の作文について

　子どもたちが少しずつ書いて持ってきて私に見せてくれます。どの作文もその子らしさがあっていいなあと思いました。ただひとつだけ。常体（……である。）、敬体（……です。）を交ぜて書かせている場合に、それが意図的なのかどうかです。意図していないのなら揃えるといいです。また一つの文章が長くなると主語、述語が一致しないことが多くなるので一文は短くするほうがいいですね。少なくともあの原稿用紙で三行を超えるようだったら、長いかもしれません。それでもちゃんと主述が一致していて、読む時のリズムも読み易さもあるものもないわけではないので、声を出して読んでみるといいかもしれません。上の二つの視点はもう一度お子さんの作文を読み直す時のポイントとして使ってください。

<241>

来週の予定

24日　火曜日　1時間目　算数　夏坂先生
　　　　　　　引き算のカードゲームを始めました。それをみんなで楽しみます。

25日　水曜日　<u>1時間目　国語　////先生　※変更になりました。用意を忘れずに。</u>
　　　　　　　絵本作りをしています。その続きをするそうです。
　　　　　　　3時間目　図書　////先生　図書室で読み聞かせをしてくださいます。
　　　　　　　4時間目　国語　////先生
　　　　　　　漢字スキルと漢字プリントをします。指示してあります。

※この日は国語づくしになってしまいますが、活動の種類が違うのでご容赦を。

26日　木曜日　<u>1時間目　国語　////先生　※ここも変更です。用意を忘れずに。</u>
　　　　　　　詩の学習をします。
　　　　　　　3時間目　算数　夏坂先生
　　　　　　　アイテムと算数の力を使って引き算の学習を進めます。

　26日の午後には帰国していますので、27日からは普通どおりになります。

　この間の給食の世話は学年部の////先生（社会）、////先生（図工）が交替でしてくださいます。留守中、怪我がないことを祈ります。

<242>

　算数科は今回の私のデンマーク招聘をきっかけに、来年も大会を計画中です。次年度は秋休みに計画しているので平日にいなくなることはありません。ご安心を。さらにドイツで国際数学会議が来年は予定されており、私はそちらにも行くことになります。ただしこちらも夏休み中ですので、次年度は子どもたちにさびしい想いをさせることはないと思います。ただヨーロッパのテロはとても心配ですが……。

<243>

Check!　子どもたちの日記を読んでいて、たくさん書けるようになったなあと感心します。

　丁寧さも<u>日記の時だけは</u>ちゃんと意識しているようで、素晴らしいです。他の時もそうしてほしいけど……。さて15マスまでのノートを試しに使うことを許しましたが、お子さんの状態によってはやはり12マスで練習した方がよいと思う場合もあります。

　今のところ、多くのお子さんは12マスですので慌てなくていいですよ。漢字が始まってわざと10マスにされた方もあります。目的によって使い分けていいです。

◆10マス　字などを丁寧に大きく書くことも視野に入れたい場合。

◆12マス　原則これにします

◆15マス　チャレンジしてみる場合

だから今回15マスに挑戦してみて、ちょっとまだ難しいなと感じたら次のノートではマスを変えたものを買ってください。購買部でなくても近くの文房具店でかわいい表紙のものを揃えるのでいいです。ちなみに15マスを継続して使ってみてもいいのは、次の2つがクリアできた時。

その1 「そばで注意しなくても丁寧に書く習慣がついた」と思える場合。

その2 毎日の日記がある程度の長さで書けるようになった場合（15マスノートで1ページ以上）。

だから、そばについて、厳しく言わないとすぐに丁寧さがなくなるなあと思ったら、次は12マスに一度もどしてみましょう。本当は1年生の間は12マスで十分です。全国の小学校1年生のノートはびっくりするほど大きいマスのままで過ごしてます。算数のノートもほとんど書いていないことが多く、横長の大きなものをずっと使っています。だから今の2部の子どものノートはこのままでも充分ハイレベルです。でも二重跳びと同様でやらせればある程度のことまでできるようになります。だから我が子を試してみるのです。意外にスラスラ進むなと思ったらそのままで、ちょっと嫌がったり苦労しているなと思ったら少しハードルを下げてあげて……。抵抗なく習慣としてできるようになることが今は大切です。

<245>

足し算の計算力をチェックしました。練習の成果がぐんぐん出てきてあっという間に全員が素晴らしいレベルになりました。先日ついに全員が2分をきりました。得意な子たちは30秒を目指したり、1分をきったと大喜びでした。でも練習するとちゃんとみんな速くなるんですね。たいしたものです。よくがんばりました。全員合格。おめでとう。でも気を抜かないで続けてくださいね。今度は引き算の習熟に入ります。

<246>

本日、6年生と一緒にお食事会。6年は給食で1年生はお弁当。きょうだい遠足を振り返りながら、お礼のお手紙を渡しました。6年生は本当に1年生をかわいがってくれて、先日の身体測定も全部世話をしてくれました。この6年との付き合いも残り4カ月。

日記で保護者を巻き込む

近年は、低学年から塾通いも増えました。学童などに通う子どもはそこで宿題なども見てもらえるので、親が我が子の学ぶ力をそばで見る時間が本当に少なくなりました。

つまり自分の子どもがどの程度できるのか、何に苦労しているのかを肌で感じる時間が少ないということです。

かつてのように親子で勉強する時間があれば、「あれ、私の子ども、よくお話聞いてないな」とか「また同じ失敗しているな」とか「全然考えないで適当に記号を選んでいるな」など、彼らの様子を肌で感じることができているので、学校の様子と比較して聞いても、そういえば家で同じことがあるなと感じられる力が親にありました。

今はそれが乏しい分、私たちも意図して親子の交流の時間をとる方がよいかもしれません。その一つが日記です。お子さんの日記への返事を書くことを促すのは、まさにそこにねらいがあります。

実は、この方法は山口県（公立小）時代から取り入れていました。進学や受験などない地域の保護者が、家族で1年生のノートにコメントを書き続けて、最後は家族日記に成長させていった例もあります。もちろん、これはあくまで保護者に対する投げかけなので、強制しないようにしましょう。

平成27年度2部1年学級通信	平成27年11月27日（金） 第 46 号 発行　筑波大学附属小学校 担任　田中博史

夢　育

<247>

　無事帰国しました。

　留守中、ご迷惑をおかけしました。夏坂先生が途中でこの子たちからのメッセージをラインの動画で送ってくれたのですが、みんなのメッセージは「テロに気をつけてね」一色でした（笑）。さぞやヨーロッパは大変なのだと思っているのでしょうが、北欧はのんびりしたものです。特にデンマークはとても治安のよいところで、皆さんが思っているような厳戒態勢はまったくありませんでした。ご安心を。

　コペンハーゲンの町は気温がマイナスの世界で、みんなが寒い寒いと言っている日本に帰ってきた時に暖かいなあと感じた次第。それぐらい向こうの寒さは厳しいものでした。

　夕方は四時を過ぎるともう真っ暗です。朝が明けるのも7時半ぐらいですから明るい時が今はとても短い季節でした。

　私はコペンハーゲン大学の数学科、市の教育センター、さらに現地の小学校を回って実際に子どもたちに授業をしてみせたりとめまぐるしく動きました。スウェーデンやノルウェーの学者と話しているうちに、日本という国の緻密さと優秀さを改めて感じてました。

　特にデンマークは中学3年生まで成績表がなく、テストもほとんどしないと聞いて、考えさせられました。写真の子どもたちは4年生ですが2けたの引き算に苦労してましたから、やっぱり時々評価は必要だなあと……。

　驚いたことにスウェーデンやノルウェーの先生が日本語で書かれた私の本を持っていたこと。現地でサインを求められて本当にびっくり。来年はスウェーデンのストックホルムでも研究会をしたいと意欲的でした。

<248>

　子どもたちの持ち物を時々見てください。友達のノート等が紛れていることがあります。配達係という子どもの仕事がありますが、配る時に間違えて別の子の机の上に置いたものを確かめないでそのままランドセルに入れるということもよく起きてます。

　日記などは本人の大切な日々の記録が入っているので宝物ですから、特に気をつけてみてあげてください。この土日に一度、子どものノートがすべて本人のものになっているかどうかの点検をお願いします。

<249>

　12月10日にクラスでお楽しみ会＆クリスマス会をします。

　気分を出すためにケーキ作りもします。

　学校でケーキのスポンジは用意します。生クリームも出来たものを用意します。

　チョコと生クリームと両方用意します。それ以外は子どもたちが各自で持ってきたものをのせて飾るだけです。事前に子どもたちに簡単に話し合わせます。

　たとえばAさんはフルーツを家で切ってきます。Bくんはビスケットを用意します。

　というようにです。教室がどのようになるか、ぞっとするでしょうけど、私は毎回低学年

でもやっています。でもいい機会だから少しだけ自宅でも体験させてみるといいですね。子どもたちに尋ねると女の子は幼稚園のころからでもやっているそうですが、男子はともかく出来たのを食べるだけ……のようですね。

　飾るためのお菓子の用意　飾るための果物の用意を分担させますが、特に果物の方はよく手を洗ってパックさせてください。学校で行う時も手洗いはしっかりさせますが、自宅から手洗い道具をもってきてもいいです。

　＜持ち物＞

　エプロン　三角巾　手洗い用ハンカチ

　ケーキ飾り付け用のヘラ（ある子だけ）　スプーンで代用も可。

　食べるためのフォーク

　飲み物　温かいものがいい子は、水筒に各自用意してくる　　紅茶　お茶　など

　ジュース系は私の方でペットボトルで用意します。こちらは子どもは持ってこない。

　※生クリーム、チョコクリームなど苦手な子は飾り付けのみ参加。食べる時はクリームなしのものを食べられるようにします。

　活動は朝の活動からケーキ作り開始。１時間目までで完了。２時間目は音楽に行って楽しくクリスマスソングを歌う。３時間目ケーキを食べながら各班の出し物をみる。４時間目お腹をすかせるために、体育に行く。５時間目　みんなで楽しくゲームをする。

　こんな楽しい一日にします。この様子はビデオに撮っておきますのでまたいつかご覧いただけると思います。壮絶な一日なりそうですが……。

<250>

　デンマークのリトルマーメイドの磁石をお土産にしました。また別にクッキーも一枚ずつ。大切そうにティッシュに包んで持って帰る子、半分食べて半分持って帰る等、いろいろでしたが、この豊かな時代に一枚のビスケットをこんなに大切にしてくれる姿もかわいいものですね。今日は朝から「ひろしせんせいが、帰ってきたあ〜」と大騒ぎで迎えてくれました。ありがとう。

デンマークでの授業の様子

　平成27年6月の公開研究会のとき、デンマークから一人の研究者が私の教室を訪問されました。私と子どもたちの授業の様子を見た彼から「ぜひ、これをデンマークの子どもともやってもらえませんか」との依頼を受けたのです。二つ返事で引き受けた私は、単身デンマークへ旅立ち子どもたちとの飛び込み授業をしてみました。もちろん、すべて英語です。

　この翌年には、筑波小の算数部全員も引き連れてデンマークへ行くことになりました。以後、五年間にわたる北欧での研究会のきっかけとなった会でした。

今回の企画者、ヤコブ先生

Check! ▶

<251>

クリスマス会のための班作りをしました。本日は欠席が一名あったので班は、くじで決めました。同時に席替えもして6人班が2つと5人班が4つ出来ました。

まずはケーキ作りについて班で話し合いました。

1年生とはいえ、侃侃諤諤と話し合うものです。

「ねえ、チョコペンで字をかこうよ。メリークリスマスって」

「おー、いいねえ。それを一つずつにのせたらいいねえ」

「えー、でもケーキは6こに分けるんでしょ。字が多すぎるじゃん」

「いいんだよ。ふたつ字がはいるとこがあっても」

「そしたらさあ、そこだけチョコがふえるじゃん」

「あー、そうかあ」

ふーん、そんなこと気にするんだ。面白いな、まあいいか、好きにさせとこう。

<252>

チョコレートクリームをベースにするか、ホワイトにするか、両方を入れて飾るか、6ピースをそれぞれ違うクリームで塗り分けるか……。

たったこれだけでも大いに盛り上がる子どもたち。今のところ、クリームに関するアレルギーは聞いてないので、どちらでも原則大丈夫だと思いますが、クリーム系に心配な場合はすぐに知らせてください。でも好き嫌いだけの場合は対応いたしかねます。

この好き嫌いについて、今後、清里や自由行動のいろいろな班行動で野外調理のメニューなどを決める時等、必ず話題になります。その際、単なる好き嫌いなのか、アレルギーなのかによって子どもたちへの対応は変えてますのでご家庭でもその都度話題にしておいてください。

<253>

このケーキ作り、多分、すごいことになると思いますが、飾りつけ具材はそのまま食べても大丈夫ですし、飾ることを楽しむだけで子どもによっては食べなくてもいいわけです。ちゃんと給食はありますから飢えることはないので。5人班は一つずつカットしたケーキがあまりますがそれは専科の先生に押し付けようと思ってます。手洗いだけは細かく心掛けさせます。

今後、このケーキ作り、出し物の用意などきっともめます。楽しみです。どんなことが始まるのか。ケーキはお菓子やフルーツで盛り付けるのですが、分担したものを当日、小さなタッパーなどにいれていただき、そのままのせればいいだけにしておきます。ビニル手袋か箸やフォークでのせていきます。子どもたちが計画する飾りによっては、それぞれの家庭での負担が違ってきます。多少の違いはお許しいただきたいのですが、いちごや桃などの缶詰類の用意となると負担が大きく異なってくるのでその場合はクラスで揃えます。特に生ものはウィルスの心配もあるので。チョコペンなどお湯につけることが必要な場合は、ポットで用意しますがやけどしないように注意させますのでそちらもOKです。あまり複雑な用意が必要なものはやめておきましょう。

<254>

五時間目の総合はグループで出し物についての話し合いです。ダンスがいい、お芝居がいい、紙芝居、手品、お笑いをやりたい……とまあ意見はたくさんに分かれました。

1グループの出し物は5分以内。実は3年生からの清里でも同様のことをみんな体験します。1年生なりの取り組みをここでさせてみます。きっと当日は演じている人だけが楽しい

不思議な空間になると思いますが、それはそれでいいのです。

　今は、この準備のためのプロセスが大切。みんなの意見がまとまらないで悩んだり、自分の我がままと闘ったり。そのすべてが集団生活の元となる経験をつくります。

　出来栄えは今はどうでもいいのです（私にとっては……）。

<255>

　この出し物の練習を明日から始めます。子どもたちは既に家からいろいろと持ってきて練習したいと言ってます。物によっては持ってきて壊れたり汚れたりするとまずいものもきっとあるでしょう。どうぞ、子どもたちに適切なアドバイスをしてあげてください。

　12月10日はきっと楽しい一日になるかな。いや出来栄えがよくなくても楽しかったと思える一日にしてこの一年間の締めくくりとしたいものです。

<256>

　今後の予定

　　12月3日（木）　午前授業　入学試験に関する作業のため

　　　　9日（水）　校内研究会のため午前授業

　　　　10日（木）　クラスお楽しみ会　音楽　体育はちゃんとします（笑）

　　　　14日（月）　午前中　参観授業　午後14時30分より学年保護者会

　　　　16日（水）　全校午前授業

　　　　17日（木）　この日より入学試験のため家庭学習　〜21日まで

　　　　22日（火）　終業の集い　下校11時30分　給食なし

　　これで今年も終わりです。早かったですね。

　そしていよいよ新年スタート。四月には二階に上がりますよ〜

　2016年1月12日（火）始業の集い　　通常登校　2時間目から通常授業　給食あり

　　　　　14日（木）休み　6年生は附属中入試　<u>6年生に不用意な言葉がけをしないよう</u>

　　　　　15日（金）創立記念式典　登校　給食なしで午前中11時10分で下校

学級づくりのポイント

お楽しみ会で注意すること

　私のクラスでは12月にお楽しみ会をよく開きます。いわゆるクリスマス会ですね。最近は宗教色のある言葉を使ってはいけないという学校もあるらしいのですが、私は子どもたちに「どんな名前にする？」と尋ねると「クリスマス会！」と返ってきたので、普段はクリスマス会と言っています（笑）

　この当時は、世間ではノロウイルスが猛威を振るっていて、手洗いなどが徹底されていました。そんな中で私は1年生の子どもたちに実際にケーキをつくらせて、私一人で世話をしていました。他の先生からは「大変じゃないですか？」と心配されましたが、全然大変ではありませんでした。やってみれば、子どもはきちんとできます。このときは後片付けまで完璧でした。

　食べものづくりを取り入れるお楽しみ会で気を付けたいことは、給食の献立を事前に確認しておくこと。給食の前にケーキを食べるので、給食によっては残ってしまって大変なことになります（笑）

　ちなみに私はお楽しみ会の他にも、水族館や遊園地など、学校外に連れ出してクラスだけでグループ活動の練習をよくしていました。これは3年生以後に経験する合宿などに備えてのことですが、やらせてみると1年生でもかなりの活動ができます。

平成27年度2部1年学級通信	平成27年12月3日(木) 第 48 号
# 夢 育	発行 筑波大学附属小学校 担任 田中博史

<257>

昨日の朝の活動から元気にお楽しみ会の準備を始めた子どもたち。

◆「せんせい、段ボールばこない？」

T 何にするの？

「紙芝居する台にするの」

T 今は、いい大きさのがないなあ……。

「探してきていい？」

T いいけど……。

しばらくすると、たくさん段ボール箱をどこからか見つけて帰ってきたたくましい1年生。

◆「せんせい、キーボードがほしい」

「もっきんはないの」

「せんせい、私タンバリンを家から持ってきたよ、使ってもいい？」

子どもたちのリクエストに応えて朝から音楽の先生に貸してもらえるものを交渉。

キーボード一台、てっきん、タンバリンなど打楽器はOK。でも口をつけるものは個人用でないとだめとか。

◆「手品の練習するから、みんなが見ていないとこ行って練習してもいい??」

T どこ行くの？

「階段のとこ」

T 寒くないの？

「ぜーーん、ぜん」

朝の活動から一時間目までこうして練習一日目。でもテキパキと練習し始めたグループと、なかなかまとまらないグループ……。

他のグループにつられて、真似をして方針変更を突然して意見が分かれたり、真似をした相手のグループから嫌がられたり……。友達のグループの練習を覗きに行ってだめと言われて、けんかの手前まで……。

◆私が廊下で日記を読んでいると、室内から注意しあう声も……

「他の班のを今、見たら本番の時、楽しくないでしょ」

「やめてあげなよ」「えー、だって隣だから見えちゃうんだもん」

「じゃあ、見ないようにすればいいじゃん」

Check! 子どもたちが自立しながら進める会。こうして、私の思惑通りに「じけん」が次から次へと起きてます。でも今のところちゃんと自分たちで解決してますからたいしたもの。

<258>

少しずつ冬の気配。寒さが厳しくなってきます。

この時期、朝が寒いことから厚着をしてきて、鬼ごっこの時に汗だくになっている子がち

らほら出てきます。走らない大人にはわからないでしょうけど、子どもと一緒に走ってみてください。10分走るともう子どもたちは熱気むんむんになります。

教室に入ると、「先生、エアコンとめて」とブーイングするぐらいになります。だから脱いだり着たりできるセーターなどで体温調整できるようにしてあげましょう。下にたくさん着込むと逆に汗が冷えて風邪をひいてしまいます。

高学年になると雪の中でも半袖半ズボンで走り回っている姿を見ますけど、動かない大人の感覚とは違うようですね。

でも体調がすぐれない時は無理をせず見学、休むという選択肢を使ってください。

<259>

本日も少しだけ出し物の練習。次第に完成度が見えてきました。

かわいい芝居、合奏、手品、歌とたくさんです。

今日は教室を自分たちで書いた絵で飾ろうと持ちかけました。天井には私が紙テープで虹を作りました。これに小さな自分人形をぶらさげます。壁にはサンタさんにお願いするプレゼントの絵や、大好きなものの絵、クリスマスツリー、など思い思いに書いて貼りつけてます。にぎやかな教室で、みんなで美味しいケーキを作って、そして互いの出し物を見て拍手して、ゲームして笑って一年を終えたいと思います。

「せんせいも何か出し物やって」という声にどうこたえようかなあ……。

<260>

振り返るといろいろなことがありましたね。

保護者の方にとっても、山あり谷ありの一年だったことと思います。でも私はどの「じけん」もすべて子どもたちの成長に有意義なものだったと思ってます。

今日もまた給食の時間に牛乳が倒れました……。(^.^)/~~~

すかさず走って片づける子どもたち。ティッシュを持って拭きとる子、そのあと雑巾で仕上げして、さらにその雑巾を水でせっせと洗って……。

友達の失敗にもちゃんと寄り添って、助けてあげるやさしい2部の子どもたち。

ちゃんと成長してますからご安心ください。

考える力をつける

私は1年生のときから「何のために」「何をするのか」ということを考えることを教えています。だから逆に言うと、私のクラスの子どもは理由を言わずに指示だけ出すと、「先生、それって何のため？」と尋ねてくるように育っています。

あるとき、遠足に連れていって「皆さん、今からナップザックを下ろして、この木のまわりにかためて置きなさい」と指示すると、「それは何のため？」と一斉に返ってきました(笑)

私が「みんながバラバラのところに置くと、他の人の迷惑になるでしょう。だからこの木のまわりにまとめて置くんだよ」と言うと、「でも先生、一か所にまとめて置くとあとから取るときに取りにくいよ」との声。私が「確かになあ。じゃあ、どうしたらいい？」と尋ね直すと、「先生、班ごとに木を変えて置いてもいい？」という意見。「なるほど」と私がうなずいていると、他の子から「でも先生、一つの学校だけで木を六本も使うのはまずいと思います(六つの班になっていたので)。せめて、二つの班で一本とするのはどうでしょうか」という修正がくるからたいしたもの。私も「それは、いいね！」と賛成。こうして子どもたちが自分で考え、調整してくれるようになるんです。

授業の進め方も実は同じだと思います。いつもまずは目的を考えてみます。そして先生や友達の意見について、その目的を達成するためならばこういう方法もあるのではと意見を出して互いに修正し合うということをしているはずなのです。いきなり授業で求めるのは大変でしょうから、まずは生活場面の問題を解決するようなところから取り組めば、1年生だってちゃんとできます。

筑波大学附属小学校4部1年学級通信

はつらつ

〈NO44〉　発行　平成21年11月20日

ジブリの世界へ

　来週の金曜日は、ジブリ美術館への遠足です。子どもたちに活動予定のしおりを配布しました。今回は、子どもたちも読めるように平仮名にしてあります。でも解散や集合のことが書いてありますから、保護者の方も目を通しておいてください。

　美術館の屋上にはロボットの兵隊がいます。写真を見せたら「あれは何？」とたずねられて、「そうか、アニメを見ていなかったら、美術館の散策も楽しさが半分になってしまうな」と考えました。そこでまずはみんなで「風の谷のナウシカ」を見ることに。欠席が多くてあまり授業をどんどん進めることもできませんでしたし……。

　ちなみに、ジブリ美術館はそんなに広くないので1年生が自由行動の練習をするには、ちょうどいいのです。いくつか、チェックポイントで回るところを定めて、4人でなかよく回ります。どこに先に行くかだけでも、きっともめることでしょう。もっとネコバスで遊びたい、いや次に行こう……。こうして希望がかなわないと誰かが泣くでしょう。想像できますね。でも、失敗したっていいのです。お互いのわがままをおさえて、友達と仲良く行動することができるための練習です。そんなことを目的とした一日にします。

　次は、どこかの水族館にでもいくかなあ。次第に活動の場所を広くしていきます。

　2年生になったら動物園、3年になったらお台場探検……。というように。

　そして清里合宿で自由行動をするようになるのです。

　そんな活動を楽しめるようになるには、友達と協調できる子どもにしなくてはなりません。長縄をして遊んでいる光景一つをとっても、いつも自分が中心にならないと気が済まない子もいます。特に兄弟のいないご家庭は、保護者の方がご自分でバランスを持って子どもに接していかないとどうしても、本人の希望を叶えすぎていることが多いものです。

　いつも、自分を一番、優先してもらっている環境にいる子が、他の友達と行動すると、衝突するのは当たり前のことです。わがままになってしまった子どもを責めるより、その環境をつくっている大人のバランス感覚を振り返ってみることが先かもしれませんね。

子どもウォッチング雑感

　給食の時間の時のこと。並んでいる子どもたちの様子を見ているだけでいろいろなことが起きています。並ぶ時に、少しだけ列からずれてしまった子がいました。ぼんやりよそ見をしていて、自分だけが別のところに並んでしまっていたわけです。気がついて列に入り直そうとすると、後ろの子から、「わりこんだ」と注意を受けます。でもその子はもともと並んでいたつもりなので、わりこんだつもりはありません。後ろの子は引き続き文句を言い続けますが、ゆずりません。すると、そのまた後ろにいた子が事のいきさつを何も知らないのに、文句を言っている子に加担します。かくして理不尽なことに言われた男の子はすごすごと後ろに回って並び直す羽目になります。目は赤くなってました。かわいそうに。でもまあ、ぼんやりしていて別のところに立っていたのは自分のせいだから、まあこれも人生……（笑）。別のある場面。またまた同じようなことがおこります。今度も男の子です。同じように後ろにいた男の子が文句を言おうとしたそのときに、そのまた後ろにいた女の子が自分の前にすっと入れてあげました。おかげで、その子は無事に列に戻りました。でも親切に入れてもらった男の子は、当たり前の顔をしていて、その女の子にお礼を言うこともなく、そのまま並んでおりました。やれやれ。誰かから世話をされるのが当たり前だと感じているのかなあ。一言、「ありがとう」って言えるといいなあ。

　でもこのような一人のこころの広い女の子の存在は、こうしてその場をやわらかい空気にします。逆に最初の例のように、たった一人の勘違いが理不尽な決め付けをつくることもあります。心の持ちよう次第で人と人の関係は良くも悪くもなるのです。これは大人も同じこと。できれば、後者の女の子のような接し方が出来る子を増やしたいもの。

　別の場面。中庭で長縄をしていました。第二体育室があいたので、みんなでそちらに移動することにしました。すると、それまで使っていた短縄をそのまま置きっぱなしにして、移動した子が5人いました。ある子が気がついて、友達の分を運んであげました。でも長縄をするのに邪魔だから、体育館の隅っこに置きました。長縄が終わって短縄を探していた男の子が私のところに勢いよくかけよってきて言います。

　「誰かが、ぼくの縄跳びをかくした」。静かに私はたずねてみます。「どこに縄跳びをおいていたの？」すると「ぼくはちゃんと体育館に持ってきて、ここに置いたのに、別のところに置かれている。だから、きっとだれかがかくした。」と興奮して力説します。私は「そうなの？こまったね」と冷ややかに対応していると「○○ちゃんがとったみたい」と個人名まで……。おいおいそれはないだろう。

　「あのね、いいかい。二つ間違っているよ。一つ目は、君のなわとびは中庭に置きっぱなしでした。体育館には持ってきていません。二つ目は、今体育館にその縄跳びがあるのは、お友達が親切に持ってきてくれたからだ。隠したわけではない」。きまり悪そうにしてましたけどね……。これは事のいきさつを私がじっと見ていたことだから、よかったものの、休み時間や登下校では、こんな頓珍漢なトラブルが山積み。

　でも、実は本人たちは口で言うほど、気にしていなくて、5分後にはその友達と仲良く走り回っています。だから、大人が心配するほどのことはないのですけどね、話だけ聞いていると、大変な騒ぎになりそうだから、こわいものです。

筑波大学附属小学校4部1年学級通信

筑波大学
University of Tsukuba

はつらつ

〈NO45〉　　発行　平成21年12月1日

1年生のグループ行動

先週の金曜日は、ジブリ美術館への遠足でした。

1年生の子どもたちが互いに4人を気遣い、ちゃんと自由行動ができました。

この日は、一日、子どもたちの自由にしました。お弁当をいつ、どこで食べるか、どこをどのように回るか、11時30分から12時30分までの間で、いつ美術館を出て、公園で遊ぶか……。すべて子どもたち同士で決めます。

活動を開始して、すぐにテラスに行って弁当を広げたグループもありました。かわいい光景でした。ネコバスにいって本当に楽しそうに遊んでいる姿は、まだまだ1年生だなという感じ。でも、終わると、また4人で声をかけあって次に回ります。同じ日に他の小学校（たぶん4年ぐらい）もきて、自由行動をしていましたが、けんかが絶えないようでした。

そんな中で1年生が本当に友達に気遣いながら、行動しているのを見て、わずか7カ月でずいぶん成長したなとうれしくなりました。

これなら次の企画も楽しめそうです。

今回のジブリでの自由行動は、合格でした。すばらしい。

寒い中で、子どもたちの行動につきあっていただいた役員の皆さま、本当にありがとうございました。左足の不自由な私がこうした企画を実行できるのも、役員さんの支えがあるからこそです。（※この日、私は骨折していました）

研究会のお願い

平成22年2月20日（土）私と二瓶先生が代表をしています基幹学力研究大会の全国大会が本校で開催されます。1年生が公開授業の割り当てになってしまいました。当日、都合のつくお子さんは研究会への参加をお願いいたします。

時間は、9時から10時ぐらいまでです。何卒よろしくお願いします。

ついでと言っては何ですが、来年の東アジア国際数学教育研究会についての日程のお願いもしておきます。平成22年8月20日。会場は国立オリンピック記念青少年総合センターです。こちらも都合のつく方だけで結構ですので、何とぞご協力よろしくお願いいたします。

お楽しみ会の計画

　さてさて、ジブリ遠足が無事、成功に終わったことで、ひとつ団結の増した集団に、またまた新たな課題を出したひろし先生。

　今度は、お楽しみ会の計画です。

　まあ、巷ではクリスマスの雰囲気なので、子どもたちにはクリスマス会といったほうがわかりやすいかも。12月10日に私の持ち時間を使って楽しくやります。

　クリスマスはキリスト教のお祭りだとか細かいことは言わないで、１年生の忘年会であります（笑）

　今回のテーマは、自己表現。人前で何か出し物をします。

　「えー、そんなのいやだあ」と呟いたシャイな男の子と、「やったあー」と手をあげた女の子が私の目に入りました。授業の発表だけでなく、自分を人前で表現することをいろいろな場面を通して慣れさせていきたいもの。

　今回は、何を出し物にするかを子どもたちに選ばせました。

　次のものが子どもから希望で出たものです。いやいやなかなかどうして、バラエティではありませんか。

　◆お笑いをやりたい。　◆ダンスをしながら歌を歌いたい。

　◆クイズをしたい。（クイズは今回だけ。次回からは他のことに挑戦してもらいます。というのは、本に書いてあることを持ってきて読むだけになってしまうからです。そこで、少し工夫することを条件にしました。）

　◆げきをしたい。　◆合奏をしたい。

　◆手品をしたい。　　　　　　・・・・・

　とまあ、いろいろでした。

　そこで、まずそれぞれが、やりたいことが同じ友達で集まりました。その中で人数が多すぎる場合はいくつかのグループに分かれました。ここまでが、昨日。

　さてさて、これから練習に入りますが、子どもたちの中には幼稚園などのクリスマス会のイメージもあるようですが、クラスの友達と楽しむ程度のささやかな会です。くれぐれも今回の出し物のために、無駄遣いをさせないようにお願いします。

　練習の段階でまたまたトラブルが発生することでしょう。どうぞ、親が耐えてください。出来上がりは、りっぱでなくてもいいのです。当日までの子どもたちの交流が宝です。トラブルが起きたときに、間違っても親同士がむきになったり、直接電話したりしないこと。子どものケンカに出る親が一番みっともないのは、昔から言われていることですからね。

　ジブリのときの活動の様子を見ていれば、もう安心していい集団ですからね。この素敵な40人の仲間たちをもう一回りたくましい人間関係を築ける集団にしていくためのささやかなささやかな企画です。でも22歳になった子どもたちと集まった時にいまだによく覚えているのがこんな会なんです。

筑波大学附属小学校4部1年学級通信

筑波大学
University of Tsukuba

はつらつ

〈NO46〉　　　発行　平成21年12月8日

1年生のお楽しみ会　準備着々

　とってもかわいい出し物の練習が続きます。それにしても、このようなことをすると、本当に子どもたちは生き生きしています。合奏をしたいというグループは、あの熊木先生に私が知らないうちに直談判に行き楽器の貸出まで予約してきたというから、驚きです。歌のグループの踊りもまあかわいいこと。お笑いのグループの練習風景もそれはそれは楽しそう。やっている自分たちだけがうけているようでしたけど、まあそれもご愛敬。手品グループは、仕掛けが見え見えだけど、これまた熱心にネタを作ってます。クイズのグループも一生懸命工夫してました。まるでアナウンサーのように何度も問題文を読んで練習してました。シンデレラのお芝居もとってもかわいくて。他のグループから「それってお笑いなの」と言われて怒ってました。彼女たちは真剣です（笑）。これら一つ一つの活動の中で、子どもたちの表現力がしっかりと見えます。人前に出ると、か細い声しか出せない恥ずかしがり屋さん。ちょっと曲をかけるだけで踊り始める元気はつらつなお嬢様たち。まあそのおしゃまなこと。練習なのかじゃれているのかわからない男の子たち。自分たちの出番のことをコマーシャルするチラシを作ったり、ポスターを作ったり……。生活の中で役立つ国語の勉強。そして毎度のことながら必ず浮き彫りになる人間関係によるトラブル。でもね、子どもはけんかして言い合いをした直後に、その当の本人と手をつないで走って遊びにいくのです。大人の感覚で子どもの話をきかないことです。忘れていたことも優しく声をかけてくれる人の前では、突然思い出して悲劇のヒロイン、ヒーローになりたくなるもの。私なんか毎日、それとつきあってるんです。今日も私は子どもたちのトラブルにいくつ遭遇したことか。え？それって私の子どものこと？と思われた方、いるでしょう。でもね、実はほとんどの子が大なり小なりそうだということ。特別ではありません。でも皆さんも子どもの頃そうだったでしょう。それをいちいち大人が解決していたでしょうか。こういう集会をすると必ずおこるんです。私たちはそれを覚悟の上やっているのだということ、お忘れなく。これぞ本当の道徳の勉強であります。相変わらず登下校もた・の・し・そ・う・で・す・け・ど・ね。それでも全体的にみると、子どもたちはよく力をあわせて動けるようになりました。さてさて、いよいよ本番は明後日。保護者の方もみたいでしょうけど、精神衛生上見ないほうがいいです（笑）。当日は3、4時間目を使います。

　そうそう、計算力、全員大幅にアップしました。最後のテストは全員が1分30秒で完了し、何と全員が100点満点でした。ちゃんと勉強もしてますよー。ご安心を。

12月11日の保護者会について

※今回からは個人で写真を撮るのはだめです。

　授業中の個人の写真撮影、ビデオ撮影は授業の妨げになるので、今回はできません。これは一般の小学校でも同じ。入学した5月の保護者会の時のみ特別に許可しましたが、あれは特別です。運動会のようにたくさんのカメラに囲まれての授業は、子どもたちにとってもやりにくいものですので、どうぞご理解ください。研究会のように写真係さんだけは撮ることができます。よろしくお願いいたします。

※日程は次のようになります。

　参観日はいつ来られても、いつ帰られても結構ですが、授業中の移動でおしゃべりをなさらないように。他の学年は通常の授業をしていますので。保護者同士の会話は休み時間だけにしてください。

```
1時間目　二瓶先生の国語　［子どもたちの語りは一見、一聞の価値あり］
2時間目　算数　　　　　　［速くなった計算の姿、少しだけお見せします］
3時間目　北川先生の図工　［子どもたちの楽しみにしている図工です］
4時間目　　　同
5時間目　総合　学年スポーツ大会
　　　　　　　　　　　　　［その1　クラス対抗折り返しリレー男女別］
　　　　　　　　　　　　　［その2　縄跳び　普通跳び持久大会］
　　　　　　　　　　　　　［その3　クラスでドッジボール］
```

14:30より学年保護者会　これは講堂です。15:30より学級懇談会は各クラスで

16:15程度より2年時役員さんの話し合いを行いま

す。2年担当の役員さんは必ずご出席ください。少し早いのですが、後期は個人面談があるので、全員が集まる日がありませんのでこの場を使って役員さんの選出を行います。

　終わりは17:00を目途にします。もちろん早く決まれば早く解散できますよ。

　なお、1年時の役員さんには、学級の仕事の内容について少し説明していただきたいので、最初のみ三役もしくは会計さんなど数名の方にご参加いただきたいと思います。

　今年も残すところあと5日あまりとなりました。

　お体の調子を崩さないよう、親子とも、お気をつけてお過ごしください。

　私の足もようやくギプスもとれて歩けるようになりました。ご心配をおかけしました。

　家庭学習期間中、子どもを甘やかさないように。せっかく自立しかけている1年生が毎年、夏休みやこの家庭学習＋冬休みで元に戻ってしまうというのが定説。ご用心。

夢 育

平成28年1月21日（木）
第 51 号

発行 筑波大学附属小学校
担任 田中博史

<267>

やっと全員がそろって落ち着いて学習ができるようになりました。

新年のあいさつもまだこの号でしてませんでしたので、あらためまして「あけましておめでとうございます」。今年もこの「最近ボケはじめた頼りない担任」をよろしくお願いします。

相変わらず笑顔満開の子どもたち。2016年1月21日

<268>

冬休みが明けて、子どもたちが縄跳びが上手になっているのにびっくりです。

特に冬休み前、二重跳びができなくて苦労していた子どもたちが、朝から「先生、みてみて」と笑顔でやってみせてくれます。ジャンプ台にも何人も集まっていてがんばってます。この成長がすごいです。特に男子が大きく伸びましたね。女子はもともと得意な子がたくさんいましたけど、男子もぐーーんと変わりました。本当にコツコツとよくがんばったのだなあと感心してます。

<269>

総合の時間に「お正月の遊び」シリーズをしてます。子どもたちがどんな文化にお互いが親しんでいるのかを見せ合う時間でもあり、教え合う時間でもあります。

それぞれが自分で体験したものを持ってきては遊び方を披露してます。

カルタ（百人一首、俳句、ことわざ、世界の地図、国旗、イロハかるた……）とまあ様々です。こんなかるたを使って楽しく家族で遊んで学んでいる様子がわかります。

続いてすごろく、福笑い、お手玉、羽子板、こま、けんだまと続きます。

教室にいろいろなコーナーを作って、持ってきた子が説明役になり、他の子どもたちは自由に回っては楽しんでます。もちろん説明役も時々交替して他の遊びに出掛けます。

見ているとけんだまに夢中になると、ずっとその場にいる子や、男の子でお手玉に目覚めた子、寒いのにホールまで出掛けて行って男女仲良く羽子板をしている姿も……。

私は、昔の遊び文化を伝えたいだけではなく、こうした交流活動をした時の子どもたちの友達への気配りの仕方を見てます。コマのシーン。ある子がどうしてもやりたいコマを譲りません。別の子が「ねえ、もう交替しようよ」と言ってもいろいろ口実をつけて逃げます。とうとう別のグループの子からも「そろそろ交替してあげたら」と注意されることに。そし

てその直後彼は私と目があってあわてふためくのでした（笑）

　私はこんな時もずっとほうって見ておきます。そしてあとからゆっくりと何が大切なのかを個人名は出さずに語ることにしてます。でも時々その子と目を合わせて。

　よくその様子を見ている子は正義の味方になってくれます。最近は私が注意しなくても自分たちで注意し合える正義の味方がずいぶん増えてきました。

　羽子板グループはホールで楽しんでました。私はそっと体育の部屋に入って覗いてました。「いいよー、ぼく、ここで羽根がそとにいかないようにみててあげるからねえ。」と気のいい男の子の声。使うものが少ないからこそ起きる役割分担と育つ我慢の心。満たされすぎていると子どもは育ちません。少し足りないぐらいがいいのです。

<270>

　先日の大雪？は大変でしたね。まあ、私のように雪深い山の学校にいた人間にとっては何でもない雪ですけど都会の交通網はこんなに脆いのかと……。震災のときのような有様になった都内の各駅を見て、これは心しないといけないなとあらためて感じているところ。

　そこで、今回のように「たくさんの人があふれかえっていて危ない」と判断した場合は、戻りやすい位置にいる時に自宅に引き返したほうがよいという教訓。逆に下校の時は学校に戻る。前者の場合、その結果、自分だけが帰宅したことになろうと、危ない目にあうよりはよいと考えて。後者の場合は最悪学校に泊まることも視野に入れて。災害の場合に備えてご自宅でも子どもたちがどのように行動したらいいものか話題にしておくといざという時にあわてなくてすみます。

<271>

　最近、とても忘れ物が多いのが気になります。小学校の入学試験の前日にそれまで学校に置いていたものもすべて自宅に持ち帰っています。これまで学校に置きっぱなしになっていたものについてそろえて持ってくるという感覚が乏しい子もいるようで、毎日のようにノートがない、ドリルがない、教科書がない、の報告がとても多いのです。

　長期の休みあけになると、この状態から元に戻すのにいささか時間がかかっているので、引き締めてください。

指導に遊び心を取り入れる

　遊び心をうまく取り入れると、子どもはやる気になってくれることは前述しました。これは他の場面でもたくさん使えます。本校では、毎週、講堂で朝会がありますが、1年生のときは子どもたちが講堂での座席に慣れないため、6年生が手伝ってくれたり、専科の先生が補助に当たったりして一人ずつ席に座らせてくれます。通路が狭いことも手伝ってみんなが座り終わるのに時間がかかります。そこである年、私は早々に子どもたちを誰もいない講堂に連れていき自分の席を覚えることをゲームにして遊びました。自分の座席に座ったら、先生の合図でバラバラになって講堂を散歩し、先生の決まった合図でぱっと戻れるかという単純なゲームです。こうしていよいよ初めての全校集会のときを迎えます。他のクラスがお世話を受けていてなかなか座席に着けない中、我がクラスの子どもたちは一人ずつが自分の座席をめがけてさっと座ってみせます。

　ここでもみんなが驚きます。6年生が一番驚いていました。

　このときも事前に私は「6年生が世話していても気にしなくていいから、合図をしたら一斉に散らばるんだよ。そして、忍者のようにピタッと自分の席に座るんだ。お兄さん、お姉さんもおうちの人もみんな驚くから」と話していました。

　私のクラスではこうしたことの連続を楽しみます。保護者や他のクラスを驚かせようと言いながら取り組むと、みんな楽しんで覚えてくれます。この方法だとやりがいもあるし、その後のみんなの褒めてくれる姿も気持ちいいので、またやりたいとなってくれるのです。

　まあ、隣のクラスは戦々恐々としていましたけどね（笑）

平成27年度２部１年学級通信

夢 育

平成28年１月29日（金）
第 52 号

発行　筑波大学附属小学校
担任　田中博史

＜272＞

インフルエンザが流行ってます。全校に学級閉鎖が６クラスです。

とうとう、１年生は２部以外は全部学級閉鎖になってしまいました。遅かれ早かれ波は２部にもやってくると思いますが、手洗い、うがいなど小まめにして対策をしていきましょう。それにしても今のところ２部の子どもたちは元気です。たのもしい。

＜273＞

総合の時間の「お正月の遊び」シリーズの続編で、最近は「凧あげ」をしてます。

「ぐにゃぐにゃだこ」とよばれるもので、ほとんどの子の凧はしっかり舞い上がりましたが、やはり糸をうまく結べなかったり、竹をうまく貼り付けられなかったりしてバランスがとれないものは苦労していたようです。それでも子どもたちなりにいろいろと工夫して懸命にあげようとしている姿が健気でした。凧揚げしているうちにどんどん壊れるので途中からはセロテープで修理したりそれぞれが自分で考えてます。糸を結ぶという作業の器用さが個人によって大きく異なり、お世話好きの女子がせっせと面倒みてました（笑）

欠席が入れ替わり、なかなか全員がそろわなかったのですが、待っているとまた別の子がお休みになってしまうということもあり、これでは一月も終わってしまうのでまずは一旦凧作りを行いました。もう一度雪が降ると運動場も使えなくなってしまうので。

でも欠席したお子さんたち、怪我の子たちもどこかで一度チャンスを作りますからお待ちください。もう満足した子たちは自宅に持ち帰ってます。

＜274＞

２月４日の校内研究会とありますがこの日は５時間目まであります。お間違えないように。

＜275＞

いよいよ、二月です。２月11日、12日は本校の公開研究会です。本校の２月の会はおそらく世界中で一番参加者が多い研究会と言っても間違いではないでしょう。私は国際教育会議にもいろいろ出席してきましたが、教員の研修会としては本校の会が世界最大です。６月はそうでもないのですが、それでも子どもたちは教室に訪れた参加者にびっくりしてたと思います。でも２部の子どもたちは講堂の1000人の前でも実に自然体で堂々としてましたから、もう心配はないと思いますけど。日程は以前もお知らせしましたが、次のようになります。

２月10日（水）　前日準備　２時間目までの授業　算数　国語　その後　10：30下校
２月11日（木）　研究会初日　授業がないので家庭学習
２月12日（金）　研究会二日目　算数　登校 ８：30まで
　　日常活動　８：40～９：20　算数遊びを参観の先生方に見せます。
　　授業開始　９：30～10：10　算数　下校10：20

研究会の時は制服なので着替えません。役員さんは安全管理と写真係を兼任していただき２、３名程度お願いします。13日から15日（月）の振り替え休日まで休み。

＜276＞

２月９日（水）２部１年　一年間の仕上げのクラス活動を実施します。でもまだ内緒です。集合９時　現地　行き先　未定　本当は決まっているけど他のクラスに漏れるのでまだ内緒（笑）。弁当持参　13時に解散します。詳細は後日。

お見送り、お迎えの都合があるので日程だけ伝えておきます。

＜277＞

みんな二重跳びが上達しました。全員が２回続けて跳ぶところまではこぎつけました。たいしたものです。３回になると、ちょっと苦労してる子もいますけどそれでも懸命に挑戦し

続けてます。「先生、はじめて3回つづけて跳べた!!」「先生、ずっとできなかったのに今日、いきなり10回になった!!!」なんて喜びの声が届きます。

このぐらいになってくると、後はそのリズムのままどれだけ持久していけるかですから、技術だけではなく、体力の問題も関わってきます。

そこで2年生に向けて目標を立てました。30秒です。おそらく回数にして50回連続。

今週の30秒達成者は次の面々。12名達成。

J G D H

C B I N E Q F G

このメンバー、次は1分を目指してます。運動会3位入賞を目指して。

<278>

漢字スキルの下巻を配布しました。え？ 今から下巻と思われたかもしれませんが、よく見ていただくと薄いのです。1年生は前期はひらがなとカタカナが主でしたから漢字は後期になって上巻、そして残り2カ月で下巻。でももうこんなに薄っぺらいので量的にはたいしたことはないのですが、それぞれの定着には少し不安な面もあります。

今、復習のための漢字プリントをしてますが、チラホラ不正確なものや読み仮名の間違い、送り仮名の間違い等も増えてきました。家庭学習で子どもたちが取り組んでいる時に、見てあげてください。その意味で答え合わせをお家の人と一緒にしようと言ってあります。もちろん、8割のお子さんは字も書き順も計算も完璧ですから心配はなく。このままでいいのですけど、忘れ物が続く、気を抜くと乱雑になる、習慣にならない……。こんな場合は学習の取り組みを子どもに任せっぱなしにしていると、あっという間に差がつきます。

この時期いかに目を離さず根気強く見守るかで中学年以降の自立が確かなものになります。今一度、子どもたちとの向き合い方を見つめ直してください。

ここを乗り越えると、中学年からは子どもたちが自分でどんどんやり始めます。逆にこの時期に根気負けするとずるずると日々を過ごしてしまうことになり、中学年から成績を見てあわてて介入しようと思っても思春期に入りかける子どもたちの反発に負けることになるでしょう。

だから今がチャンスなんです。

学級づくりのポイント

クラスのオリジナルゲームをつくろう

クラスが盛り上がるゲームその4。皆さんはケイドロはご存じでしょうか。警察役の子どもが泥棒役の子どもを追いかける昔ながらの遊びです。これも盛り上がりますが、欠点はいつも警察役が追いかけて、泥棒役は逃げるばかり。あるとき、子どもたちが両方を同時に味わいたいと欲張りなことを言い出しました。そこで同時に両方の楽しさを味わえるゲームを考えようということになったのです。

それが我がクラスの卒業生も大好きな「さんすくみ」という遊び。ルールづくりのヒントにしたのはジャンケンの仕組みです。グーはチョキに、チョキはパーに、パーはグーに勝つのですから、この関係を三すくみというのですが、そのルールを生かせばいいということになりました。三つのチームに分かれて、グーチームはチョキチームを追いかけ、チョキチームはパーチームを追いかけ、パーチームはグーチームを追いかける遊びになったわけです。実はこれに似た遊びは古くからあるのですが、大切なのは子どもたちが、こうしたいと言い出すのを待ってアイデアを求め自分たちでつくったのだと思わせていくことで、遊びにも愛着が生まれるようになること。

1年生でやるときは、広い場所でぶつからないように配慮が少し必要ですが、中学年ぐらいになるとわざと隠れる場所があるようなところを使って学校の庭や林の中でよく楽しんでいました。時には隠れるための基地もつくったりしていました。その面白さは卒業後も忘れられないのでしょう。中学生、高校生になってからも同窓会で集まったときは、このさんすくみを私の過去のクラスの子は楽しんでやっています。

6年前のこの時期は、劇づくりに取り組んでいました

筑波大学附属小学校4部1年学級通信

筑波大学 University of Tsukuba はつらつ

〈NO50〉　　発行　平成22年1月13日

いたずらぎつねをさがせ！配役決定！

　昨日は欠席が1人でしたので、その子には電話で希望を確認した上ですべての配役を決めました。これから、寒くなると風邪やインフルエンザでなかなか全員がそろわなくなるかもしれないので、ともかくできるだけ早いうちに動き出しておきたいのです。

　特に2月になると研究会のシーズンになりますし、なかなか時間がとれません。さらに本校のような専科制の学校だと、普通は国語を使ってできるような劇の練習が、その時間を使っておこなうことができません。3月なのにもう動くのかと思われたでしょうが、専科制ならではの事情があります。

　さてさて今日の劇の配役。子どもたちの希望に合わせて、すべてジャンケンにしました。やる気さえあれば、誰にでもチャンスはあるようにしたいと思うからです。

　幼稚園などでは主役をはった子どもたちもたくさんいることでしょうが、縁の下の力持ちという役割も大切。ジャンケンに負けてもすねるのではなく、支え役としての大切な役目にがんばってほしいなと思います。

不親切な台本・・・

　ちなみに、この台本はすべて私が作りましたが、何とかすべてひらがなでと思って書いてみましたけど、全部ひらがなだと逆に何のことか意味がわからなくなるものもあり、大変でした。そこで少しずつ漢字も交ぜて、私が読む時に振り仮名をふるというようにしました。一部分、意図したところではないのに知らず知らずに漢字に変換してしまっている部分もありますが、そちらはどうぞご容赦。

　さて、台本を配って振り仮名をふって、ばらばらのままでプリントを渡しておくと子どもたちはどうするのかなと思ってみてました。でも一応、一言図工バッグの中にホッチキスっていうのがあるんでしょう？と持ちかけておいて……。

　翌日。自分の台詞にちゃんと色をつけて、台紙にはってきた子がいました。自分のお気に入りのファイルを作っていれてきた子もいました。ねじれているけど、懸命に自分でホッチキスで綴じて色をつけてきた子もいました。表紙をつけた大作も。それを横目で見て、あわてて朝から綴じている子も。

「いいねえ。自分で便利なようにしたんだね。すばらしいなあ」

逆にもう一部分なくなった子。すべてなくした子。………

もらったけれど、まだ一度も台詞を読んでいない子。

実にいろいろです。

すべておぜん立てをそろえてもらうのではなく、自分でどんどん前に進む。これが筑波の子です。ただし見栄えは関係ないです。

本日、練習をしていると、「先生、この台詞、こんなふうに変えていいかなあ」と言ってきた子がいました。これには感心。私は大いに褒めました。

「すばらしい。自分で言いやすいように変えたんだね。意味が変わらなければどんどん変えてもいいよ」と言いました。

わずか二日で見違えるようになりました。

まず声が出始めました。動作がつき始めました。抑揚がつきました。生活劇ですからともかく自然体が一番いいのです。

少し変化するたびに大げさに褒めます。するとぐんぐん変身します。

か細かった声が、たくましくなります。

この劇を通して、一皮むける子どもたちがたくさんいるといいなと思っております。

全体が仕上がり始めたら、出番の少ないお子さんにはナレーターや挨拶、予備の子どもの台詞等で調整します。練習に慣れてきて物足りないな、もっと出たいなと感じたら立候補してもらいます。

3月6日 土曜日お昼　12時40分〜30分程度

これは相談です。もしもまだ40家族すべてが、この日にご家族での予定を入れていらっしゃらない場合、ここで劇のリハーサルをお見せしたいと思います。

理由1＞　この日には5年生が6年生のためにがんばった飾り付けがすべて完了しています。本校の6年生を送る会の本番の雰囲気をお見せすることができます。

理由2＞　当日は実は算数の研究会をしています。200名ぐらいの先生たちしか参加されていませんが、全国から来られた先生たちにもぜひこの1年生の姿を見せたいのです。子どもたちも参観する人が多いと燃えるかも……。もちろん保護者向け参観をメインにしますので、この時だけは保護者が前の座席に座り、撮影などもできるようにします。

理由3＞　土曜日だと平日よりは、たくさんのご家族の方に見せてあげられるかもしれない。いかがでしょうか。もちろん、ご家庭の計画は大切ですので、予定が既に入っている場合は私にこっそりとメールか連絡帳でお知らせください。誰にも言いませんから。お一人でも都合が悪い場合は、やはり最初の予定通り、平日にいたしますので。どうぞ遠慮なく申し出てください。不都合な方の連絡は水曜日（1／20）までにください（19日はいませんから連絡帳の場合は18日か20日、メールの場合はいつでもいいです。連絡のない場合はOKというように判断させてもらいます）。

夢　育

平成28年2月5日(金)

第　53　号

発行　筑波大学附属小学校

担任　田中博史

<279>

スケート教室の日程変更について

3月10日(木) シチズンプラザ　8:15 施設内の控室に集合

※ラッシュを避ける等の理由で、7:30からも入室は可能ですが、待ち時間がかなり長くなるので、保護者がお子さんの管理をしてくださることを条件とします。

8:30　　控室で説明(靴のはき方など)を聞く

8:40　　スケートリンクへ移動してスケート靴を履く

　　　　　　※役員・保護者の方でお手伝いをお願いします。

9:00　　スケート教室開始　※インストラクターの指導

11:00　　スケート教室終了

11:30　　解散

※以上です。うーーむ、しかしこれじゃあ日程がわるいなあ。2部の子は9日も出掛けるから二日続けてあそんじゃうなあ(笑)　　9日　実は浅草近辺に行きます。

<280>

　学級閉鎖ぎりぎりの状態で推移してます。本日も欠席は4名。毎日、3人～5人までの欠席が入れ代わり立ち代わりの状態です。7人になると学級閉鎖になります。子どもたちは学級閉鎖はいやだあと言ってます。家にいても退屈～なんて声が響き、今日も楽しそうにそして元気いっぱいに走り回っています。私としては、この中途半端な状態より一度ゆっくり休ませてあげたいなという気持ちも半分ありますけど……。ただ学級閉鎖明けのクラスがまた再び休み始めているので、インフルエンザのA型、B型の波はしばらく油断できませんね。みなさん、どうぞお大事に。

<281>

　凧作りは全員が一応体験しましたので、持って帰りました。家の近くで遊ぶ時にくれぐれも気をつけてください。第二運動場では、たかーーく舞い上がった凧をみんなが追いかけ回ってました。とっても楽しそうでした。

<282>

Check!

来年の1年生に算数カルタをプレゼントしよう!!

　こんな名目で算数の文章題の総復習をしています。これまで学んだいろいろな場面の問題をまずはノートに書き写し、そして図や式を書いた後でカルタには具体的な場面の絵を書いていきます。これから彼らが体験するいろいろな問題文も、このようにして具体的にその場面をイメージしていく力が大切になります。同時に、国語の「書き方」の練習としても丁寧に仕上げていきます。普段の日記の量があまり多くないと、少し続けて書きこむとすぐに疲れたと言ってきます。逆に普段たくさん書いている子は、こうした作業もとても丁寧で速いのです。子どもたちのこうした基礎技能は確実に日々の積み重ねで変わってきます。

<283>

給食の時間のこと

　私が欠席の子のところに座ってグループに入れてもらおうとすると、多くの子どもたちが「ずるーい」「わたしのところにきて」「こっちはまだ一度もないよ」なんて大騒ぎ。いやはや。うれしいことです。こんなおじさんをこんなに懸命によんでくれるなんて(笑)

　かわいいかわいい子どもたちとの幸せな日々を楽しんでます。

<284>

子どもたち「さむーーい」

私「寒いならセーター着なさいよ」

子ども A「やだ、めんどくさい」

子ども B「着ない方がさっぱりする。セーター着ると、チクチクするんだもん」

子ども C「ぼく持ってくるの忘れた。どこにいったかわからない」

子ども D「私は半袖、半ズボンでがんばるって決めたんだ」

私「ふーーん」

　子どもたちに聞くと、こんな返事です。つまり子どもによって様々。確かに動き回っている子たちは、暖房の部屋に帰ってくると、「先生、暑いから暖房けして!!」と言ってくるのですけど、私としては寒い時はセーターぐらい着てもいいのに……と思ってしまいます。

　寒いけど面倒だから……忘れた……なんて子どもたち、それですむということは別に寒くないということなのか……。慣れというのはこわいものです。不思議です。

　ちなみに我が家の娘たちもこうして小学校時代を過ごしましたが、大人になった今でも短いスカートに薄着で出掛けて行きます。これも慣れなんでしょうかねえ。

　でも、セーターを忘れているのなら持ってきて着させましょう。さらに体調が悪い時は無理をせず重ね着してくださいね。立春過ぎましたが春はまだ少し先のようです。

　ただ本日も2部の欠席は4名。なかなか閉鎖にはなりません。しぶとい……（笑）

<285>

　教育研究の4月号のグラビアで子どもたちの算数の時間のカルタづくりの様子を掲載します。かわいい活動でとても楽しそうですが、残念なことに欠席者が多い時期の取材となりました。従って全員が載ってはいないのでお許しを。また別の機会に全員が登場する機会は作りますからね。

<286>

　最近、2部の子どもたちが「やさしい」「ほんわか」「いい雰囲気」「落ち着いてる」といろいろな先生から褒められてます。私もそう思います。でも活動に夢中になりすぎると話を聞いていないことも多いので、今は「切り替え」の大切さを厳しくして教えてます。

　でも本当にかわいくて、一度言うと、きりりと変身するのです。これがまた愛おしい。

算数の授業で教具を使う1

　私は、算数の授業でよくカルタを使います。読み札は、教科書に出てくる文章題です。読み札の例をいくつか挙げると、

「こうえんで子どもがあそんでいます。男の子が4人、女の子が3人います。子どもはぜんぶでなんにんいますか。」

「こうえんに子どもがいます。すべりだいに4人、すなばに3にんいます。子どもはぜんぶでなんにんいますか。」

となります。

　いずれも式にすれば4＋3＝7ですが、明らかに場面が異なります。よく読んで、お話に合う絵札を取ります。聞き取る力、イメージする力が遊びながらつきます。逆に、読み札を式にして4＋3＝7と式を言うことで、絵札を探すと、今度は複数枚取れるという遊びもします。一つの式にいろいろな場面が集約されていることもこうして学べます。1年生のときに、式には場面を表す言葉の役割もあることを遊びを通して意識させていくことが自然にできます。

平成27年度2部1年学級通信	平成28年2月16日（火） 第　54　号
# 夢　育	発行　筑波大学附属小学校 担任　田中博史

<287>

研究会も終わりました。元気だった2部もあっという間にダウンしてしまいましたが、学級閉鎖3日間と研究会の代休などでしっかりと休養できたようですね。今日は、みんなとっても元気で全員がそろいました。

二月も残り半分、いよいよ三月になります。そうです。もうすぐ一つ上の学年に上がるのです。学習のまとめもしっかりとしておきましょうね。

学年末にはいろいろとテストもあります。特に漢字は大丈夫かな。

<288>

研究会での子どもたちの活躍はすごいものでした。

最後にNちゃんが、「先生、みんなの意見もわかるけど、それでも私のもあってると思う」と話し合いの最後まで自分の考えについてちゃんと意見が言えたのが、後から参観の先生たちの話題になってました。

そして先生たちの感動の声の中には、発言している子たちだけではなく、その友達の話を聞いている時の真剣な子どもたちの態度にも感心したという声がありました。

1年生が40分ちゃんと話し合いしているのにそもそもびっくりという先生たちもたくさんいました。付け加えて戻ったら少し自分の1年生を鍛え直さなきゃと反省していらっしゃる姿も……。子どもの姿に大人が感動したのですから、たいしたものです。

私の自慢の2部1年は今回も絶賛の嵐でしたよ（笑）

当日は、廊下もびっしりの参観者。廊下にあふれた先生たちは、あきらめて他の教室に行くかなと思っていたのですが、それでもその場をさらずに何とか子どもたちの息吹を感じようと懸命でした。モニターを使って中継してほしいとよく頼まれますが、私はお断りしているのです。

朝早くから並んで私の教室に無事入れた人たちは、実はかなり熱心な先生たちなのです。何しろ二時間前から並んでますから。その方たちならば子どもたちの真の姿をお見せしても大丈夫。子どもたちが傷つくことはありません。みんなかなりのレベルの先生たちですから。でも世の中にはそうではない先生たちもいるのが、この国の現実。心ない一言で子どもたちが傷つくことも今までなかったわけではありません。だからせめて教室で授業する時はそんな熱心な先生たちに囲まれた中で、子どもたちの息遣いも感じてもらいながら、失敗することもこわがらない我がクラス集団の生の姿とすごさを見てもらいたい……。そんな想いでやってます。

大勢に見られるのは講堂のステージの上でやってますから、そちらで勘弁してもらうということで。

<289>

2月22日（月）　ハッピージャンボ

この日は朝から6年生を送るという意味も込めたジャンボ遊び。

通常登校　体操服　体操帽子　弁当　敷物　水筒

学級指導　8：30〜9：20

ジャンボ活動開始　9：30〜12：20　この間に弁当も食べる。いつ食べるかも自由。

12：30〜12：55　片づけ

13：00〜13：15　縦割掃除

13：25〜　担任授業　活動の振り返り　ジャンボ遊びの投票など　下校は14：00ぐらい。

※今日と明日の昼休みは4、5年の活動紹介があるので、それを見学して帰る子は少し遅くなるかもしれません。

　本日、このハッピージャンボ遊びを共に過ごすグループと、クラス遠足のグループを同時に作りました。条件はこの二回の活動の班のメンバーは変えるということ。男子2人女子2人の4人グループで、回りたいこと（例えばお化け屋敷が苦手……）などによって組み方を考えるように促しました。もちろん入口や出口で待ち合わせするのもいいのですが、時間ももったいないだろうからグループ作りの前に考えようと持ちかけてみました。グループ作りはすべて子どもたちに任せてみましたが、あっという間に完成。いい子たちです。続いてクラス遠足のグループにとりかかります。今度はそう簡単ではありません。何しろ4人とも異なるようにしなければならないことと、回りたいものの好みも聞きながらやるのですから。それでも高学年よりははるかに早く決まりました。よしよし。

　私は子どもたちが声を掛け合っている時にずっとそれを見てました。友達から声をかけられてすっと逃げてしまう子はいないか、わがままを通そうとする子はいないか、自分で勝手に決めてしまって迷惑をかけていないか……。まったく心配ありませんでした。

　クラス遠足　まだ他のクラスには内緒。理由は行き先が重なったり企画が同じものがどんどん出てくるとクラスの個性がなくなりますから。保護者のみなさんも横並びに同じになることを求めないように。でも送り迎えがあるので行き先の情報を。

　活動場所　浅草寺と花やしき

　9時15分　集合　浅草寺仲見世通り入口　大きな提灯「雷門」のあるところ。

　浅草寺　散策　9時20分～9時50分

　花やしき　10時～13時まで　お弁当を食べるのも含めて

　解散　13時20分～30分ぐらい　　集合場所の雷門のところ

　　　　A)-1　お迎えあり　A)-2　友達のお母さんと帰る

　　　　B)-1　浅草駅から一人で帰れる　B)-2　友達と一緒なら帰れる

　それぞれ2のタイプは誰と一緒になるのか、事前に各ご家庭で打ち合わせをしておいてください。

学級づくりのポイント

算数の授業で教具を使う2

　算数カルタについての話の続きです。文章を読み、それに式だけ当てはめていく練習だけを繰り返していると、次第に子どもは問題文の中の数しか意識しないため、4はそもそも何だったのかと尋ねても覚えていないこともあるのです。機械的に式をつくるのではなく、まずは問題場面をきちんと聞き取り、イメージ化していく時間をとること、さらにその後で式から絵や問題文を逆に選ぶ活動などを体験させること。こんな時間を増やしていくことで文と式、絵や図の相互の関係がしっかりととらえられる力をつけていきたいと考えます。

　1年生のときは、こうしたグループの活動自体がとても大切です。友達が間違えて別のカードを取ったとき、どのようにして教え合うのか。同時にカードを取って誰が勝ちなのかわからないとき、子どもたちはどのようにその場でルールをつくるのか。これら一つひとつがちゃんと算数の思考力につながるよい場面となっています。特にルールをつくるという活動はそうです。

　また、人間関係力という意味での指導もしやすくなります。遊びを授業の中に取り入れたときはチャンスなんです。必ずトラブルが起きますから。トラブルが目前で起きることが容易に想像できるのですから、これを観察し、指導に使わない手はありませんよね（笑）

平成27年度2部1年学級通信

平成28年2月22日（月）
第 55 号

発行　筑波大学附属小学校
担任　田中博史

夢 育

<292>

　本日はジャンボ遊び。半日楽しく友達と過ごしました。本日までに、中央ホールにあるポスターを見て、4人のグループで計画をたてました。たくさんの整理券を集めて得意げにしている子もいましたが、きっとそんなには回れないと思うよ……（笑）

　混雑していて順番を変えなくてはならなくなった時、どうするのかなあ。

　途中で迷子になってはぐれてしまったら、どうやって出会うのかなあ……。

　お昼ご飯はどこで何時頃食べるのかなあ……。

　お化け屋敷がこわい…と言ってる友達と行きたい友達の意見があわなかったらどのように過ごすのかなあ。

　こんな場面をどのように話し合って過ごすのか、見守っておきます。

<293>

　リーダー性とわがままは紙一重。

　あるグループの話。お昼ご飯を食べる場所の話し合いの場面。女の子が落羽松の下で食べることにしますと宣言。男子が「えー、どうして勝手に決めちゃうの」と反論。すると、「大丈夫、あとで男子には別のことを決めさせてあげるから、それなら平等でしょ」と女子。にこやかに笑って去っていく女子の後ろで「別のことで決めるって何を決められるんだろう」とつぶやく男子（笑）。うーん、既にいいように言いくるめられている男子の人の良さ……。ちゃっかりした女子のパワー。少しだけ将来が見えたような……。

<294>

　中央ホールでポスターを見ながら何やらメモをしているグループ。たくさん書いた後で彼らが立ち去ったところに筆箱が…。案の定、下校時には筆箱がないと騒ぎに。しばしどうするのだろうと見ていたら、その子は友達の筆箱を懸命に見て回ってる。私が友達のを疑う前に、自分の今日の行動を思い出してごらんと言うと、しばし考えた後ではっとして靴箱のところまで走る。なんだ、記憶にあるのか…と思って観ていたら、靴箱のところで「あー、こんなとこにあった」と一安心。でもその後で「誰が持ってきたんだろう」、付け加えて別の女子が「不思議だね。誰かのいたずらかな」と付け加えたから、このままだとまずいので、私が「ねえ、先生が言った後で、靴箱に戻ってきたということは、本当は心当たりがあったんじゃないの」と言うと舌をペロリと出してにこやかに立ち去る。

　別の男子。お昼休みに高学年の部屋に遊びに行って、そのまま帽子も縄跳びも全部置いてきた。高学年が先生、忘れ物だよと放課後届けてくれた。翌日の朝の活動で縄跳びを始める時にその男子は「確かに朝持ってきて、ここに置いたのにない」と言いはる。私が「そうかなあ。朝、持ってたかなあ」と言うと別の男子が「朝から持ってなかったよ。一緒に遊ぶ時かしてあげたもん」と言う。気まずそうな彼に「ほら、これは6年生の部屋にあったよ」と言うと、あわてて立ち去っていく。

　子どもたちは、なくして叱られる、忘れたのがわかるとまずい…と思うといろいろなことを考えだします。そしてその場で話を作ってしまって一度話しだすと、もう何が正しくてなにがうそだったのかもわからなくなる……。少しずつ知恵がついてきたので、彼らなりに立ちまわり方を考え始めます。だからしっかりと見ていてください。大人がこれに翻弄されないように。でも時には本当に他の子が間違えて持って帰ってしまっていることもあるから、年度末の整理整頓も兼ねてもう一度皆さん、お互いにご自宅の子どもの持ち物、ノートなど一緒に整理してみてください。

　パラパラとノートをめくってみるといろいろわかります。ちなみに自由ノートにたくさん勉強のあとがあったら、それはノートを忘れた回数と同じ。算数のノートの折り紙作業も手

でちぎったような跡があったらはさみを忘れた時のその場しのぎのあと。直角三角形の模様作りなのに、違う形があったり重なって貼られて図工的になってしまっているのはこちらの指示を聞いていないもの。ちゃんと子どもたちの記録には彼らの今の状態がでているのです。これも面白いですよ。

<295>

　さて、いよいよ三月になります。一年も終わります。今週の金曜日には学年末のまとめのテストもします。国語と算数です。いわゆる学力テストと呼ばれるもので専門の業者による分析も行われます。後日、その診断の個人票は面談時にお渡ししますが、これ以外に通常のまとめのプリントや簡易テストを始めます。ご家庭でも我が子の状態を振り返ってみるよい機会です。

　◆発言も取り組みも意欲的で、話している時はとても思考力があるように見えるけど、テストやプリントになるとミスが多いタイプだなあ→丁寧な整理がこれからの課題です。

　◆あまり発言する方ではないけど、まとめをしたりノートを書いたりという作業はとても丁寧かな。→自己表現がこれからの課題かな。

　このようにです。ただせっせと先行知識を持たせて安心している方、最近、子どもの中に少し心配な姿も見えてきました。先行知識が多い子の中には自分が知っていることを話したら満足してしまってその後の集中力、感動のない子もいること。合言葉は「知ってる～」です。でも未知のことになると途端に弱気になってしまうのも共通点。発言の原動力が「知っていること」だけに限られてしまうから自分で切り開いていく解決の仕方ができないのです。逆に先行知識は少なくても素直に自分で考えて、初めて出会った問題にも試行錯誤したり、間違いを恐れないで取り組めるタイプは、少しレベルが高い問題でもどんどん食いついてきます。何より、彼らには感動体験があります。これからの日本の国をつくっていく子どもたち。創造力、開発力、企画力なども視野に入れた、たくましい「思考力」を育てたいものですね。そして学びに対する豊かな価値観を。くれぐれもあせった大人の価値観で素晴らしい才能のこの子たちを凡人にさせないように……。

　もちろん基礎学力は大切ですが、そばにいる大人のバランス感覚が求められます。

褒めるときのポイント

　褒めることは、指導していく上でとても大切な行為です。人を褒めるときのちょっとしたコツを言うと、話の最後に褒めること。

　指導者が他の者に意見をするとき、一般には「今日の活動は、このような場面がとてもよかったと思います。しかし、後半になってからルールづくりは声も小さくて伝わりにくかったので次からはそれを意識するといいと思います」というように、最初に褒めることを伝え、あとから注意のポイントを話すというのが普通なのではないでしょうか。教師の研究会でも「○○先生の話は大変勉強になりました。でも、こういうところは…」といって後でダメ出ししてしまうことが多いと思います。この話し方は、聞き手には後半のことが強く伝わり、前半の話は社交辞令のようにしか伝わりません。おそらく話し手にもその意識があるように思います。

　そこで、時には、注意すべきことを最初に伝えてみてください。そして話の後半に褒めるようにすると相手の心に響き、残るようになります。

　子どもが相手でも同じです。「ここはよかったけど、こっちはダメだったね」と言うと、ダメな方が強く残ります。「ここはもう少しだったね。でも、こっちはとてもよかったよ」と言うと、よい印象の方が強く残り次からも頑張ろうと思えます。これは保護者の方と話すときも同じです。

　話の後半に実は本音が入っていることが多いので、そうなるのです。だから厳しいことを相手に伝えることが目的の場合は、もちろん逆を使います。でも褒めることも注意することも両方ともきちんと相手に伝えたいような場面では、ここで述べたようにする方がよいと私は考えています。

　話している内容は同じでも順番が変わるだけで違うのだということを意識するだけで大きく前進です。

平成27年度2部1年学級通信	平成28年2月23日（火）
夢 育	第　56　号
	発行　筑波大学附属小学校
	担任　田中博史

<296>

後期面談予定をお知らせします

個人情報保護の観点より割愛させていただきます

※お一人15分を厳守してください。

※どうしても引き続き、相談がある場合は、15：30以降にもう一度お越しください。

この期間は児童は午前中授業です。給食を食べて下校します。

<297>

ハッピージャンボの自由行動の様子

　8グループの中でちゃんと4人で活動をずっと続けられた班は5グループでした。

　この時期の1年生がちゃんと声をかけあって、互いにわがままを押さえて行動できたことは素晴らしいと思います。この5グループの子どもたちには拍手です。

　残りの3グループは、途中ではぐれてわからなくなった、待ち合わせのところに友達が来なくてバラバラになってしまった……と本人たちは言ってました。確かに回る場所によっては出口で待っていたり、時刻を決めて待ち合わせしたりすることを許してましたが、グループによっては相手を探さないで自分の楽しみに興じていた場面もありました。

　私が見ていた班は……。

　ある班の女子は、はぐれた男子をずっと探してました。一方、男子はというと、勝手に別のところに行って遊んでました。明らかに自分の班が4人いないことがわかっているのに、待ち合わせの場所に行って待つことを選ばずに、遊ぶ方を選んだのです。

　ある班は、弁当を食べる場所でもめました。そこでジャンケンで教室で食べることに決めたのですが、負けた男子がわがままを言ってそのままそこに残りました。女子は男子がジャンケンに負けたのにと口を尖らせてそのまま教室に。男子はそのまま中庭に残って自分たちだけで食べ始めました。

　いかがでしょう。想像つきますか。このシーン（笑）

　私はこんなことが起きることを待ってたのです。これを指導するために仕掛けたのですから。きっとご自宅でも、こんな姿があったはずです。でも親子の場合は、親が折れてそのままですみますが、友達同士の場合はそうはいきません。普段、我が子のわがままに負けていると、こうした集団行動の場面で彼らはその姿を出してしまいます。

　子どもたちには言っておきました。校内でやるジャンボでうまく行動できなかった班は、遠足で自由行動なんか無理だからね、今回は遠足行くのは我慢しようね〜と静かな言葉で告げると教室に緊張が走ります。みんな急に顔が真剣になりました。

　実は、こうしてちょっと心弱くなってしまうタイプは、掃除の時間にも上級生から同じことを言われているのです。「先生、2部1年の○○くんは、いつも掃除に来ても遊んでばかりいて、注意しても聞いてくれない……」と。

　こうしていつも上級生から指摘される子の名前がだんだん固定されてきましたからそろそ

ろ引き締めないとなあ～。一方、「先生のところの○○ちゃんは、本当にいつも感心するぐらいちゃんとやってくれるよ。きっとお家でもお手伝いとかせっせとやっているんだろうね」と褒められる子も決まってきました。言ってる上級生が出来ているとは限りませんが、普段の姿はこうしていろいろなところで表出し始めています。

　今週は、ジャンボで行動が上手く出来なかった子たちが掃除の時間はどうなのかを見に行くことにしてます。さてさて、子どもたちは自分をコントロールすることができるようになるかな。クラス遠足はそのための設定。ここを目指して子どもたちに集団行動の練習をさせていきます。

<298>

　３年生になると、清里合宿で自由行動を体験します。ジャンボ遠足では３年が企画して５年生を招待して校外の活動をします。これらはいきなり出来るようになるわけではありません。学校のイベントを通して何度か集団行動の失敗をさせながら体験させていくことが必要です。失敗した後はできるだけ近い間隔でもう一度挑戦させていくことも必要になります。他のクラスは割と自由にバラバラで行動していたようですが、私は今の段階からグループで動く時の苦労を少しずつ体験させてみました。ジャンボとクラス遠足はこうしてリンクします。きっと９日はかなり成長した姿を見せてくれることでしょう（笑）

<299>

　ただし３月９日がもしも雨天の場合　残念ですが１年での活動は中止とします。延期ではなく今回は日程的にも中止です。でも必ず２年になって行います。中止になった場合は、連絡があった時点から学校に登校になります。その際、弁当を持ってきてください。日課表は普通どおりです。連絡の時間によっては登校がいつもより遅くなっても仕方ありません。落ち着いて登校させてください（といっても朝早く回します。天候が不安定な時は、この日の朝は電話連絡があると思って待機しておいてください）。

<300>

　先日、今年度最後の実行委員会がありました。役員の皆様、一年間、本当にありがとうございました。残り一ヶ月です。何卒よろしくお願いいたします。

褒めるタイミングを考える

　褒めるときにも気を付けることがあります。ただむやみに褒めればいいというわけではありません。例えば全体で褒めるのか個別に褒めるのかを子どものタイプや環境によって意識して使い分けることも時として必要になります。全体の前で褒めると、あとでその子に対する嫉妬が生まれトラブルが起きる原因を教師の無神経な行為によってつくっていることがあるからです。

　低学年でもそれは同じです。ポイントは、褒めた後のその子の表情を観察しておくことです。素直にうれしそうな顔をしていれば大丈夫ですが、褒められたのになぜか浮かない顔をしていたり、周囲をチラチラうかがっていたりするようなら、もしかしたら、他の子との関係がうまくいっていない場合もあり得ます。褒められたことによって休み時間に嫌味を言われたり、先生に取り入っていると悪口を言われたり…。子どもの世界もそう単純ではないのです。

　よく、ただ褒めればいいという指導をする方に出会いますが、子ども社会のことをよく知らない人だと私は思っています。

　ですから、クラスの子どもの状況を見ながら、「今日はみんなの前で、この子のことを褒めよう」とか「みんなの前だと友達との関係で困ることがありそうだから、あとで一対一になったときにこっそり褒めてあげよう」などと、褒めるタイミングを使い分けることを意識してみてほしいと思います。友達関係に困っている高学年の女子は特に繊細な配慮が必要です。

　私は学級通信でも、子どもたちのよい点を見つけて褒めることに使っていますが、その子どもをとりまく様々な環境を見定めてから行う、こまやかな配慮を意識しないと逆効果になりかねません。

<301>

ハッピージャンボの反省を活かして

子どもたちの会話

「先生、ぼくが弁当をまだ食べてるのに、さっさと行かれてしまった」

「私の班もそうだった」

でも別の子は「だって、ずっとしゃべってて食べないんだもん。早くしないと次に行く時間がなくなるのに」

そうなんです。これも双方に言い分があって、食べている時間がダラダラと続き、いつになったら弁当終わりなのかはっきりしないことが原因。

そこで子どもたちと次回の遠足の時は、「いただきますの時に、ごちそうさまを何時にするかを決める」ということになりました。ふむ、一歩前進だね。よしよし。

<302>

クラス遠足の際におやつも許可します。300円程度です。

でも、子どもたちにはこう告げました。

「おやつは自分で買いに行くこと。遠足の日に食べきれる量にすること。それを考えて選んだ時に150円ですんだらそれで我慢すること」

今回のテーマは生活力です。そして我慢、自己コントロール。親がさっさと用意してしまうのではなく、子どもたちに考えさせてください。

<303>

こうして少しずつ少しずつ変容していけるように心がけます。

単なる遊びの一日にしないために（内容は十分に楽しいのですから）。

本日の朝の活動の時にグループで集まって再び話し合ってました。

ここまでトラブルのことをずっと書き続けてきたので、きっとさぞや事件だらけなのだと思われるでしょうが、子どもたちの実態は実はとってもほのぼのとしているのですよ。

昨日の反省をすぐに活かして行動の予定を変えます。

4人が顔をくっつけて、本当に楽しそうに相談してます。

「私、それこわいからいやだ」「じゃあ出口のところにいてよ」「でも最初から待っているのだとかわいそうだから、それ後回しにしてあげようよ」

と、こんな感じでちゃんと気遣いを始めてるのです。

にこやかな子どもたちの雰囲気はとってもあたたかくて、本当は1年生だからこれで満点なのですけどね。さらに一歩上のクラスをつくりたい私は欲張っているのです。

<304>

Check!

漢字スキルの進度に差が出たままになってます。

インフルエンザシーズンに個によって進度に差がついてました。先週の国語の時間に、少しずつ自分で進めるように言っておきましたが、一週間何も前進していない子もいるのでご自宅でも漢字の復習に取り組んでください。

漢字は////先生の方で丁寧に練習をしてますが、私の持ち時間でも補充としてスキルをしてました。インフルエンザの流行る頃までは全員同じ進度でしたが、その後ずいぶん変わってしまったので、それ以降は個別に進ませています。先週の段階で8割のお子さんはすべて終わって総復習できるようになってます。

今回のテストは漢字もですが、考える力を見るという側面も大きく、算数も「よく文章を読む」ことが求められるでしょう。

今後の予定　概観

2月26日（金）　3時間目　国語テスト　4時間目　算数テスト

3月2日（水）　校内研究会　午前授業で下校

この日はちょうど授業の日なので研究会でも下校の時間には違いがないのですが、今後はこのように校内研究会がある日は午後がカットとなります。

3月7日（月）　6年生を送る会

この日は午前中は講堂で、いろいろなクラスの出し物をみます。午後は担任授業です。

ちなみに、こうした行事で授業の科目がない場合は持ち物も少ないので、ランドセルでなくても手さげなどで登校して構いません。逆に多い時はナップザックを使っていいです。

授業がない時も、連絡帳、筆記用具、体操服などは必ず用意してください。

続いて

3月14日〜17日まで　保護者面談　午前中授業で下校

3月22日　終業の集い　これで2015年度のすべてが終わります。

普通の学校では、一年間で担任が変わるところも多く、本来ならばこれでお別れとなるところです。その意味では本校のように複数年見ていくことができるシステムは子どもにとっても、教える側にとってもゆったりとした構えで見ていくことができるため、いいなあと感じているところです。

日記の仕上げに、継続して丁寧に、しかも内容もしっかりと書けるようになったなと思われる場合の質に応じて一つの評価としてかわいいシールを貼ってます。

2部なので緑のクローバーの葉っぱのシール。継続して丁寧さがついたと思うものには四葉のクローバーも。いやいやさらに一歩上だな思うものはその四葉にテントウムシが止まってたりします。これもひとつの張り合いにしてもらえば……。急に丁寧な子が増えました（笑）。たまにはこんなことも必要なんですね。

学級づくりのポイント

漢字の練習ではメリハリを大事にする

1年生の半ばを越えると、漢字の練習が始まります。

とめやはらい、はねなどを意識して書くように指導しているのに、なかなか徹底できないというようなとき。

例えば、漢字ドリルをあけて、3ページから6ページまでの漢字の中から、はねがある漢字だけ書きなさい。

というように、それに特化させる時間を時々とります。

機械的にいつも何文字とか書くというような練習は頭を使うことがないので、単に体力を使うだけになってしまっています。子どもの練習にもメリハリが必要です。

4ページの漢字をすべて書いて、はねのところだけ赤鉛筆で印をしなさい。

これでもいいでしょう。

1年生の場合はテストといっても、同じ練習を前もってさせて、翌日まったく同じもので力試しをするといった構成のドリルが多いから次第に子どもも慣れてしまって緊張がなくなります。

時には、「明日は、漢字のテストをします。3ページと4ページの12個の漢字から6問選んで先生がテストにします。先生はどれを出すでしょう。予想して書きなさい」といった問題もいいのではないでしょうか。

夢 育

平成28年２月29日（月）
第　58　号

発行　筑波大学附属小学校
担任　田中博史

<308>

　都内の教育委員会に爆破予告が入り、騒ぎになってました。あまり大騒ぎしないようにと思ってあえて言いませんでしたが、本校も念のため午後をカットして下校にしました。といっても１年生の日課は何も変わりませんでしたが。

　こうした心ない予告メール一つでも子どもの不安を煽り立てます。中にはわざと面白がってしまう子もいますから要注意です。ただ完全にいたずらだと言いきれないところもあって対応が難しいところです。特に本校のように入試を実施しているような学校は標的になりやすいという性質も持っていますので不審なものなど見かけたら触らないようにと言ってあります。

　ご家庭でも登下校の際の注意の一つとして、不審な人には近寄らない、不審なものはさわらない、付け加えてそれらの話題を面白がって騒ぐような子になってほしくないことなどあらためて伝えてください。

<309>

　ノートの製本について

　一年間がもうすぐ終わります。この一年間の記録の日記などを製本したいという希望がありましたら、四月の第一週に整理して持ってきてください。ハード装丁でしっかりしたものです。冊数が多いと２つに分けた製本になるようです。１つが2000円程度です。

　ご自宅やお知り合いで製本などされる方はそちらでどうぞ。また別に大切に保存される方法を持っていらっしゃる場合はそのままご自分で。あくまでもそのような希望がある方だけということです。でもこのお世話は今回の１年生の時だけにいたします。

個人情報保護の観点より割愛させていただきます

<310>

　６年生の卒業が近づいてきました。お世話になったお兄さん、お姉さんにそれぞれが手紙を書くことになりました。それぞれがお気に入りの便箋と封筒で、シールを入れたり折り紙を入れたりなどまったく自由です。

　今週の木曜日に持ってきてください。手紙の内容も自由ですが、くれぐれも進学に関することだけは尋ねたりしないようお願いします。

　相手の６年生の名前は明日ひらがな名簿を渡しますが、それぞれがお世話になったお兄さん、お姉さんを思い浮かべて書いてみてください。

　このお手紙を書くことを日記の代用にしてもいいので、その日は手紙を書いたものをコピーして日記に貼る等しておけばいいと思います。

　学校では、鉢植えを用意し、それぞれ鉢を飾りつけたりするなどしてお手紙を入れます。そのためのパンジーの用意などをしています。

<311>

　今週の土曜日　３月５日の研究会について

　オール筑波算数スプリングフェスティバルへの児童参加の確認

　これまでも夢育などでおしらせしてきましたが、今年度最後の研究会です。よろしくお願いします。

登校　制服

持ち物　算数のノート　筆記用具

集合時刻　8時30分　3階の算数教室（積み木などがある算数の部屋　1部5年の前の部屋です）

授業開始　9時　終わり　9時45分

下校は10時ぐらい。よろしくお願いします。

このように土曜日やお休み中に行われる研究会は、保護者の参観はOKです。二階席をご利用ください。

<312>

来年度もこのような研究会が土曜日や夏休みなどに予定されています。

平成28年7月18日　月曜日　午前　　29年3月5日　日曜日　午後

こちらはいずれも本校算数部が主催する会です。

付け加えて8月8日全国算数授業研究会があります。

最後に3月18日土曜日の低学年の研究会があります。この4回が来年度お願いする研究会となります。ただご家族とのご予定などが入る場合は遠慮なく言ってください。

<313>

来年度　2年の日課表　五時間目があるのは月曜日、水曜日、木曜日の3回です。

こちらもご予定してください。

<314>

縄跳び　30秒達成者　K　　　　　　20秒達成　E

あと少しで……という子たちもたくさんいます。がんばってますよ。

<315>

友達のいいところ探しを始めました。2年生になってからのお誕生日計画をどのようにするか持ちかけたら、手紙を書こうとか言うので、それを年間通すのはとても大変だから、一言メッセージ程度ですませようと思いまして。そこで友達の「いいところ」「おせわになったおれい」などをしたためる色紙を今度はプレゼントすることに。今回は早速4月1日のMちゃんから。

漢字の練習でも考える力をつける

漢字ドリルを見ながら、子どもが先生の出題を予想する。これ自体が練習になります。

この中から6問……とすると、これは難しいからきっと出されるなというように、1年生のときから学習対象を観察することを意識させます。

つまり、常に頭を使わせるのです。どうしても一列ただダラダラと練習を続けさせるなど、昔ながらの繰り返し主義が多く行われているけれど、頭を使わない練習は紙の無駄です。

ちなみに、このときは事前に、何度もはねについて話題にしてきたので、期待を裏切らずはねを意識する漢字をすべて入れておきました。

意識させられたことが、こうして次の活動でつながることを体験すると、子どもも「そうか先生の話にはちゃんとつながりがあるんだな」「この先生の話はよく聞いておこう」というように育ちます。

教師の指示や仕掛けに文脈がないと、子どもも考える子どもに育ちません。そばにいる大人の知恵、意図的な関わり方によって、子どもの育ちは大きく変わります。

1年学級通信
阿東町立篠目ふ **あすなろ**
平成元年
6月3日(土)
NO.21

出張つづきの日々が 終わった。たいへん 申しわけなく思う。が、これで 20日すぎぐらいまで 出張は ない（予定？）はず。ところで 今回も 子どもウォッチングを かこうと思う。前々号のつづきだ。

子ども ウオッチング

理科で 野原の草花で 遊ぼうというのが ある。その時のことだ。実にかわいい光景を見た。/////くんが 草花で ゆびわをつくっていた。/////ちゃんのところへいって「ねえねえ ぼくが ゆびわ つくってあげるよ。ゆびだして…」「うーん。これくらいの大きさか。よし ちょっとまってて」「ほら、できたよ。きれいじゃろー」『うん。』。そこへ つかつかと やってきた ある女の子。「ねえ、/////くん！ 私の ゆびも はかって！！」 ……
思わず、わらって しまた。将来が 見えてきそうな 一コマで ある。

毎日、いろいろな おもしろさが 1年の教室には ある。/////くんとの やりとりも そのひとつである。「せんせーい、あのね ぼうしを ちょこんと かぶってて ね かわいいのがね … なんのことだろう？ もういちど 何が？ ときくと「だから ぼくがね ぼうし かぶってるみたいで かわいいの！」「エー /////ちゃんが かわいいって？ 自分で いってらあー」と他の子。『ちがう ちがう ぼくの アサガオが ぼうしを かぶって 芽をだしたの！』なるほど、早く 伝えたくて こうなって しまった のだが、実に 子どもらしい。

/////くんは 技巧派である。今日も、「ほら 先生！ めずらしい 花だよ」といって おもしろい 花をもってきた。が、よく見ると 2つの 違う花を 途中でうまく くっつけて 一本の花のようにしている。私は 草花に 弱いので よく、だまされる。 ともかく 笑わせてくれる 子どもたちとの 毎日である。

あすなろ

1年学級通信
平成元年 9月9日(土)
(NO.44)

お父さん、お母さんの宝物なあに？

子ども達と 上記のような タイトルで 授業を する予定です。
おそらく 子供達は いろいろな 予想を たててくることでしょう。

その後、

> 今日、おうちに 帰って お父さん、お母さんに 聞いてみよう

ともちかけます。

さて、本題です。 子ども達が、このように たずねてきた
ら、必ず 次のように 答えて いただきたいのです。(もちろん
こんなことは お願いしなくても だいじょうぶだと 思いますが、
念のために…)

> それは ○○ちゃんお前だよ、

と。(兄弟が いれば すべてを…)

子供達の予想は 物質的な宝物だと思うで、帰ってからの お父さんや お母さ
んのお答は おどろき であり、大きな 喜び と なる ことでしょう。

この感動を もとに、国語の 時間に はじめての 詩をつくろ
うと 考えています。

よろしく ご協力 下さい。(お父さんへの 伝達、お忘れなく!)

かわいい かんじスキル が きました!
漢字の学習を 楽しく できるように…と
思い、このドリルを 使うことにしました。
いっしょに がんばろうね!

親の感じ方と子どもの感じ方のずれを知ってドキッとしました

あすなろ

平成元年 9月19日(火)
1年学級通信
NO. 46

お母さんの宝物 ぼくだって～！
先生、ぼく うれしかったあ…。

うれしかったです。びっくりしたです。ぼくは ねっくれすだと おもったけど ぼくと　ちゃんでした。
ぼくのたからものは 　ちゃんと おかあさんと おとうさんと おじいちゃん と おばあちゃんです。
N

おかあさんの たいせつな ものは わたしって ゆったんです。
とっても うれしかったです。
わたしは おしごと と おもったけど おかあさんは わたしって ゆったんです。
とっても うれしかった です。
Y

社会の 家族 紹介 という学習の 一つとして やりました。とっても。喜んで。うれしそうに 報告に きた子が 3名 いました。不思議だ という子も いました。ある子が「どうして どこの家も 子どもっていうの？」と いってたっけ…。

学級費集金の際 に ちょっと 失敗！

大変 申し分けありません。おつり 300円の 相手が わからなくなってしまいました。私のミスです。お手数ですが 1060円を 同封された方、連絡帳で お知らせ下さいませんか。

あるお母さんの連絡帳より———

　子供が　毎日書く日記を読みながら　いつも　反省ばかり…、もう少し　小さな時から　本を　読ませる習慣を　つけておくべきだったと思うこと　しきりです。
　夕方．なかなか　宿題の宝物の話が出てこないので　お風呂に入った時　聞いてみました．すると忘れていたと言って．
　「お母さんの　宝物って何？」と　聞いてきました．
　「○○ちゃんと　おねえちゃんよ」と答えると　「人じゃなよ物だよ」という返事
　まだ．よく　意味が　理解できていないようです．

ところが．子供の反応は．

　ぼくと　おねえちゃんが　おとうさんと　おかあさん　がたいせつといって　とっても　うれしかったです．はじめ　ぼくは　なにかとおもいました．おとうさんは　ねくたいが　たいせつと　おもっていました．おかあさんが　たいせつに　してたのが　くびかざりとおもっていました．

といつものでした．
　やっぱり．ちゃんと　喜びを感じてくれてます．照れて．うれしさを表面に　だす子と　他のことを　言ってごまかす子と　いるのかもしれませんね．
　ともかく　自分の存在が　とっても　大切なものだと知って　今日は子供達．朝から　とっても　うれしそうでしたよ．まずは　成功かな？
　ご協力　ありがとうございました．

あすなろ

平成2年2月7日(水)

NO.94.

算数教室 (NO.25) 子供の思考過程を 追う.

　　子供の まちがい には 理由がある. 本当の うっかりミスは 別にして 子供が テストの時に まちがえた ところは その思考過程を 慎重に 追ってみる必要が ある. 計算を例にとってみると…

33＋4 が 64 に なるわけ

この子の 考え方を そっと後ろから 見てみた. (かぞえ棒を つかってやらせる.)
机の上には [図] とおいてある. よくきいてみると 下の図 のように 考えていた.

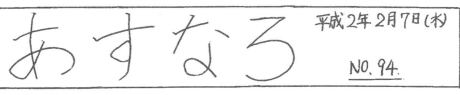

うそのようだが 本当の 話である.
この子は 10回のうち4回ぐらいは このようにしてやっている. のこり6回 は きちんと おけているので わからないのではない. まだ 数の概念 が 定着しきっていないのである. しっかりと いろいろな数を かぞえたり あつかったり させたいところだ. 実生活の中で いろいろな量を あつか うという 経験が 必要だ.

58－5 が 8 に なるわけ

　　この子の場合は 想像がつくだろう. 右のように 考え ている. 58の5と ひく数の5が 同じように 見えて いる. これも しばらくは (量感覚が 身につくまでは) 数 え棒などの 具体的なものを 使って 計算させていく 必要が あるようだ.

5
8

5を のける.

[ところで先日. 数え棒なら 正しく計算できるようになった子に 使わずにやってごらんと いって 30－10を やらせたら 31 と 答えました. なぜでしょう？]

後転の苦手な子の指導 （一つずつ 指示する♪）

まず 前転を させてみる。大丈夫だ。よし、次は 後転だ。2学期にも 少しやったのだが やはり 11人中 5人しかできない。そこで マット を 右図のように ひき 傾斜をつけてやらせてみる。これで また 少し できるようになった。

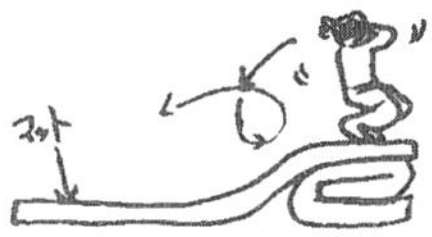

指示1　親指を 耳の方にむけ うさぎのように 手の ひらを 上にあげなさい。

ことばでは 少し わかりにくい が 手をきちんと つかせるための 指示、である。　これで 1回ずつ やらせる。ところが 手でつっぱねて しまって まわらなくなる子が いる。そこで 次に

指示2　ひざを おでこに くっつける つもりで まわりなさい。

これで 背中を 丸めて まわるようになるし、勢いもつく。この2番目の 指示で まわれる子が ぐんと 増えた。しかし、マットに ペチャンとすわ りこんで 着地してしまう。今度は

指示3　つま先から マットに おりるように しなさい

これで 着地は よくなった。くるくる まわれるようになったら、マットの高 さを 少しずつ 低くして、平らに 近づけていく。

45分 たった時、全員が 後転が できるようになっていた。

「1回に 1つの 指示」を することで 一歩一歩 向上していく。もし こ れを 一度に 与えたら、多分 まったく 進歩しなかっただろう。

お母さんから続々お便り　シリーズ 家庭学習⑥を 見て なるほどなと うな づける所が 多々 見受けられました。算数の問 題も やはり 文章をよく 読まないと いけない問 題も ありますし 他の教科でも そうだと 思います。 国語力を 充分 身につけて おくというのは すべての面で 自信がつく と 思います。このシリーズは 大変 参考に なりました。

平成27年度２部１年学級通信	平成28年3月4日(金)
夢 育	第 59 号 発行　筑波大学附属小学校 担任　田中博史

<316>

昨日はひな祭り。今日の日記には各ご家庭の楽しい様子がたくさん見えて、この子たちは幸せだなあとつくづく感じたのでした。楽しそうな給食の時間の会話にもそれぞれの家の様子が語られてます。笑顔満開の時間も見ていてほのぼのと……。でも時々おしゃべりがすぎる子もいて、ハラハラしますけどね（笑）

<317>

誕生日用のメッセージ作りの準備を子どもたちがせっせとしてます。

４月生まれの友達を思い浮かべてはよいところをたくさん書きます。最近では、それぞれの日記に今、Ｍちゃんのいいところが満載。これは読むと喜ぶなあと思うものだらけ。みんなも自分の誕生日を楽しみにしていてね。

色紙を用意しました。少しサイズが小さいので１年生にどれぐらいできるかなと不安ですが試してみます。ペン先が太いと文字があまり書けないので、ボールペンで書くことにしてみました。きれいな方がいいので、カラーのボールペンをそれぞれ一本用意してください。このボールペン、いろいろな活動や算数のノート作りでも役立ちます。

<318>

遠足の集合時刻を変更します。

子どもたちの500円の使い道は園内だけのようなので、仲見世は通り抜けるだけとなります。従って９時30分でよいと思いました。ちょうどラッシュも終わる頃になるでしょうし。

集合９時30分　　　雷門前とします。

<319>

弁当の件について

先日も連絡をしましたが、献立表が正しいのです。従って本日は給食でした。

お弁当を持ってきたお子さんが５名ありましたけど、少し豊かなお昼の時間となってしまいました。まあ、足りないよりはいいのかな。

学年通信が間違っていたのが原因ですが……。献立表もよく見てくださいね。

<320>

まだ長さの学習は始まりませんが、直線をひいたりすることはいろいろな活動であるので、筆箱に入るぐらいのミニ定規を用意してください。

算数のノートも今のノートを使い終わったら、新しく買う時は17マスのノートにしてください。ノートのページの上に10までの数字と＋、－がはいっているものです。

つまり横が12マスあります（たてが17行のものが17マスのノートとして売られています）。２年生からはこのノートになるので。

ちなみに、新２年生になった時の最初の授業で各教科の先生が最初の１冊だけ指定するものをそろえてくれます。購買部が混雑するので私も最初の一冊は渡します。だからほとんどの子は慌てなくていいのですが、ちょうど今、ノートが終わってしまったという場合に限ってということでお知らせしておきます。

<321>

音楽の////先生が定年退職になります。残念ながら、この子たちは来年から音楽の先生が変わってしまうことになります。かわいがってもらいました。

国語の////先生も非常勤ですので、来年は継続にならないと思います。こちらも丁寧に指導してもらいました。それぞれの先生に感謝したいと思います。

<322>

浅草の時のお見送り、お迎えについて、どのようにするのか、子どもたちが私に伝えられ

るようにしてください。役員さんのお子さんも含めて、大人が知っているだけではなく、きちんと子どもに伝えてください。昨日の段階では8割の子が何もわかっていませんでした。

A)-1　お迎えあり

A)-2　友達のお母さんと帰る（以下は事前に届けが必要）

B)-1　浅草駅から一人で帰れる

B)-2　友達と一緒なら帰れる

※ちなみに、A-2　以降を選ぶ場合は事前に連絡帳で届けてください。A-2　以降はかなりしっかりとお子さんと打ち合わせしていないと、解散後迷子になってもこちらは責任持てません。A-2、B-2　は誰となのかもきちんと事前に連絡してください。

＜323＞

スケート教室の方は今のところ、全員お見送り、お迎えありと理解しています。

しかし、こちらも保護者の方同士で協力し合うことは可能ですので、お見送りやお迎えをどなたかに頼むことは可能です。その場合は事前に連絡してください。

ただ、これは以前もあったことですが、他の方に頼んだ時に途中で怪我、事故、迷子になったなどのトラブルが発生した場合に互いにそれをどのように承知しているかは大切なことだと考えます。保護者への引き渡し後のトラブルは学校では関知いたしかねます。

＜324＞

学年が上がっていくと、校外の活動も次第に子どもだけで行うことが増えてきます。上記のような活動の際も、集合場所が自宅の近くの方、生活圏内の方、普段使っていない沿線である方とまったく状況が異なります。生活圏内の方ならば子どもだけで集まることも可能でしょう。しかし、わかっているからと言って下見しないで子どもだけで来させたら、建物の入口がわからなくてずっと別の方で待っていたなどということも過去にはあります。近所の方もあまり気を抜かないように。沿線の方も同様で、車両が変わってターミナル駅の階段が変わっただけでまったく別のところに出てしまって迷子になったという話もよく聞くことです。でもせっかくですから生活力を付ける意味でも諸活動の中で、お子さんと考える話題にしてください。

p154
参照

教師の仕事は何か

p.154の平成2年の94号の通信では左側が算数の記録、右側が体育の記録。算数の記録を読んでいて子どもって不思議だなあと今でも思います。このときの子どもの様子は、結果だけではなく過程を観察していないと気が付かなかったことです。要するに数え棒のもつ約束をよく理解させないで操作をさせていたのが原因だなと反省です。体育の記録も感慨深いものがあります。私は、この当時、このように「できるようにさせる」ということばかりに価値観がありました。だから私の指示の連続で、子どもたちがどんどんできるようになることが得意だったのです。最後は全員ができたとうれしそうに報告しています。

でも、よく考えたらこれでは子どもたちは何も考えていないことになります。大切なことは後転ができるようになることではなく、苦手な運動にどう子どもが向き合っていけばいいかと考えて、いずれは自分でその方法を考えて取り組んでいけるように育てることです。だから指示をするにしても複数提示して子どもに選ばせるとか、時には自分で注意のポイントをいくつかつくらせて先生と話し合うなどを、どこかの段階で取り入れていくように変化させるという意識が低学年から必要だと今では思うのです。これは算数教育でも同じです。

「できるようにさせたい」という教師の願いは純粋で尊いものだと思いますが、大切なことは教える大人がいなくなっても成長していける力を子どもの中に育てることの方だと思います。魚を与えるのではなく釣りの仕方を教えた方がよいというたとえにもあるように、知識や情報をたくさん与えることばかりに目を向けるのではなく、方法知を子どもに身に付けさせることを意識すると、子どもとの付き合い方も変わります。子どもたちが「先生のおかげでできるようになった」と思うのか、「自分でできるように頑張った」と感じるのかの違いは大きいと思います。私も若いときは、なかなかその境地にたどり着けませんでしたが、目指す境地はそこでありたいと思うのです。

平成27年度２部１年学級通信	平成28年３月７日（月） 第　60　号
# 夢　育	発行　筑波大学附属小学校 担任　田中博史

<325>

　今日は６年生を送る会。オープニングは６年生がダンスを踊ったり全体に旅立ちのメッセージを声をそろえて、届けたり素敵な演出でした。スクリーンには彼らの１年生の時の顔写真が同時に映し出されて、それぞれの成長を感じさせるシーンでした。講堂は上のように飾られ、両サイドの飾りは♪で実は６年生一人ずつの顔写真が入ってます。

　テーマは「157名旅立ちのハーモニー」

　このクラスの子どもたちが、旅立つ時には、今のこのあどけない顔がきっとスクリーンに登場するのかな。そんなことを考えながら無邪気にはしゃいでいる１年生の座席を見ていました。風船がたくさん飛んだり大盛り上がりの会でした。各学年の劇はとても素晴らしくこの子たちも次はいよいよ自分たちだと自覚したことでしょう。

　残念ながら１部１年が今回劇の番だったのに学級閉鎖で延期。また第二のインフルエンザの流行がありそうです。大丈夫かな。

<326>

　９日は今のところ曇りのち雨。午前中なんとか持つようなら行きます。明日の天気予報次第。雨になるようなら通常登校となります。その時は弁当を忘れずに。

<327>

　浅草も、スケートもお見送り、お迎えの件、確認いたしました。

<328>

　研究会への参加ありがとうございました。

　今回もパワフルな１年生の姿にたくさんの先生方から賞賛のメッセージをたくさんもらいました。今回のはそのまま２年生の２けたの学びにつながるものですが、筆算なんかすぐにしなくても数のイメージさえしっかりあれば100の合成や分解はこうしてできるのです。

　先生たちの声

※大勢の参観者の前で物おじせずきちんと発言できる子どもたちがすごい。

※しっとりとお話しできる時と、発見に燃えて元気よく話す時の両方があっていいなあと思った

※どうして１年生があんなにしっかりと友達の話を聞くことができるんだろう。

　こんな感想がたくさん届きました。りっぱに成長しましたね。みんなもうすぐ２年生。

　来年度の活躍がいまからとっても楽しみです。

アイテムの進行状況と今後の使い方

2年生から先はアイテムは家庭学習の材料として提供しています。

学校の授業の進度に合わせてそれぞれの計画で進めます。

1年生の間は、やり方がわからないところがあったり、質問がたくさん出るので、学校で適時進めました。ただこちらも子どもによって進む速さが異なり、さらに欠席などの時の進行状況も手伝ってさらに差が出ています。

それでも学校で行うだけで実は5人の子どもたちは完全に終わっています。

アイテムの問題の9割終わっている子が1/3、8割程度まで進んでいる子が1/3という感じでした。3月になりましたのでここからは家庭学習でそれぞれ最後の確かめなどに使ってください。

でも今年は、1年生なので、このアイテムは問題量がかなりあるので全部終わらなくても大丈夫です。他の学校でアイテムを使っているところでは、上半分だけをやって、残りは早く進んだ子のための題材として使っているところもあるぐらいです。

2年生以降も、学校では私は「算数の力」を用いて教科書と対応させ、基礎的なことを定着させるのに使います。「算数の力」の方はすべて学校で私と共にやる教材として使っていくルールは2年生になってからも同じです。逆にこちらは勝手に進めないように。

面談の訂正はお二人のみでした。あとは予定通りです。

廊下で待っている時間が寒いので、天候によっては温かくしてお越しください。

面談の週になると、子どもたちの道具の持ち帰りを始めます。今度は2年生の教室への引っ越しになるのですべて持ち帰りです。持ち帰りの道具が多くなりそうだと思ったらナップザックを使って登校していいことにします。日課表に合わせて考えておいてください。

1年生残り9日となりました。

学級づくりのポイント

叱るタイミングを考える

褒めるときはタイミングを考えると前述しましたが、これは叱るときも同じです。全員に聞かせる必要のある叱り方とそうでない叱り方が、子どもやトラブルの種類によってありますのでそれを使い分けることです。

起きた事件が、今後、誰にでも起きうることであれば、そのことを全員に知らせることは必要です。しかし、誰が叱られているかを全体に見せる必要があるかどうかはまた別の問題です。

子どものタイプによってはショックが大きすぎることもあります。以前、私が教えた子どもの中には、別の子が叱られているのを聞いていて、いつかこれが自分のところにも及ぶのではないかと想像して泣き顔になった子もいました。自分はまったく無関係にもかかわらずです。最近は叱られ慣れていない子もいますから、褒めるときと同様、子どもたちの表情を見ながら緩めたり厳しくしたりと調整するゆとりが必要です。

また子どもの人格を否定するような叱り方にならないよう気を付けることも大切です。そのためには、子どもそのものを叱るのではなく、起こした事実について叱るように心掛けます。時には「君はいい子なんだけど、この手がね」と手を握りながら暴力を起こしたという事実について、なぜだめなのかを語ってみます。大切なことは叱られている子が自分は今は叱られてはいるけれど、目の前の大人から大切にされていると感じることができるようにすることです。

平成27年度2部1年学級通信	平成28年3月8日（火）
	第 61 号

夢　育

発行　筑波大学附属小学校

担任　田中博史

<332>

4月7日（木）教室移動の際の動きについて

　低学年の子どもたちは登校しないので今は関係ないのですが今後、それぞれの保護者の方は役員としてどこかで関与されることになるので記しておきます。

◆　新2年生への教室移動は11時30分が目安になっています。

　6年生の教室に新6年が移動を始めるのが、9時30分です。そこから上の学年の教室の掃除が順に終わって部屋が空いたら次の学年が移るというようになっています。

　だから新2年が11時30分となっているわけです。

　でも前のクラスの作業が速いと移動時刻が早まることもあるので11時ぐらいには移動できるつもりで待機していようと思います。

　そのために教室の掃除を9時30分ぐらいから始めましょうか。

　床は若桐会のお世話でワックスがかかっていますので、今年は教室の床掃除などは必要ありません。児童の机やかばん入れ、引き出しなどのシールはがし、窓ふき、窓枠、靴箱のそうじ（靴箱は結構大変？）、掲示板や棚の掃除……。こうしたことが主になります。

　でもまあ90分あれば事足りるかなと……。必要な道具はクラスでそろえます。

　その後子どもたちの荷物で教室置きになっているもの（算数ランド、ボール、本だな、など）を移動させます。そしてそれらを新しい部屋で配置が終わったら終了です。

　今回は1年生の役員さんでこれを行っていただきます。お疲れのところ申し訳ないです。これが最後のお仕事となります。

<333>

おー、話題ナンバー3がそろった!!

しまった2部だから222の時に言うべきだった。

　で、<222>は何だったかなあとふりかえってみたら……そう若桐祭のことでした。

<334>

4月8日　子どもたちの新学期の登校

　靴箱は早速1部2年のところを使います。場所は終業式までに確認させておきます。

　くれぐれも新学期、初日に上靴などを忘れないように。

　通常登校で、まずは着任式。新しい先生の紹介があります。退職者がありますので。続いて始業式に出ます。この後は学級に戻り、下校は9時30分ぐらいの予定。

　この日は制服で過ごしますので体操服は必要ありません。

　手さげやナップザックで登校してもいいです。

<335>

　今のところ天気予報では明日は曇りのち雨。

　一時間ごとのYahoo!天気予報では14時までは降水確率は0%となっているので、これを信じて出掛けます。ただ気温は今日よりは下がるので暖かい服装できましょう。念のため雨具も持参しましょう。女子はスカートなどは避けた方がいいかもしれません。まあタイツをはくからいいと言ってる子もいましたけど。任せます。また腕時計を持っている子はそれをつけさせてください。時計の学習はこういう時に役立てましょう。

<336>

　今日はボールペンを持ってくる約束でした。でも忘れた子が数人。残念。

　さらに本日は、／／／／先生が最後の朝会の話で、みんなで校歌を歌って録音しました。その中で姿勢の話が出て、背筋を伸ばしてきちんとお話を聞くように言われました。でもすぐに姿勢が崩れてだらしなくなってしまう子がやはり数人。残念。

さらにさらに本日は誕生日の色紙作りをする予定でした。ずっと前からこの８日までにメッセージで何を書くかを用意しておくように告げましたけど、準備が出来ていない子がこれまた８名。仕方なく延期。残念×３

さて、いかがでしょう。上記のうっかりさんが、重複しているのが心配です。

これから２年生になるにあたり、日常生活を含め自立させていくために、自分のことは自分でできるように意識した過ごし方をしていきましょう。次は自分にならないよう。

春休みにはそんなことを課題にするといいかな。

といっても逆に言うと７割ちかくは、どれもすべてちゃんとできてましたからすごいのですけどね。年度末ですがどうぞ気を抜かないよう。

<337>

縄跳びの二重跳びの成長にびっくり。あっという間に上達しました。

３月に入って一度リセットして、まず回数跳びから全員挑戦。１回、２回、３回とまずは取り組み、それが５回、10回と増えていきます。子どもたちも練習していて３回を超えると急に続けて跳べるようになってきましたよね。20回までの目標をまずは目指して、それがクリアできたら時間跳び（秒をはかる）の方に挑戦させていくという流れにしてみました。１年生なので本当は10回もできれば、普通は素晴らしいのです。

でもこの子たち、やらせると、どんどん進みます。毎日、「先生、みてみて」と言って自分の上達ぶりを見せにきます。30秒なんて高い目標は無理だと思ってましたけど、いつの間にか１分間も連続して跳び続けられる子まで増えてきていささかびっくりです。

ちなみに 1分超え は既に９名になってまして、体育の先生を驚かせてます。

25秒達成　Ｄ　Ｂ　Ｅ　Ｎ　Ｋ　Ｆ　Ｃ　Ｇ　Ｊ　たいしたものです。さらに……Ｉ　Ｈ　Ｇ　Ｌ

20秒達成　Ｐ　Ｍ　Ａ

30秒達成　Ｃ　Ｅ　Ｑ　Ｆ　となってます。

今年の運動会、だれかが入賞できるといいねえ。ぜひ目指してください。

叱った後のフォローが大事

子どもを叱った後、子どもの表情をしばらく観察してみます。叱られたことに納得しているかどうかを見るためです。納得している子は叱られた後も平然と教師のところに寄ってきたりするものです。

一方、納得していない様子が見えたらその日のうちにフォローが必要です。納得していないケースには二つあります。一つは、叱られているポイントの中に自分が関与していないことが含まれているケース。これは教師の指導の中に間違いがある場合ですから大人も素直に認め、謝ったり修正しないとだめです。

まあ、そんなことを言っている私も子どもたちが大人になって同窓会で初めて知らされることもあるぐらいなので、完璧には対応はできていませんが…。

もう一つは、叱られるのは自分だけではないと思っているケースです。つまり、他の子も該当しているのに、どうして自分だけが叱られているのか納得できないという場合。こちらの場合なのかどうかは、「今、心の中で僕だけじゃないのに、と思ったでしょう？」と尋ねてみるだけでわかります。すると子どもは「そうです」とうなずきます。これで叱っていることは的外れではないことはわかりました。こんなときは自信をもって「でも、君も入っているんだよね」と念を押します。そして子どもが「入っています」と言えば「わかった。君だけでないことは承知した。先生は、他の子も本当は自分から名乗り出るべきだと思っている。それは後でちゃんと他の子にも注意はしようと思う。でも、今は君と話しているんだよ。聞いてくれるかい」ときちんと説明します。そうすれば、納得してくれると思います。

<338>

浅草散策の旅日記

　前日から天気予報とのにらめっこ。刻々と変わる予報に冷や汗を流しながら当日を迎える。

　私は一時間半前に浅草について、雨をしのげる別の場所も模索。最悪、仲見世でお買い物の時間をとるという手も。何軒か早く開いているお店の方に、「小学生が来て買い物したら迷惑でしょうか」と相談したら、「雨天だからお客も少ないからいいよ、もしも来てくれたら人形焼きなど安くしとくよ」と快い返事。ともかく乗り物にのれなくなったら、そうしようと思って保険をかけときました。

　でも11時少し前ぐらいまでは、雨も降らず子どもたちはめあての乗り物にちゃんと乗れていました。意外にも男子にこわがりがチラホラいて、女子に圧倒されてましたけど……。

　雨天なのでチケットもフリーパスから5回券に変えたのだけど、これが意外にいい効果で子どもたちは大切そうにチケットを握りしめ、話し合いながら乗ってました。友達と共に過ごす遊園地の時間に笑顔満開でした。この子たちは、地域性がないため休日も友達となかなか遊べないというのがいつも悩み。我が家もそうでした。だから学校でイベントとしてこんなことできたらいいなと思ってましたので、校内からの非難を覚悟に決行。

　あっそうそう。学校には浅草寺周辺の散策と言ってありますので……（笑）

<339>

　スケート教室お疲れ様でした。初めてなのにずいぶん上手になった子どもたちがいてびっくり。ある子はぼくスケート大好きになった!! 先生はこわかったけど…と感想を言ってましたね。毎年あるのかなあと言ってましたが、多分低学年の間は続くと思います。

<340>

お誕生日はお互いに褒めあおう!! いいところ探しの色紙作り

　まずは用意した友達へのメッセージを二人で一枚の四葉シールに書きこみます。1年生なので、この大きさに書くのは難しいかなと思いましたけど、意外に上手に書けました。

　今回はせめてお隣さんとは異なるメッセージにしようということにして取り組みました。まだ1年生ですし、やはり友達に対して持っているイメージは重なりもあるので同じ言葉のメッセージもありますけど、そこは許してあげてください。

　でも高学年の子どもたちでやった時より、第一作目としてはなかなかバラエティにとんだ言葉が集まってました。この子たち、何をしても期待以上のことをしてくれますねえ。

　本日、Mちゃんの色紙を作ってみました。2年生第一号はAくんの色紙。こちらも本日、コメントづくりをしてみました。

　2年生からはお花のプレゼントはなくなります。この花屋さん、いよいよお店をたたむそうです。長い間、お世話になりました。感謝感謝です。

<341>

2部はノートがきれい??

　先日、別のクラスの保護者の方が廊下に置いてあった2部の子どもたちの日記を見て、一言。「えーー、こんなにきれいにみんな書くんですか」と。

　付け加えて、2部の日記が一番丁寧だと噂になっているのだとか（笑）

　まさか、シールで釣っているとは言えなくて、子どもたちのがんばりを褒めておきました。

　時々、こうしてカンフルとして集中して、丁寧に書くことだけに取り組ませたりしてきましたが、よく頑張ったと思います。でも少し気を抜くとすぐに乱雑に戻ってしまう子もいるので、この土日の頑張りまで見て全員に合格の金シールをあげることにします。

面談始まります。次の通りです。

面談開始時刻	
13:30〜	個人情報保護の観点より割愛させていただきます
13:45〜	
14:00〜	
14:15〜	
14:30〜	
14:45〜	
15:00〜	
15:15〜	

廊下で待つのは寒いです。温かくしてきてください。

特にご心配なことがない時は10分ぐらいで終わるのもありですよ（笑）

学力テストの結果が戻ってきました。面談時に個票を渡します。全体的によくできていました。ほぼ//／％以上の正答率です。でも、おっちょこちょいもいて、やるべきところをそっくり飛ばしていたり、解答するところを間違えていたり、記号でかくところを別のことを書いたりと、本来の力が発揮できていないタイプもチラホラあります。これも集中力が課題かな。まだペーパーテストにはなれていないのと、こうした冊子タイプのテストは初めてでしょうから仕方ないところもあります。これから少しずつ慣れていくことでしょう。テスト中に感じたことですが、問題文の文章を読むこと自体に時間がかかる子もいます。黙読しながら、意味をつかむことも読書を通じて体験を増やした方がよいでしょう。ご自宅でも読書している姿を見ているとわかると思います。文字を拾い読みしている…、計算の時に指を使っている…、そんな姿を見たら、家庭でも少しそれぞれに応じて練習頻度をあげるとよいと思います。でも//／％近くの正答率が平均だから十分すごいんですけどね。ただし取り組む態度については、専科の先生からは落ち着きのない子たちへの厳しいコメントも届いてます。私のところ以外で羽を伸ばしている姿が読み取れます（笑）

学級づくりのポイント

叱るときの心構え

最近は子どものことを叱れない先生も増えてきていると聞きます。叱ると子どもから嫌われてしまうかもしれないと臆病になっているのだそうです。特に高学年の女の子が反発モードになっているときは顕著です。

しかし、子どもは叱られる内容に納得していればその場では反発しても尾をひきません。子どもたちが反発するのは叱られることそのものよりも、普段の教師の姿勢に不満がある場合が多いのです。

叱らないとその子がいずれ悲しい思いをするということが見える場合には、真剣に叱りましょう。怖い先生と言われている人の中には、単に自分の怒りをぶつけているだけの人もいます。その場では子どもはおとなしくなるかもしれませんが、教師に対しての尊敬の心はもっていません。おどおどしてそのままにしておく教師に対しても同様です。

時には嫌われる覚悟をもってでも叱らなければならないことがあります。不思議なことに毅然とした態度の教師には案外子どもも心を開くことが多いものです。彼らが不満をもつのは、行動が中途半端だったり、日によって言うことが違ったり、また相手によって態度が変わったりという姿勢の教師に対してです。いずれの場合も大切なのは、先生の本気度を伝えようとしているかどうかにかかっていると私は思っています。

<table>
<tr><td>平成27年度2部1年学級通信

夢 育</td><td>平成28年3月17日（木）
第 63 号

発行　筑波大学附属小学校
担任　田中博史</td></tr>
</table>

<344>

　面談の中であった皆さんからの質問で共有した方がよいことだけ紹介しておきますね。

　Q やり直しをしたいので学力テストの内容を見ることができませんか。

　申し訳ないです。この学力テストは全国の学校でも使われているものでして、分析している研究所から、確実に回収し問題を他に漏らさないことを約束させられているものなので、問題の解説はこれについてだけできないのです。ごめんなさい。ただ間違えた問題の種類やポイントは個票に記されているので役立ててください。これについては、全国の公立学校でも同じルールです。

　本日、学年のまとめのテストをしてみました。裏は計算、表は複合問題。ほぼ全員の子が表も裏もしっかりできていましたよ。あっぱれ。

　Q 2年生からの専科の先生は継続ですか

　今のところ、確約はできませんが、なるべく同様になるようにお願いしてあります。

　ただ、退職される方もあるのでそこは確実に変わります。また今後の人事の関係で入れ替わることも十分ありますので、ご容赦ください。世の中何があるかわかりませんから……。もしかしたら私も…（笑）

　Q 塾は行った方がいいのでしょうか。

　これは各ご家庭の判断にお任せします。塾と一言で言っても目的は様々です。補習が目的のもの、先取り中心のもの、体験を重視するもの……。本当にいろいろです。

　ただかつての附属の子どもたちは4年生ぐらいから通い始める子が多かったように記憶してます。最近ではずいぶん低年齢化してきていて、いささかあわてる方もあるようですが、どうぞご自分のお子さんの様子をそばでよく見て考えられるといいと思います。

　Q なわとびは購買部で緑を買わなくてはならないのでしょうか

　これは以前もお伝えしましたが、緑である必要はありません。また購買部のものである必要もないのです。かつての子どもたちは自分で跳びやすいものを探してました。柄の部分が木でできているもの、少し材質が重いもの、柄が長いものなど種類もいろいろあります。ただ幼稚園の子どもたちが使っているタイプのものや、縄の回転しにくいものはやめた方がよいと思います。

　Q 春休みはなにをしたらいいのでしょうか

　今は、どうぞご家族でたっぷり触れ合い、そして様々な体験をさせてあげたらどうでしょうか。読書も大切ですし、体力作りもいいですけど、ともかく子どもたちの意欲に向き合うことが大切だと思います。本人が求めていないことを無理やり詰め込んでも何にもならないので。

<345>

　学年末も近づいてきました。少しずつ持ち帰りをしています。

　図工の先生が道具はもう必要ないとのことでしたので、先日持ち帰りました。

　持って帰ったら中身をよく確かめて、不足しているもの、汚れているものなど確かめてきれいにして2年生の時に持ってきてください。くれぐれもそのまま置いておくだけにならないよう必ず開けてくださいね。

<346>

　友達同士のよいところを探そう……

　と持ちかけて、子どもたちが日記の題材に友達のことを書いてくるようになりました。読んでみると、本当によく見ているなあと感じます。

　1年生が、色紙に小さな字でどこまで書けるのかなあと思ってやってみましたが、なかな

かどうしてたいしたものです。コメントも全部が同じだとつまんないでしょ。みんなでたくさんいいところを見つけてあげようよと言うと、ちゃんと子どもたちも工夫します。

今のところ思ったよりもいい感じでできているので、やっぱりやらせてみるものだなあと思うのです。

<347>

若桐文集ができあがりましたが、印刷所のミス？で同じ作文が二か所あり別の子の上に上書きされてしまっているようです。今、印刷所で対応してくれていますが、１年だけ配布が少し遅れます。申し訳ないです。おそらくシールによりその部分を修正していただくことになると思います。

<348>

昨日、みんなで講堂の２年生の座席に座ってみました。

背の順も一部分入れ替えて、気持ちを少し切り換えるために、２年の座席に座ってみたら、子どもたちが「わー、何だか一段高くなった」「前に１年生がすわるんだね」と嬉しそうでした。

４月の始業式から早速、そちらに座るのです。今度は弟、妹が入ってくることになるのでみんなもさらにいいお兄さん、お姉さんになってくれることでしょう。

お世話をされる方からする方に、少しだけ前進していけるといいね。

<349>

今日の宿題は「１年生の自分の日記を読み直してみる」こと。あと一日で終わる１年生時代の自分の成長を振り返ってみてほしいから。本日の国語の時に作文綴りをお互いに見せ合ったり、自分の一冊の日記を読み直してみたら、「先生、意味のわからないこと書いてる」「私、最初は本当に字がきたなかった」など、これだけでも自分の伸びを自覚できたようでした。子どもたち、本当によくがんばりましたね。

今日も彼らは楽しく友達と給食の時間を大笑いして過ごしておりました。その姿を見ていて本当にたくましくなったなと私も目を細めている日々です。

誰ですか。それ以上細くなったらなくなるなんて言ってるのは…（笑）

学級指導で行う約束について

1年生と給食を食べていると本当ににぎやかです。教師が「静かにしなさい」と大きな声で注意をすることも多いのではないでしょうか。でも、一度冷静になって考えてみましょう。その指示はいったい何のためにしているのでしょう。子どもは何のために、誰のために静かにするのでしょう。もしも子どもから「それは何のため？」と尋ねられたとき、読者の先生は何を伝えますか。

静かにしないと不衛生だから…。おしゃべりばかりしていて食事が進まないから…。教師の価値観によって指導の根底にあるものは異なると思いますが、一度自分に問い直してみるといいと思います。そしてそれを子どもに伝えると、子どもたちから「それなら…」と改善の案が出てきます。食事を進めるためだったら、前半は話をしないで後半は話をしてもいいことにするとか、その逆もあります。多くの場合はこれを教師が勝手に決めてしまっていますが、子どもたちにも考えさせてみるとよいと思います。

授業のときのルールも同じです。よくハンドサインなどが決められているクラスも見ますが、それはいったい誰のためでしょうか。子どもたちとつくるルールは、子どもの将来において何かの役に立つということが前提になっているべきです。もしかしたら教師の能率のためだけだったり、にぎやかな空間にいるのが嫌だという大人の身勝手さだけになっているとしたら……。

それは子どもと過ごす職業を選んだ人としては失格だと思います。

遠足のところ（p.125）でも触れましたが、「何のため？」「誰のため？」と自問自答する習慣をもつと教師の技術も磨かれていきます。

平成27年度2部1年学級通信

平成28年3月22日（火）
第 64 号

夢 育

発行　筑波大学附属小学校
担任　田中博史

<350>

本日で第一学年が無事終わりました。全員、本当によくがんばりましたね。

新学期の連絡は既に行ったとおりです。

＜春休みの課題＞

日記

いつもより少し長い日記に挑戦すること

目標　2ページ以上　……これは休み中に2回でよい

日常の日記をどうするかは今回は各ご家庭の自由

春休み中の日記を製本に入れるか、次年度にするかによって、新学期に提出するものが変わります。上記の少し長い日記の課題が製本分に入っている場合は、コピーなどをとっておいてください。

アイテム

既に終了している子はいいけれど、まだ終わっていない数名は春休み中に1ページずつでもやる課題にして体験する問題量を増やしましょう。

ただし、アイテムの中にはやや高度な問題やパズル的なものもあるため、大人でも悩むものもあります。これらは、一緒に楽しく考える場をつくることが目的なので、正解が書けなくてもいいです。

それでもわからない時は、とばしてください。それでいいです。

体力づくり

自分で目標を決めて取り組みましょう。

その他の学習

計算や漢字など、それぞれの得意、不得意にあわせて学習の量を調整しましょう。

<351>

本日、算数ランドの中身を整理整頓して、教室移動の際に運ぶため廊下に積み上げました。引き出しの中も全部からにして、整理しました。ハンガーや道徳の本もそのままこちらで引っ越しします。

それ以外のものはすべて持ち帰りました。

新学期には、日課表にあわせて少しずつ持ってきてください。でも防災頭巾はすぐに必要です。

新年度の日課表　まだ確定ではないですが、概ね下のようになります。□は田中担当

	1	2	3	4	5
月曜日					
火曜日					
水曜日	個人情報保護の観点より割愛させていただきます				
木曜日					
金曜日					

<352>

国語は白石先生の後任の新人の先生に変わります。でも40代のベテランです。

音楽も/////先生のあとの後任の先生です。

フレッシュな先生ですが、それぞれ各地域では名を馳せた先生ばかりです。楽しみにしていてください。

<353>

土曜日の1年部の研究会で、図工の先生が体調不良で研究会の最中倒れました。

4月からは、そのため代理の先生などで当面担当が変わるクラスも出ます。2部はそのまま笠先生ですが、学年部の先生のため遠足などでは別の先生が加わります。

皆様もくれぐれも健康にだけはご留意ください。私も気をつけます。

<354>

今年は2部には筑波大学の教育実習もつきます。

私は火曜日は群馬県の私立大学で講義をしていることは伝えましたが、土曜日は筑波大学の人間学群でも講義をしています。

その関係で、彼らが教育実習に来るのも世話をすることが求められています。各学年に1クラスずつつきますが、今年は2部につきます。

専科も含め、若い先生たちにたくさん触れてきっと子どもたちも喜ぶことでしょう。

でも2部の子どもたちは、私の前ではきちんとしていて、ちゃんと動けますが、若い先生たちの前ではどうなるのでしょう。

これは、私にとっても、実はとても楽しみです。観察しておきます（笑）

いつまでも私が担任が出来るわけではないので、彼らが他の先生のところに行ってもちゃんと出来るかどうかは大切な視点でもあります。

ご家庭でも自立を目指していらっしゃると思いますが、学校でも私は少しずつ自立させていこうと思うのです。

自立を目指せば当然、失敗はつきもの。彼らの前向きに動く時の失敗には大きな心で向き合っていきたいものですね。

<355>

それでは明日から始まる春休みを楽しく有意義にお過ごしください。

子どもたちが社会人になるまでの期間を見ても、実は家族で過ごす大切な時間は、思ったより少ないものです。どうぞ大切に。それでは2年生の4月8日に会いましょう。2日前ぐらいから生活リズムを戻すようにね。2部のみんな、それまで元気でね〜。

個別に対応する

子どもたちに対しては指導を一貫させるべきと言われることがあります。言っていることが他の子に対するときと違っていたら、不公平感が出ると思われるからです。ひいきと言われてしまうのはこの配慮がないときです。

しかし、子どもは一人ひとり違います。同じ指導の仕方では、ある子には届いても、別の子には届かないということも起こるのです。本当はこちらが子どもに合わせて手だての強弱を変えることも必要なのです。

叱り方のところでも述べましたが、「この子にはここまで言っても大丈夫」とか「この子は感受性が高いからあまりきつくは言わないようにしよう」という使い分けの配慮は、当然あっていいわけです。ただ、それが他の子どもたちに見えてしまうと前述したひいきととられてしまうので、ここには注意が必要です。私は気の弱い子を叱るとき、事前に「今日はこのことでみんなの前で君を注意しなくちゃならないんだ。でもね、君のいいところは先生はよーく知っているからね。ただきちんと言わないと君だけひいきしているなんて言われるのは嫌でしょ」と廊下で会ったときにそっと伝えておいてから、みんなの前では厳しく叱るというようにしたこともありました。

オール筑波算数スプリングフェスティバルで劇を見せたときの通信です

筑波大学附属小学校４部１年学級通信

筑波大学
University of Tsukuba

はつらつ

〈NO60〉　　　発行　平成22年３月９日

４部１年劇「いたずらぎつねを探せ」
感動と共に終了!!

　先週の土曜日（３月６日）と昨日の６年生を送る会と二度、上演しました、この劇ですが、いずれの会でも参観された方から、たくさんの感動のメッセージが届きました。

　本番は、観客が1000人の児童ということもあり、会場で一度笑いが起きると静まるまでに少し時間がかかり、一部分、台詞が聞こえなくなったり、幕がひっかかって閉める場面で完全に閉まり切らなかったりと、トラブルもいくつかあって大変でしたが、子どもたちはいつも以上に、しっかりと声を出して、演じて見せていました。

　細水保宏先生から、４部６年の女子が１年の劇の最後のシーンで泣いていたとのこと。土曜日の方は、観客が大人であったおかげで、子どもたちの劇を全員がしっかりと見届けてくださり、こちらは観客みんなが目をウルウルさせていたそうで、参観された先生方から次のようなメッセージをいただきました。

◆本当に、１年生ですか。私は３年生の担任ですけど、私のクラスの子どもはあんな風に声も出ませんし、演技ができません。田中先生、算数だけではなく、劇についても教えてください。どのようにしたら、あんな子どもたちになるのかその秘密をぜひ。

◆感動しました。涙が出てきて止まりませんでした。子どもたちのひた向きな演技がそうさせたのだと思います。何でも一生懸命に取り組む姿っていいですね。でも、このクラスには恥ずかしがり屋とか、声が小さくて出せない子なんていないのですか。

◆１年生の子どもが、台詞だけであんなに聞かせる芝居ができるなんて、考えが変わりました。背景も手作りでかわいくて、自分たちでやっているんだなというのが伝わってきていい感じでした。

◆ともかくかわいかった。そして実にしっかりとしていた。子どもらしいところと、堂々としているところがバランスよく見えて、不思議だった。この劇の台本が欲しい。

◆私は同じ１年の担任として今、本当に責任を感じています。同じ１年生なのに、こんなにも成長が違うなんて。自分の情けなさを今日は痛感しました。帰って自分のクラスの子どもにあやまらなければと思ってます。

　土曜日の研究会のあとは、ともかく、この１年生に対する激賞の嵐。いやはやたいし

たものです。この40名。今や私の自慢の子どもたちです（涙、涙）

　参観された先生の質問の中に「このクラスには恥ずかしがり屋とか、声が小さくて出せない子なんていないのですか」というのがありましたが、そんなのいるにきまっているではないですか。でもこの子たち一人一人にパワーを与え、ちょっと前進したら大きく褒め、少し引き下がったら、少し厳しく励まし……。その連続の日々でした。その結果があの劇なのです。

　1年生の人間づくりの土台は、学習の基礎体力作りとも大きく関わり、ともかく
◆自分に自信を持たせること
◆がんばれば、必ず前進できることを体験させること
◆集中力を身につけさせること
◆そばにいる友達への心遣いができるように
　育てることなのです。

　ひらがな、カタカナ、漢字や、計算というツールの学習場面でもこれは同様でした。

　劇づくりに没頭した2ヶ月間でしたが、大きな成果が得られました。

　本日をもって、4部1年はこの劇づくりの活動から卒業いたします。メーキングも含めたDVDづくりを現在進めています。どうぞお楽しみに。完成は5月の保護者会のあたり。

一年後、二年後の自分たちへお手紙を書こう

　今、3年生が交替で保谷農園にクラスごとで行っています。クラス替えの前にお別れ餅つき大会をやっているのです。本日は4部です。そんな時期の自分たちに手紙を書くことにしました。続いて一年後の2年生終了の自分たちに向けても。過去の自分から手紙が来るというのは楽しいもの。そしてこれは子どもたちが自分の成長を振り返るのに、とてもいいでしょう。また、今のクラスのことをこの劇の終了でまとまった子どもたちはどのように感じているのかもきっとしたためられることでしょう。この活動は木曜日に行いますので、それぞれ便箋、封筒を持ってきてください。

漢字テスト、算数まとめのプリント

　一年間の学習のまとめに入ります。劇の方で音声表現に関してはどの子も合格といえるでしょう。漢字や総合問題の算数のプリントにどの程度対応できるようになっているかを連続して試みてみるつもりです。

なわとび大会　1年生最後の大会

　その1　2分間とびに挑戦　昨年の暮れの大会の続き
　その2　二重跳び大会　生き残り（運動会と同じ）
を開催します。皆さん、心と体の準備はいいですか。

　ちなみに、二重跳びについては全員が連続10回を達成しています。すごいことです。

筑波大学附属小学校４部１年学級通信

はつらつ

〈NO63〉　　　発行　平成22年3月18日

一年の学習すべて終了

　本日、正式に担任が発表になりました。

　４部２年を預かります田中博史です。来年度も何卒よろしくお願いします。

　昨日は、算数ランドの整理をし、机の引き出しもからっぽにして、お世話になった教室の大掃除もして、４部１年の教室に感謝。

　いよいよ、引っ越しです。

　子どもたちが、次にくるのは始業式。この日から４部２年の靴箱を使うことになります。間違えて１年生のところにいかないように。

　役員さんへ。教室移動の日のお手伝い、何卒よろしくお願いします。

ひろし学級伝統のあそび「さんすくみ」

　教室の片づけをしたあとで、みんなで占春園で駆け回って遊びました。占春園はちょっとした森の中。子どもたちは、木の後ろにかくれたり、茂みの中に身を隠したりして、楽しそうに遊んでいました。おかげで擦り傷だらけになりましたけど……。

　この「さんすくみ」という遊びは、私のクラスのかつての子どもたちが考えた遊び。

　普通の鬼ごっこは、追いかける方と逃げる方が固定していてつまらないということで、どちらも楽しめるように、ジャンケンのグーチーム、チョキチーム、パーチームに分かれて、それぞれ追いかける相手と逃げる相手があるというルール。帽子の色でグループ分けして、40分間、子供たちは森の中を駆け回りました。普段、あまり走るのが得意ではない子もこのときは懸命に走っていました。

　「せんせい、このあそび、たのしいね。２年生になってもやってくれる？」

　と子どもたち。もちろん、もっともっと楽しいこと、いっぱいやろうね。

春休みの課題

　今回は日記も課題なし。また春休みの日記を製本に回すのか、２年生の方に入れるのかはご自分で決めてください。

私もできれば長期休業の日記を読む苦労から脱出（笑）したいので…。

ともかく春はすべての家庭学習プランを、ご家庭の方針に委ねます。

面談でお伝えした、一人ひとりの課題にあわせてお過ごしください。

新1年生への手紙

ひとつだけ、課題らしきものをいうと、新1年生を迎えるお手紙づくりの下書きをしておくといいでしょう。実際のお手紙は学校で書きますが、すぐに書くことが決まらないと思う子は事前に書いてみるといいですね。

どんな1年生が相手になるのかな。今から楽しみですね。

新2年生の学習道具

ノートなどすべて専科で最初は用意します。

二冊目からは同じ文字数のものをそろえるというようにしたいと思います。日記も初日に新しいのを渡します。あせらなくていいです。

あれから大きく成長しましたね！！

この日から、一年がたちましたね。

みんな、本当に身も心も大きくたくましくなりました。

任せれば、なんでもできます。たいした1年生です。

保護者の皆様、一年間、頼りない担任を支えていただきありがとうございました。

楽しい春休みをお過ごしください。

あすなろ 最終号　NO.111

平成2年3月31日

さようなら、篠目小学校…。
さようなら 松ヶ台、そして、私を 支えてくれた人達に ありがとう！

お母さんの 連絡帳より

本当に アッと いう間に 1年が すんでしまいました。先生の発行される「あすなろ」により 子供達の学校での 様子、授業中の 様子、先生の苦労される様子、手にとるように よく 分かり 楽しみでした。 ─(略)　　(エ)

私の「算数教室」に いつも 声援を おくってくださった お母さんでした。私も、こうした便りで はげまされ、あすなろが つづいたのだと思います。

1年間 大変 お世話に なりました。入学当初は 親の私も 不安でいっぱいでしたが とても 教育熱心で 個人の長所を見つけ、伸ばして下さった事。そういう先生に うけもっていただき 親子とも とても感謝しております。どうも ありがとうございました。　　(Y)

いえいえ お母さんの 熱心な姿勢に 私も 学ぶことが 多かったです。親が こんなに 我が子を 大切にし 愛しているのですから、子供にも、その思いは よく 伝わるはずです。子供も その分 がんばりますよ。兄弟の多い お母さん、子供一人一人 みんな同じように 伸びていく権利が あるのです。がんばりましょうね。(私は いつも 一言多いようですね。でも これが 最後ですから 許して下さい。)

早かった。この一年間。あっというまに すぎましたね
昨年の今ごろは これで一年生に なれるのかと 心配していました。
11人の成長ぶり、いや 息子の成長ぶり、私方、心より喜んでいま
す。これも 毎日の 先生の学校での 指導のおかげと思います。
又、楽しみに よんでいた「あすなろ」とも お別れですね。とても残
念でなりません。2冊のあすなろを 息子の大きな 思い出として
いつまでも 残したいと思います。
田中先生。本当に この一年間 息子を見守って下さいまして あ
りがとうございました。（篠目小に おって下さいよ ）（^^）

（子供の名前を → 息子と かってに かえました。お許しを。）
私は こうした あたたかい お母さん方の 声援をうけ、と
ても楽しく一年間を すごさせて いただきました。
本当に ありがとう ございました。

篠目での5年間の生活が 今、終わろうとしています。でも、私
は この篠目小で 教師として 大きく 変容 したと思っています。
下関から こちらにきて 60人の子供達を見て
^(人数が少ないことに) びっくりしたことを
今でもよーく 覚えています。でも この 少ない 人数との ふれあいで
大きな学校では 見えていなかった 部分が はっきりと よくわかりまし
た。この子供達との うきあいの中で 学んだことを 次の学校で
生かしたいと 思っています。私が次に赴く学校は 小郡町の
小郡小学校 です。全校生徒 1400人。学年 7クラス という 大規
模校ですが もう 子供を 見のがすことは ありません。篠目の子達
に 一人一人の個性を
^(の真の姿) 見つめることの 大切さを たっぷり 学びま
したから…

住所は かわりません。山口にいます。こちらに きた時は
遊びに 来て 下さいね。 では さようなら

173

あとがきにかえて

　前ページの通信は、山口県の公立小学校で初めて受け持ったⅠ年生とのお別れの際の通信です。転勤も同時に決まってしまっていたので、寂しさはひとしおでした。11人という少ない人数の子どもたちと過ごしていたので、一人ひとりが本当によく見えて、個性を活かしながら集団を育てていくことの大切さを学びました。この小さな学校での体験が、私のその後の学級づくりに取り組む姿勢の土台をつくってくれたと思っています。

　筑波大学附属小学校に赴任してからは、算数科の専科と一つのクラスを3年間持ち上がるという、いずれも私にとっては新鮮で刺激的な体験が始まりました。だからⅠ年生の最後の通信はお別れではなく継続が前提のものなので、読者の先生方のような感動的なフィナーレにはなっていませんが、小学校入学からの一年間をあの純粋な魂と共に過ごした日々は、私にとっても貴重な体験でした。読者の先生方もできれば早いうちにⅠ年生の担任を経験してみるとよいと思います。きっと人生観が変わります。2年生以降は、前担任がある程度生活のリズムをつくってくれていますが、Ⅰ年生はゼロからのスタートです。私たちのかかわり方でどうにでもなってしまいます。責任重大ですが、やり甲斐も大きい仕事です。一年間経つと、まるで家族のようになり本当に離れがたくなります。

　しかし、私はこの一年後、二年間の時間を共に過ごしたかわいい子どもたちと突然お別れしなくてはならなくなりました。同校の副校長になることが決まったためです。本当ならば継続するはずの3年の担任ができなくなったわけです。担任発表のときの子どもたちの戸惑いの顔を今でもはっきりと覚えています。次ページの通信はお別れの際に、涙を流しながら書いた2年生の最後の通信です。

　私たちは子どもたちに「教える」つもりでこの仕事についたのですが、実は彼らとの日々の中で、この歳になっても様々な「感動を体験」させてもらい、そして時には人として生きていく上で何を大切にしていかねばならないのかを真剣に考えさせられることもあり、実に多くのことを「学ばせてもらっていた」ことがわかります。

　教師になってよかったなあと感じさせてくれた、たくさんの教え子たちに今は本当に感謝しています。

平成28年度2部2年学級通信

夢　育

平成29年3月22日（水）
最終号

発行　筑波大学附属小学校
担任　田中博史

<228>

とうとうこの日が来てしまいましたね。卒業生を送り出す時と同じ気持ちです。

担任発表の時のざわつきは、予想してましたけど、かなりのものでした。

二部二年の子どもたちがきょろきょろして私を探してました。一体どうなってるのという声も聞こえてきました。

ごめんなさい、本当にごめんなさい。

君たちと一緒に清里合宿に行くはずでした。

清里の森の中で、そしてキャンプファイアーの炎の前で、共に笑い、踊り、走り回り、そしてそして最初で最後の清里の夜にみんなといっしょに泣くはずでした。

君たちと一緒に運動会で二人三脚もする予定でした。そして勝利をともに喜びあう予定だったのに。

本当に悔しくて、しかたありません。

でも、この学校に赴任して、ひろし先生は26年間、本当に自由に教師生活を楽しませてもらったので、最後の二年間だけは、みんなのお世話をしてくださいという先生方の願いを断るわけにはいきませんでした。だから春からは全校のお世話をする係になります。

これは、私の筑波大学附属小学校への恩返しだと思っています。

春からは、二部二年だけでなく、学校全体の担任の先生になったつもりで、みんなのことを見ておきます。ずっと見ておきます。

だから、困ったことがおきたり、悲しいことがあったら、ちゃんと相談してくださいね。

かならず、助けに行くからね。飛んでいくからね。

そして来年の今頃は、あなたたちもクラス替えで、もう一回、別れを経験します。

その時には、今の二部の力がもっともっとたくましくなっていることを、願っていますよ。これから始まる一年間は、今までよりもずっといそがしくなると思うけど、みんなの力なら大丈夫。きっと素敵な筑波っ子になれるでしょう。

そしてさらに、さらに年月がたって、卒業の頃、ひろし先生はもう一度、みんなに会いにやってきます。その時、こんなにいろいろなことができるようになったよとひろし先生に教えてね。大きくなった、そして　たくましくなった、さらにもっともっと友達にやさしくなった君たちに会えることを楽しみにしています。

最後になりましたが、今日まで私を支えていただいた二部二年の保護者の皆様方、本当に感謝しております。皆様のご理解があったからこそ、いろいろなことに挑戦できました。

本当に、本当に私は幸運でした。

<229>

来年度から、事務室横の部屋にいます。

　子どもたちには、いつでも相談に来ていいよといいましたが、新年度になって新しい担任の先生に出会い、その先生との時間を楽しめるようになるまでは、しばらく副校長室に遊びに来てはいけないことにします。

　時間の目安として、三年の清里合宿が終わるまではだめです。

　清里が終わって、「もう私は二部三年の新しい先生とこんなに仲良くなったよ。ひろし先生、安心してね」と言えるようになるまでは、私を頼らないようにさせてください。

　それが子どもたちのためです。

　新しい担任の盛山先生は、校内でも人気ナンバーワンの先生です。情熱を持って子どもたちをかわいがってくれます。当初、別の方を担任にして、私が算数だけでも教えようかと考えたこともありました。まだまだ私も子どもたちに未練たっぷりですから。（笑）

　でも、そんなことをすると、子どもたちがいつまでたっても昔のままの感覚になってしまい、この一年間が無駄になってしまうと思いました。

　だから、思い切って子どもたちの側からスパッと離れて見守ることを選びました。

　でも、本当はずっと気になると思います。私も、頼ってこられたら全力でサポートすると思います。しかし、それがあまり早い段階で起きると、子どもたちが新生二部三年の子どもになれません。だからこそのお願いです。清里までは新しい先生と相談しながら乗り越えてください。でも廊下ですれ違ったら、元気だよ、がんばっているよの証にハイタッチしましょう。今は、元気がないよのときは、ミニタッチにしましょう。何も話さなくても、それだけであなたたちの様子もわかります。でも、でも、一日も早く元気なハイタッチができるようになってね。それがひろし先生の願いです。

<230>
　二年前の入学式の翌日にとった写真です。月日はあっという間に流れました。彼らはいつの間にかたくましくなりました。

　ひと足早い私からの旅立ちになってしまいましたが、既に力は三年生を凌ぐものになってます。

　自信を持って歩んでください。

　本日まで、こんな私についてきてくれたかわいい32名の魂に礼を言います。私のエネルギーの源でした。

　平成29年3月22日　筑波大学附属小学校二部二年田中博史学級のすべての活動を今、ここに終了します。本当に本当に、そして本当にありがとうございました。

田中博史 たなか ひろし

真の授業人を育てる職人教師塾「授業・人」塾主宰。前筑波大学附属小学校副校長，前全国算数授業研究会会長，筑波大学人間学群教育学類非常勤講師，学校図書教科書「小学校算数」監修委員。主な著書に『子どもが変わる接し方』『子どもが変わる授業』『写真と対話全記録で追う！ 田中博史の算数授業実況中継』（東洋館出版社），『子どもの「困り方」に寄り添う算数授業』（文溪堂），監修に『板書で見る 全単元・全時間の授業のすべて 算数』（小学校1〜6年，東洋館出版社）等がある。

学級通信で見る！
田中博史の学級づくり 1年生

2021（令和3）年3月30日　初版第1刷発行
2021（令和3）年4月12日　初版第2刷発行

著　者　　田中博史
発行者　　錦織圭之介
発行所　　株式会社 東洋館出版社
　　　　　〒113-0021　東京都文京区本駒込5-16-7
　　　　　営業部　TEL 03-3823-9206／FAX 03-3823-9208
　　　　　編集部　TEL 03-3823-9207／FAX 03-3823-9209
　　　　　振替　　00180-7-96823
　　　　　URL　　http://www.toyokan.co.jp

装　丁　　mika
印刷・製本　藤原印刷株式会社

ISBN978-4-491-04377-7／Printed in Japan